회의가
살아야
회사가
산다

회사와 조직을 죽이는 회의를 그대로 둘 것인가?

회사를 살리는 회의

송균석 | 노진경

도서출판
청람

| 머리말 |

회의는 "조직의 문제해결, 프로젝트 추진, 새로운 사업기회의 발굴, 아이디어와 정보공유 등의 목적으로 다수의 조직구성원이 모여 의견의 교환, 조정, 합의를 통해 최선의 해결책을 찾는 커뮤니케이션활동이다." 회의는 리더와 관리자에게는 조직운영과 업무목표달성 및 성과관리의 매우 중요한 업무수행 도구이다. 조직구성원에게는 자신이 가진 업무 관련 전문지식과 열정 그리고 창의적인 아이디어를 공식적으로 검증받고 인정받을 수 있는 기회이다. 즉 회의를 이끄는 리더에게는 회의를 통해 자신의 리더십 — 커뮤니케이션기술, 동기부여, 이견 조정, 의사결정력 등 — 을 발휘하고 검증받는 기회이다. 또한 조직구성원들에게는 회의를 통해 자신의 업무수행능력과 비즈니스 지식, 아이디어를 공개적으로 인정받을 수 있는 기회이다. 이렇게 중요한 회의(會議)가 왜 회의(懷疑)가 되는가? 다음의 사례를 보자.

영업부장인 송정식 부장이 출근해 컴퓨터의 이메일을 열자 영업 본부장인 백진성 상무의 메일이 확인되었다. 메일의 내용은 오늘 오후에 예정된 업무 시스템(고객관리 프로그램) 교체를 위한 업체 선정 회의를 자신을 대신해 송정식 부장이 진행을 해달라는 내용이다. 송정식 부장도 이 회의에 여러 번 참석하였지만 구체적인 진행 상황은 잘 모른다. 그때 백진성 상무의 비서가 서류 한 뭉치를 가져와 송정식 부장의 책상에 내려 놓으면서 "상무님이 전해 주라는 서류입니다. 회의는 오후 3시에 열립니다. 관련 부서장들에게는 지금부터 통보하겠습니다."라는 말만 남기고 자신의 자리로 돌아간다.

송정식 부장은 급한 업무를 처리하느라 오전시간을 전부 소비하였다. 오후에 해도 되는 일도 예기치 않은 회의 때문에 오전에 서둘러 처리하느라 백진성 상무의 비서가 가져다준 서류를 검토조차 하지 못하였다. 점심시간에는 사전에 약속한 고객을 만나 식사를 하느라 오후 2시 30분이 되어서야 사무실로 들어왔다. 송정식 부장은 서둘러 서류를 검토하다가 3시가 가까워져 회의실로 향했다. 그런데 회의실에는 아무도 없다. 자리에 앉아 기다린 지 10분이 지나자 다른 부서장이 들어오면서 "왜 회의 장소가 백진성 상무 사무실이 아니고 회의실이냐?"고 불평을 하면서 시간낭비에 대해 투덜댄다.

송정식 부장은 대답하지 않고 다른 부서장들이 자리에 앉자 "오늘 부득이하게 회의를 제가 진행하게 되었습니다. 회의 목적은 잘 아실 것입니다. 사실 저는 이 안건에 깊이 관여하지 않아 아는 것이 별로 없습니다. 어쨌든 업체 선정과 관련해 각자 의견을 말씀하시고 결정을 내립시다."라고 말문을 열었다.

"잠깐만요. 송정식 부장님은 지금 우리가 시스템을 바꾸고 싶어 한다고 생각하는 건가요? 우리는 그렇지 않습니다." 경리부장이 그동안 백진성 상무와의 회의 때는 이야기하지 못한 의견을 제기하며 계속 말했다. "현재의 시스템도 문제가 없고 잘 작동되고 있습니다."

송정식 부장은 예상치 못한 반응에 당황하여 아무 말도 못 하고 있는데 이번에는 최신 시스템 도입을 주장한 전산관리부 김창섭 부장이 입을 열었다. "경리부장님, 이 문제는 이미 충분히 논의한 것입니다. 원론적인 이야기를 하면 안 되지요. 그리고 그러한 의견이 있으면 지난번 상무님이 회의를 주재할 때 말씀을 하셨어야지, 지금 그 이야기를 하는 것은 적절치 않다고 생각합니다. 그리고 상무님도 새로운 시스템을 채택해야 한다고 결정하셨어요." 하면서 경리부장과 전산관리부장이 서로 논쟁을 한다.

송정식 부장은 지난번 회의 때는 출장 중이라 참석하지 못한 관계로 상황 파악이 되지 않아 혼란스러웠다. 그래서 "저는 상무님이 어떤 결정을 내렸는지 모릅니다. 혹시 지난번 회의 내용을 정리한 회의록 갖고 계신 분 있나요?"라고 물었다.

"회의록 같은 것은 없습니다." 모두 입을 모아 말했다. "상무님이 이 변경 건을 추진했으며 우리는 그저 의논 상대만 되어 드렸을 뿐입니다. 그러므로 아무런 회의록도 없습니다. 사실 상무님이 현재의 시스템을 변경하고 싶어 한다는 점을 제외하면 결정된 것은 전혀 없습니다. 컴퓨터 시스템 문제만 놓고 보면, 우리는 어떤 것을 쓰건 상관 없습니다." 전산관리부장이 덧붙여 말했다.

"좋습니다. 그러면 업체 선정 문제만 살펴보죠, 우리 기준에 가장 적합한 사양과 조건을 제시한 회사가 어디입니까?" 송정식 부장이 다시 물었다. 그 자료 또한 상무님이 갖고 있다는 답과 함께 중구난방식의 회의가 길게 이어졌다.

결국 송정식 부장은 20분 정도 휴식시간을 가진 다음에 회의를 재개하자고 말했다. 그러자 다른 부서장들은 자리에서 일어나 회의실을 나갔다. 20분이 지나자 몇몇 부서장만 다시 회의실로 들어오고 전산관리부장과 경리부장은 들어오지 않았다. 인터폰으로 확인하자 급한 문제를 처리해야 한다고 하면서 참석이 어렵다고 한다. 할 수 없이 송정식 부장은 다시 회의를 시작하였다. 송정식 부장이 "도저히 회의 내용을 정리할 수가 없군요. 회의를 진행하면서 회의록을 쓰자니 힘이 듭니다. 회의록을 쓸 사람이 있나요?"라고 하자 이제까지 백진성 상무의 비서가 회의 때마다 회의록을 썼다는 말이 나왔다. 송 부장은 백진성 상무의 비서에게 전화를 걸어 회의록 작성을 위해 참석을 요청한다.

그러자 "왜 제가 그래야 하죠? 영업부에도 직원이 있잖아요." 비서는 이렇게 대답했다. "나중에 한마디 해줘야겠군." 송정식 부장은 짜증이 났다.

얼마간의 시간 동안 회의주제에서 벗어난 회사의 정보를 공유하였다. 그때 회의실에 참석한 부서장들의 핸드폰이 울리고 하나둘 모두 밖으로 나갔고, 그 때문에 송 부장은 회의를 다시 시작하기 위해 사람을 보내 그들을 불러야 했다. 하지만 부서장들은 자기 사무실에서 컴퓨터 시스템보다 더 중요하다고 생각하는 부서 문제를 처리하느라 정신이 없었다. 우여곡절 끝에 회의가 다시 열렸지만 똑같은 이야기만 되풀이될 뿐이었다. 업체 선정의 기준도 애매하고 회사에서 투자할 수 있는 예산도 모르는 상태에서 회의를 진행하느라 송정식 부장은 등에서 땀이 날 정도였다. 당연히 결론에 도달하지 못하고 시간만 흘러갔다.

결국 송정식 부장은 "이 문제는 상무님이 올 때까지 미뤄야 하겠습니다. 지난 3개월 동안 그분이 추진해 온 문제이니 본인이 해결해야 할 것 같습니다."라고 하면서 회의를 마쳤다.

"오후 내내 쓸데없이 시간만 보냈군." 경리부장이 밖으로 나가며 다른 부서장에게 하는 소리가 들려 왔다. 사실 송정식 부장도 그런 생각이 들었다. "상무님과 통화를 해 회의의 긴급성을 파악한 후 회의 개최를 결정할 것을…. "송정식 부장 또한 허탈한 표정으로 중얼거렸다.

위의 이야기는 가상의 상황이지만 현실에서도 이와 유사한 문제가 발생해 회의에 대한 부정적인 태도와 생각을 갖게 되는 것 또한 사실이다. 조직의 규모를 떠나 회의는 리더와 관리자 및 직원들에게는 매우 중요한 업무수행 도구이다. 특히 조직의 구성원들은 회의는 매우 가치 있는 조직의 소통 및 업무수행 도구이자 자신의 역량 발휘의 기회임을 알아야 한다.

잘못 진행되고 비생산적인 회의는 회사를 죽이는 회의이다. 비생산적인 회의가 치르게 되는 비용은 생각보다 많다. 시간비용, 부서 간 갈등발생비용, 의사결정 또는 문제해결 지연비용, 참석자 간의 오해 또는 갈등발생비용, 리더십 상실비용, 참석자의 불평비용, 스트레스받는 상황에서 업무에 집중하는 데 소요되는 비용, 회의실 사용과 회의자료준비 등의 물리적 비용, 다른 업무를 할 수 없는 기회비용, 결정된 사항이 진행되지 않는 비용, 결정사안에 대한 책임자가 없어 실행이 안 되거나 지연되는 비용 등이 잘못된 회의로 인해 조직이 치러야 하는 비용이다. 그런데 이러한 비용에 대해 어느 누구도 진지하게 생각하지 않는다. 이런 비용 지불은 회사의 수익에 부정적인 영향을 미치고, 결국 회사의 성장과 발전을 가로막는 요인이 된다.

회의는 회사를 살리는 공간과 시간이 되어야 한다. 많은 기업들이 회의생산성을 위해 캔 미팅, 스탠딩 미팅, 111 미팅, 워크아웃 미팅, 사우나 미팅, 설렁탕 미팅 등의 방법을 실행해 보지만 이는 회의의 형식만 바뀌는 것으로 기대만큼 생산적이지 않은 것으로 확인되었다. 이렇게 새롭게 시도된 회의 형식들이 지속되는 회사가 없다는 것이 이를 반증한다. 회사를 살리는 회의를 위해서는 회의 형식을 변화하는 것과 더불어 회의운영 시스템, 회의문화, 회의리더의 리더십 변화, 회의 참석자들의 의식과 태도 혁신이 함께 실행되지 않으면 회의(會議)는 회의(懷疑)로 이어진다. 생산적인 회의, 효과적이고 효율적인 회의를 만들기 위해서는 하드웨어(회의실, 장비, 소모품 등)와 소프트웨어(회의문화, 소통문화, 리더십,

팔로어십과 참여의지, 커뮤니케이션 스킬, 문제해결 스킬 등의 회의 시스템)가 함께 혁신되어야 한다.

직장인 10명 중 8명은 현재 회의를 절반가량 줄여도 괜찮다고 생각하는 것으로 조사됐다. 온라인 취업사이트 사람인(www.saramin.co.kr)이 스카우트코리아(scoutkorea.co.kr)와 함께 직장인 906명을 대상으로 "자신이 참여하는 모든 회의 중 꼭 필요하다고 생각되는 회의는 얼마나 되십니까?"라는 설문을 진행한 결과, '10%'가 22.6%로 가장 많았다. 그 다음으로는 '30%'(18.8%), '20%'(16%), '50%'(14.4%) 등의 순으로 50% 이하라는 응답이 무려 83%나 됐다. 회의 횟수는 '주 1회'가 30.9%로 가장 높았으나, '거의 매일'(30.2%)이 근소한 차이로 그 뒤를 이었다. 또 '하루에도 몇 차례씩' 한다는 의견도 13.1%나 됐다. 회의를 '거의 매일', '하루에도 몇 번씩 한다'라고 대답한 응답자 393명을 대상으로 잦은 회의로 인해 업무에 방해(집중력 감소 등)를 받은 경험이 있는지를 묻는 질문에는 41.5%가 '자주 그렇다'를 선택했다. 이어 '항상 그렇다'(27.5%), '가끔 그렇다'(24.2%)의 순이었으며, '없다'는 6.9%에 그쳤다. 회의시간은 1회 평균 58분 정도 소요되는 것으로 나타났다. 자세히 살펴보면 '30분~1시간 미만'(41.8%), '1시간~1시간 30분 미만'(25.1%), '30분 이내'(20%) 등의 순으로 집계되었다. 효율적인 회의시간을 묻는 질문에는 절반이 넘는 54.2%가 '30분 이내'를 선택했고, '30분~1시간 미만'(40.6%)이 뒤를 이어, 무려 94.8%가 1시간 미만의 회의를 원하고 있었다.

현재 회의문화에 대해서는 응답자의 54.1%가 '불만이다'라고 응답했다. 반면 '만족한다'라는 의견은 20.4%에 불과했다. 회의문화에 불만을 가지는 이유로는 '회의 진행, 구성이 비효율적이어서'가 39.2%로 가장 높았다. 그 다음으로 '결론 없이 흐지부지 끝날 때가 많아서'(26.1%), '회의가 너무 많아서'(19%), '회의시간이 너무 길어서'(10.8%) 등의 순이었다. 하지만 불만인 회의문화에 대해 개선을 요구했는지를 묻는 질문에는 절반이 넘는 50.2%가 '하지 않았다'라고 답했다. 그 이유로는 62.1%가 '어차피 반영되지 않을 것 같아서'를 꼽았으며, 그 외에 '다른 사람들도 가만히 있기 때문에'(10.9%), '인사고과에 부정적인 영향을 미칠 것 같아서'(10.1%), '아직은 참을만하기 때문에'(7.7%) 등의 의견이 있었다. 한편 비효율적인 회의 유형은 '결론이 나지 않고 돌고 도는 회의'(25.9%)가, 효율적인 회의 유형은 '짧은 시간 안에 핵심만 논의하는 압축적인 회의'(38%)가 각각 1위를 차지했다.

이 책은 잘못된 회의로 발생하는 비용을 제거하고 회사를 살리는 생산적인 회의를 위해 회의를 준비하는 단계부터 회의를 잘 이끌며 바람직한 결과를 얻기 위해 요구되는 회의 진행기술과 방법, 회의 참석자들이 갖춰야 하는 모든 지식과 기술, 태도들을 정리한 종합서다. 회의는 자신(회의 진행자, 회의 리더, 회의 참석자 등)의 모든 능력과 역량, 태도와 열정 등을 공개적으로 소통하고 판매할 수 있는 시장이다. 회의시간만 잘 활용하여도 개인의 경력관리에 많은 도움이 된다. 이 책을 읽는 독자들이 책에 수록된 지식, 기술, 도구들을 적절하게 활용해 회사를 살리고 개인의 능력도 인정받는 기회로 활용하기 바란다.

노진경

(경영학박사, 고객가치소통전문가)

| 차례 |

CHAPTER 02 | 회사를 살리는 회의 프로세스

CHAPTER 03 | 회사를 살리는 회의 설계하고 진행하기

CHAPTER 04 | 회사를 살리는 회의 관리하기

CHAPTER 05 | 회사를 살리는 회의 리더 키우기

CHAPTER 07 | 회의를 살리는 참석자 되기

CHAPTER 08 | 회사를 살리는 회의 종류와 회의 실행하기

CHAPTER 09 | 죽은 회의를 살리는 회의기술

CHAPTER 01

회사를 살리고 죽이는 회의

CHAPTER

01 회사를 살리고 죽이는 회의

회의란?

회의란 간단히 말해 두 사람 이상이 모여 어떤 하나의 공통된 주제를 논의하는 것이며, 이때 회의 목적을 달성하는 중요한 수단은 커뮤니케이션(언어적 그리고 비언어적)이다. 회의 형식, 참석자, 진행방식, 시간, 목적 등에 따라 회의는 매우 다양하다. 업무현장에서 두 사람이 의견을 나누는 간단한 회의에서부터 주말에 수천 명이 모이는 컨벤션 같은 대규모 회의도 있고, 세일즈 · 마케팅 회의, 교육회의, 정기 직원회의, 예산회의, 직원 평가회의, 전문가단체의 회의, 교회모임, 친목회의 등 회의의 종류는 끝도 없다.

하지만 대부분의 조직관리자와 경영자에게 회의란 일반적으로 소수의 필요한 직원이 참여하여 이루어지는 것을 의미한다. 조직에서 개최되는 회의는 대부분 업무수행과 관련된 것으로(의사결정, 정보공유, 문제해결, 이해조정 등) 회의성과와 결과는 업무수행과 업무성과에 직접적인 영향을 미친다. 즉 회의의 결과는 참석자의 업무성과 그리고 궁극적으로는 조직 전체의 업무수행과 생존

능력에 영향을 미친다. 따라서 생산적이고 성공적인 회의를 위해서는 철저한 준비, 적절한 운영기술의 활용, 사람들의 행동방식에 대한 이해가 필요하다.

이렇게 중요한 회의임에도 불구하고 불행히도 대부분의 회의는 만족스럽게 진행되지 못하며, 목적한 바를 이루지 못한다. 더군다나 회의 참석자들의 동기를 떨어뜨리는 회의는 반드시 없어져야 하는 조직의 병폐이다. 최소시간 안에 참석자 전원이 만족할 수 있는 방식으로 회의 목적을 달성해야 효과적이고 생산적인 회의라 할 수 있다. 또한 생산적인 회의를 만드는 것이 회의 주관자(회의 리더)만의 책임은 아니라는 사실을 인식해야 한다. 회의 성격과 목적에 따라 정해진 회의 리더가 없을 수도 있다. 그러나 이러한 회의에서도 회의 리더십은 꼭 필요하며, 관리자만이 회의의 리더가 되는 것도 아니다. 회의에 참석한 모든 참석자는 자신의 역할에 맞는 영향력과 리더십 그리고 커뮤니케이션능력을 발휘하여 회의의 목적을 달성하도록 도와야 한다.

한 조사결과에 의하면 대부분의 관리자들은 전체 업무시간의 25~30%를 회의에 쓴다고 한다. 지위가 높아질수록 참석해야 할 회의가 더 많아진다. 최고경영자는 예정된 회의에 전체 업무시간의 59%를 쓰며, 갑작스럽게 이루어지는 회의에는 10%를 쓴다고 한다. 회의가 비생산적일 경우 할 일이 많은 관리자와 직원들은 회의에 몰입하거나 최선의 결과를 얻는 데 기여하기보다는 회의에서 빠져나갈 궁리만 한다. 관리자 635명을 대상으로 한 어느 조사에서, 75%는 자신들이 참석하는 회의가 비효율적이라고 응답했으며, 특히 회의의 문제점으로 다음과 같은 사항을 지적했다.

회의의 문제점

문제점	비율(%)
주제에서 벗어난 토의	83
부실한 준비	77
회의 주관자의 독단	68
참석자의 쓸데없는 수다	62
회의 소요시간	60
참여 부족	51

시간낭비를 줄이고 합리적인 결정을 내려 실행에 옮길 수 있는 회의 진행방법은 무엇일까? 이 책에서는 회의 주관자, 참석자, 진행자 모두를 위한 효과적이고 효율적인 회의 진행방법을 제시한다. 그리하여 이 책은 회의 시간낭비를 줄이고 의사결정의 수준을 향상시켜 조직 전체에 실질적인 혜택을 줄 수 있는 구체적인 내용으로 구성되었다. 성공적인 회의를 만드는 참석자가 되거나 회의 주관자가 되게 하는 어떤 마술 같은 방법이 있는 것은 아니다.

모든 회의는 참석자의 개성, 목적과 필요, 회의 주제, 법적 · 시간적 제약 등에 따라 나름대로의 고유한 역동성을 갖는다. 따라서 회의 준비와 계획, 커뮤니케이션기술, 다른 사람의 의견에 대한 존중과 같은 몇 가지 기본적인 규칙만 잘 지켜도 회의 참석자의 요구를 충족시킬 뿐만 아니라 조직의 성장에도 긍정적으로 기여하는 회의가 될 가능성이 높아진다.

비생산적인 회의와 관련해 고려할 또 다른 요소는 회의비용이다. 회사 내에서 회의를 개최한다고 해도 상당한 비용이 들어간다.

왜냐하면 직원들의 시간비용, 기회비용(특히 영업사원의 경우), 자료 인쇄 및 필기 용구 등과 같은 부대비용이 소요되기 때문이다. 회사 밖에서 회의를 하는 경우에는 회의실 임대비용과 출장비가 필요하며, 특히 화상회의를 하는 경우에는 장비 사용료가 상당하다. 물론 회의 참석 때문에 진행하지 못하는 다른 업무에 대한 기회비용도 발생하며, 또한 회의의 규모가 크고 오랜 시간 계속되면 중간에 음료수와 식사도 제공해야 한다. 이렇게 많은 비용을 들인 회의결과가 그만큼의 가치를 갖는가?라는 질문에 대부분의 회의 참석자들은 동의하지 않을 것이다.

결국 회의는 리더, 관리자에게나 직원들에게 중요한 업무수행 도구이자, 개인의 능력발휘의 기회이다. 성공적이고 생산적인 회의를 위해서는 많은 부분에서 변화와 새로운 접근법이 요구된다. 조직에서 개최되는 회의는 "조직의 문제해결, 프로젝트 추진, 새로운 사업기회의 발굴, 아이디어와 정보공유 등의 목적으로 다수의 조직구성원이 모여 의견의 교환, 조정, 합의를 통해 최선의 해결책을 찾는 커뮤니케이션활동이다."

회의 역학관계

효과적이고 생산적이며 가치 있는 회의는 회의 준비와 회의 진행 및 결론 실행의 3요소가 잘 진행되어야 한다. 그리고 이 세 가지 요소들의 관계는 다음 그림과 같이 곱하기의 관계이다.

회의 준비 × 회의 진행 × 결론 실행 = 회의 효과, 가치

위 그림의 곱하기 관계는 어느 한 요소만 잘 수행되지 않아도 생산적인 회의가 되지 않는다는 것을 의미한다. 그리고 회의 역학관계의 수준을 결정짓는 것은 조직의 회의문화와 회의 시스템, 회의 리더의 리더십, 회의 참석자의 몰입과 팔로어십이다. 즉 잘못되거나 비생산적인 회의에 대한 책임이 회의 리더에게만 있는 것이 아니다.

많은 조직에서 비생산적인 회의의 책임을 회의 리더는 참석자들에게, 회의 참석자들은 회의 리더에게 돌린다. 필자가 최근에 회의 코칭을 위해 참석한 어느 중견기업의 경우 회의의 가장 큰 문제가 회의시간이 길어진다는 것이다. 하지만 그 원인을 들어보면 기업의 CEO는 관리자들과 직원들의 준비와 역량이 부족하다고 하고, 직원들과 관리자들은 CEO가 말을 너무 많이 하고, 모든 업무에 개입하기 때문이라고 하였다. 결국 그 조직의 회의문화와 회의 시스템의 결여, 소통방법과 보고능력의 부족, 위임되지 않은 업무수행, 위임되지 않아 권한이 없는 중간관리자의 역할수행 부족 등으로 비생산적인 회의가 수년간 지속되어 온 것이다.

결론적으로 생산적인 회의를 위해서는 회의 준비(참석자의 준비, 회의 리더의 준비, 물리적인 준비), 회의 진행(참석자의 몰입, 회의 리더의 리더십, 회의 어젠다, 회의를 이끄는 기술 등) 그리고 회의 결론의 실행(회의록, 책임자 선정, 보고체계 등) 세 가지가 잘 수행되어야 한다.

회의 목적과 가치

비생산적이고 지루하며 끝날 것 같지도 않은, 그리고 참석자들이 주제와는 상관없는 쓸데없는 불평만 늘어놓거나 자기 주장만 오가는 회의장에 앉아 있다 보면, 이러한 생각이 수도 없이 떠오를 것이다. "왜 회의를 하는가?"

당신은 회의장에서 자기 책상 위에 잔뜩 쌓여있는 일거리를 생각하거나 다른 사람 몰래 낙서하거나 아니면 시계만 쳐다보면서 어떤 때는 졸기도 하고, 심지어 다른 서류를 꺼내 놓고 보면서 귀중한 시간을 낭비한 경험이 있을 것이다. 그렇다고 실망할 필요는 없다 회의가 이렇게 엉망이 되는 이유는 당신에게만 있는 것이 아니라 회의를 똑바로 진행하지 못하는 무능한 회의 주관사와, 그런 잘못된 상황을 바로 잡을 생각도 하지 않거나 회의에 집중하여 토의를 이끌어 나갈 커뮤니케이션기술을 갖추지 못한 다른 회의 참석자의 탓이기 때문이다.

조직에서 회의가 개최되는 이유는 일반적으로 다음과 같다.

정보나 아이디어 평가

회의가 정보공유나 정보수집을 위한 가장 효과적인 방법은 아니지만, 정보나 아이디어 평가에는 좋은 방법이다. 개인의 판단보다 집단의 판단이 일반적으로 보다 공정하고 객관적이기 때문이다. 물론 집단이 개인보다 더 위험한 결정을 내리는 경우도 있고, 아이디어를 끌어내는 과정에서 전체 구성원의 '집단사고'현상이 나타나 잘못된 결정을 내리게 될 가능성도 있다. 그러나 일반적으로는 집단이 개인보다 실수를 할 가능성은 더 적다.

의사결정

훌륭한 회의는 바람직한 결과와 실천을 끌어내고 변화에 대응하며, 의견 일치를 유도하거나 여러 실행 대안 가운데 하나를 결정하게 된다. 하지만 집단은 전문적인 지식과 추론이 필요한 상황에서도 잘못된 의사결정을 내리는 경우가 있다. 이럴 때에 집단은 구성원 가운데 가장 뛰어나거나 전문성을 갖춘 사람의 능력을 뛰어넘지 못한다. 회의에서 내려진 결정은 개인의 결정보다 더 무게를 가지게 되지만, 그만한 시간과 비용을 치러야 한다. 관리자들에 의해 개최되는 많은 회의는 의사결정을 위해서이다. 회의에서 나온 의사결정의 내용이나 수준은 곧 그 관리자와 구성원들의 역량을 대변하는 경우가 있다.

팀원의 동기부여

자신의 목표를 설정한 조직은 그렇지 않았을 때보다 스스로에게 더 높은 동기를 부여한다. 조직의 지원은 개인에게 힘을 주고 사기를 진작함으로써 분발하게 하고, 결국 조직의 목표를 달성하게 한다. 효과적이고 생산적인 회의를 통해 조직구성원(팀원)들은 회의 참석과 몰입으로 인한 회의 성과와 회의 리더의 지지에 동기부여됨과 동시에, 자신이 활용할 수 있고 자신을 지원해 주는 조직의 역량과 자원을 알게 됨으로써 업무와 조직 몰입도가 올라간다.

소통과 우호적인 관계구축

사람은 사회적 동물이다. 다른 사람과의 교류 없이 하루를 편안하게 보낼 수 있는 사람은 별로 없을 것이다. 사람은 서로 만나는 것을 좋아한다. 특히 각자의 컴퓨터 앞에 앉아 일을 하면서 서로 얼굴을 마주할 기회가 점차 줄어드는 오늘날의 업무환경에서는 더욱 그렇다. 회의는 사람과 사람이 서로 얼굴을 맞대고 상호작용할 수 있도록 해준다. 회의실에서 형성되는 친교와 인간관계 교류수준은 조직의 인간관계문화를 나타낸다. 수많은 소통으로 진행되는 회의는 상호 간의 이해를 폭넓게 하는 기회를 제공한다. 참석자들이 서로 협조하며 업무를 추진할 필요가 있을 때 또는 상호 교류의 필요가 있을 때 회의는 정당성을 갖는다. 하지만 이러한 경우라 하더라도 회의가 언제나 성공적으로 진행되는 것은 아니다.

회의가 성공적으로 진행되지 못하는 이유는 다음과 같다.

① 회의 자체가 필요 없다

간단한 소통만으로도 회의 목적을 달성할 수 있는 경우가 있다. 굳이 바쁜 사람들을 많이 모아서 논의할 필요도 없는 일상적인 사안일 때 특히 그렇다. 대부분의 정보는 문서나 이메일로도 전달이 가능하다. 해당 분야의 전문가 혹은 담당자 한 사람이 처리해도 충분한 문제에 대해 비전문가들이 모여 회의를 한다는 것은 완전히 시간낭비이다.

② 자신의 영향력을 확인하기 위해서이다

관리자가 자신의 힘을 과시하거나 개인적인 목적을 위해 여는 회의도 있다. 이러한 관리자는 자신의 결정을 다른 사람들이 인정해 주기를 바라는 마음에서 회의를 자기 마음대로 소집한다. 때로는 아주 어려운 결정을 내려야 하는 상황에 부딪쳐 자신을 보호하기 위해 회의를 열기도 하고, 그 결정이 회의에서 내려진 것으로 하여 책임을 회피하려는 경우도 있다.

습관적으로 회의가 소집되는 경우도 많다. 그러나 아무도 이러한 회의에 이의를 제기하지 못하는데, 정기적으로 열리는 직원회의가 그런 경우이다. 만일 이러한 회의(정기적인 회의)들을 논의보다는 '업무에서 벗어나' 다른 동료 직원을 만나는 중요한 공개적인 기회로 활용한다면, 전체 직원의 사기를 높이고 소통을 활성화해 서로 간의 협조 분위기를 만드는 데 도움이 될 것이다. 이러한 종류의 회의는 은근히 집단치료와 같은 효과를 낼 수도 있다. 즉 직원들은 이러한 회의를 통해 비공식적인 분위기에서 상사와 문제를 이야기하거나 서로 불평을 털어놓는 기회를 가질 수도 있다. 더 바람직한 이익은 서로에 대한 이해수준이 깊어짐으로써 갈등이 발생할 수 있는 여지를 없앨 수 있다는 것이다.

③ 회의 목적이 분명하지 않다

이러한 경우 회의 참석자들은 목적이 무엇인지도 모르고 회의에 참석한다. 논의할 어젠다와 의제도 없고 참고자료도 없다. 설사 어젠다와 의제가 있다 해도 애매하여 전혀 도움이 되지 않는다. 회의 참석자들은 충분한 정보나 생각을 정리할 틈도 없이 갑자기 중요한 결정을 내려야 하는 상황에 부딪치기도 한다. 이러한 상황에서 내린 결정이 과연 제대로 된 것인지 장담할 수 없을 것이다. 회의를 개최하는 리더 역시 충분한 사전준비와 검토 없이 회의 목적을 잡기 위한 회의를 개최하는 경우가 이러한 비생산적인 회의로 이어진다.

④ 회의 참석자 선정이 잘못되었다

필요한 정보를 제공해 주거나 의사결정을 내리거나 결정사항을 실행에 옮길 책임을 가진 사람이 아무도 참석하지 않는 회의는 완전히 잘못된 회의이다. 또한 정말 필요한 사람은 참석하지 않고, 회의 의제에 대해 제대로 알지 못하거나 책임도 없는 엉뚱한 사람이 대신 참석하는 경우에도 쓸모없는 회의가 된다. 이러한 회의의 대부분은 장시간 동안 성과 없는 회의로 이어진다.

⑤ 회의 진행을 적절히 통제하지 못한다

최소한의 진행절차도 없이 갈팡질팡하는 회의는 참석자들의 혈압만 높일 뿐 얻을 수 있는 것은 아무것도 없다. 시간도 안 지켜지고 논의 주제도 이랬다저랬다 할뿐더러, 갑자기 해묵은 의제가 튀어나오고, 의견이 다른 참석자끼리 논쟁을 하거나, 한두 사람이 회의를 지배하는데도 이를 적절하게 통제하지 못한다면 참석자들은 나약한 회의 리더에게 비난을 퍼붓게 된다. 이와 반대로 회의를 교묘히 통제함으로써 참석자들의 입을 틀어막는 노회한 회의 리더 역시 비난을 피할 수 없다.

⑥ 회의가 부적절한 환경에서 열린다

회의장에 필요한 장비가 없거나, 의자나 자리배치 등이 편안하지 못하거나, 소음 때문에 서로의 의견을 잘 듣지 못해 논의가 중단되거나, 너무 덥거나 춥거나 불쾌한 환경에서는 참석자들이 아무리 좋은 의도와 열의를 갖고 있다 해도 회의가 제대로 이루어질 수 없다. 이러한 환경에서는 사람들이 집중하고 성의를 다하기가 힘들기 때문이다. 회의 목적과 시간 그리고 참석자들의 특성에 맞추어 다양한 회의 장소를 선정할 필요가 있다.

⑦ 회의시간 조절이 부적절하다

회의 시작시간뿐만 아니라 회의 소요시간 또한 매우 중요하다. 중간 휴식 없이 1시간 이상 계속 회의를 진행해서는 안 된다. 그리고 회의를 통보할 때 예상 회의시간을 정하여 알려 주어, 미리 회의 참석을 위해 업무를 조정할 수 있는 여유를 주어야 한다. 중요한 결정이 내려지기 전에 참석자들이 회의장을 떠나야 할 수도 있으므로 정해진 시간에 시작하고 정해진 시간에 끝내야 한다. 회의 참석자가 너무 늦게 오거나 너무 일찍 자리를 뜨면 회의에 문제가 생긴다. 회의는 파킨슨의 법칙(Parkinson's Law)을 따른다. 즉 회의는 주어진 시간에 맞추어 길어지기도 하고 짧아지기도 한다.

⑧ 의사결정이 잘못되었다

회의 참석자들이 가진 정보가 부적절하거나 너무 많아서 혼란이 빚어지는 경우, 의사결정에 중요한 참석자의 부재, 의사결정을 수행할 참석자 부재 등으로 이러한 문제가 발생한다. 회의 참석자의 규모가 합의를 끌어내기에 너무 클 수도 있고 아니면 너무 작을 수도 있다. 일을 그냥 열심히 하고 있다는 인상을 주기 위해 다시 모이는 데 동의하는 것은 아주 잘못된 회의이다. 똑같은 상황만 되풀이되는 경우가 있기 때문이다.

포천 500대 기업 조사에 의하면 조직에서 개최되는 회의 목적은 다음과 같다.

■ 갈등조정을 위해	29%
■ 판단 혹은 결정을 내리기 위해	26%
■ 문제해결을 위해	11%
■ 모든 사람이 이해한다는 것을 확인하기 위해	11%
■ 직원 간의 커뮤니케이션을 촉진하기 위해	5%
■ 프로젝트에 대한 지원을 얻기 위해	4%
■ 새로운 아이디어 개발을 위해	4%
■ 보고받기 위해	2%
■ 프로세스나 시스템 검증을 위해	2%

또한 잘 진행된 회의가 주는 가치를 정리하면 다음과 같다.

■ 정보수집과 공유 및 평가
■ 의사결정과 문제해결
■ 조직구성원들의 동기부여와 사기진작
■ 인간적인 신뢰구축과 관계형성
■ 상충되는 견해, 업무조정
■ 효과적인 집단의 의사결정

- 중요하거나 민감한 정보제공
- 아이디어나 계획안에 대한 지지와 지원 확보
- 새로운 아이디어 발굴
- 업무 혹은 프로젝트의 경과보고

회의가 주는 기회

성공적인 회의는 회의 리더와 참석자에게 생각보다 많은 기회를 제공한다. 이를 정리하면 다음과 같다.

회의 리더, 진행자

- 리더십 발휘
- 갈등과 문제해결능력 발휘
- 인간적인 매력 발휘
- 유연성과 융통성
- 업무지식과 경험 확인 및 공유
- 위임의 대상 파악
- 조직과 부서, 팀의 성과향상
- 커뮤니케이션능력 발휘

회의 참석자

- 업무지식 및 노하우 공유 및 습득

- 커뮤니케이션능력 발휘
  - 의견개진 및 설득력
  - 경청
  - 토론능력 등
- 자신의 전문성 발휘로 영향력 증대
- 몰입 또는 참여의식 확인
- 인간적인 매력 발휘
- 자신의 종합적인 역량(소통, 인간성, 배려, 질문 등)을 발휘하고 검증받는 기회

회의는 조직구성원에게나 관리자 및 리더에게 생각보다 많은 능력 발휘의 기회를 제공한다. 이렇게 유용한 기회를 활용하지 못하고, 비생산적인 회의가 진행된다면 조직과 개인에게 너무 많은 비용이 발생한다. 반대로 이러한 기회를 적극 활용한다면 조직과 개인의 성장에 큰 도움을 받을 것이다.

회의를 싫어하는 이유와 초래되는 비용

회의 리더에게나 회의 참석자에게 제공하는 기회가 많은 회의를 대부분의 사람들, 조직구성원들은 싫어한다. 대부분의 조직구성원들이 회의를 싫어하는 이유를 살펴보면 다음과 같다. 이 이유는 회의를 진행하는 리더나 회의 참석자 모두 해당된다.

- 일단 반대만 하고 대안이 없는 참석자

- 자기 중심적인 사람
- 개인의 인기를 위해 엉뚱한 이야기를 하는 사람
- 발언이 장황한 참석자
- 자신의 의견을 강요하는 참석자
- 바쁜 척 빠져 나가는 참석자
- 주관이 없는 참석자
- 지각하는 참석자
- 과거 지향적인 참석자 등 때문에 회의 참석을 싫어하거나, 회의를 이끄는 데 어려움을 갖는다.

또한 다음의 이유 때문에 회의를 싫어한다.

- 장시간의 회의
- 결론이 없는 회의
- 의제가 모호한 회의
- 자기 중심적인 회의
- 침묵을 지키는 사람이 많은 회의
- 회의가 최선이라고 생각하는 리더
- 독재형 회의
- 잡담이 많은 회의
- 중도 이탈자가 많은 회의
- 불참자가 많은 회의
- 결론이 좀처럼 실행되지 않는 회의
- 시간에 늦게 오는 참석자
- 준비 없는 참석자

■ 리더의 단독 연설 회의
■ 질질 끌기만 하는 회의
■ 불평, 불만만을 이야기하는 참석자
■ 대안이 없는 참석자
■ 다른 사람의 말을 경청하지 않는 참석자
■ 자기 주장만 하는 참석자
■ 의제와는 다른 이야기를 하는 참석자
■ 발언이 장황한 참석자
■ 찬성을 하지만 주관이 없는 참석자
■ 상사의 눈치만 살피는 참석자
■ 과거에 매여 있는 회의 리더와 참석자
■ 회의가 만병통치약이라고 생각하는 리더
■ 자신의 의견을 말하지 않는 소심한 참석자
■ 회의에 관심이 없는 참석자
■ 다른 사람의 의견에 반대만 하는 참석자
■ 참석하는 데만 의의가 있는 참석자
■ 결정을 내리지 못하는 리더
■ 참석자들의 참여를 끌어내지 못하는 리더
■ 회의 방해물을 해결하지 못하는 리더
■ 회의시간을 지키지 않는 리더
■ 퇴근시간에 회의를 하는 리더
■ 참석자들에게 필요한 정보를 제공하지 않는 리더
■ 참석자들의 아이디어를 수용하기보다는 비난하는 리더
■ 자신의 의견에 동의를 강요하는 리더

- 준비 없이 또는 준비가 부족한 상태에서 진행되는 회의
- 인기주의 리더
- 시간에 비해 토론 주제가 너무 많은 회의
- 회의록을 남기지 않는 회의
- 회의가 가진 인간적인 측면의 영향을 고려하지 않은 회의
- 회의결과 실행을 위한 책임 소재가 불명확한 회의
- 회의장을 떠날 때 부정적인 마음과 시각을 가지게 하는 회의
- 회의의 규칙이 없거나 지켜지지 않는 회의
- 인내심이 부족한 리더
- 동조 · 순응 압력에 따라오기 바라는 리더
- 책임을 전가하고 비난하는 회의
- 토론이 논쟁으로 전환되는 회의

이렇게 잘못 진행된 회의와 회의를 싫어하는 원인들 때문에 발생하는 비용은 다음과 같다.

- 경제적 비용 : 시설사용료, 기타 회의 준비 및 개최비용
- 참석자들의 임금 등 비용 : 참석자 개인의 시간임금이 비생산적인 회의로 성과를 올리지 못하고 사라지는 비용
- 동기저하비용 : 의견이 수용되지 않거나, 의견개진의 기회를 갖지 못하거나, 원하지 않은 책임을 떠맡거나 토론에서 비난을 받는 등으로 인해 동기가 떨어지는 비용
- 회의를 이끈 리더의 경우 리더십 상실의 비용
- 회의 참석 때문에 수행하지 못하는 업무의 기회비용
- 비생산적인 회의로 인한 시간낭비와 다시 회의를 개최해야 하

는 비용

- 의사결정 지연을 발생하는 자원과 이익의 손실비용
- 잘못된 의사결정, 문제해결로 인한 비즈니스 기회상실비용
- 갈등과 대립, 스트레스 발생, 소외감 등의 인간관계비용 : 이 비용은 더 나아가 직원의 이탈을 초래할 수도 있다.

회사를 죽이는 회의가 되는 이유

회의가 생산적이지 못하면 결국 조직은 물리적 비용, 인간관계 비용, 기회비용 등의 발생으로 조직의 성과달성에 부정적인 영향을 미치게 된다.

회사를 죽이는 회의가 되는 이유는 다음과 같다.

- 회의 자체가 필요 없는데 회의를 개최한다.
- 회의 소집이 잘못되었다.
- 회의 목적과 의제가 분명하지 않다.
- 참석자 선정이 잘못되었다.
- 회의 진행에 대한 어젠다가 없고 회의가 적절히 통제되지 않았다.
- 회의가 부적절한 환경에서 열렸다.
- 부적절한 시간에 회의가 시작되었다.
- 회의 진행과 시간관리가 효율적이지 못하였다.
- 잘못된 의사결정이 일어난다.
- 회의 중요성을 모르고 참석하고 회의를 개최한다.

- 회의에 대한 기대감이 낮다.
- 회의에서 결정이 내려지지 않는다.
- 회의가 인정을 받지 못한다.
- 회의에서 개인적인 인정을 받지 못한다.
- 회의 결정에 대해 책임지지 않는 문화 등이 결국 회의가 회사의 성과에 부정적인 영향을 미친다.

바뀌어야 하는 회의문화

국내 중견기업 직원들을 대상으로 바뀌어야 하는 회의문화를 조사한 결과는 다음과 같다.

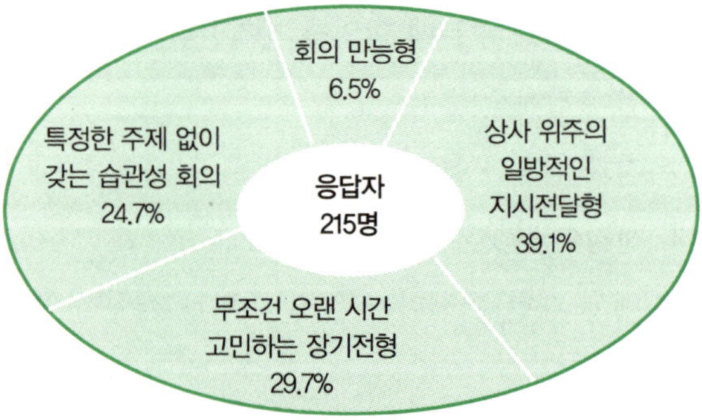

출처 : 한국야쿠르트 사원 설문조사

회의문화

내용을 살펴보면 결국 회의문화를 바꾸는 것만이 회의 생산성을 올리고, 참석의지를 갖게 하는 회의가 될 수 있다. 이 조사결과에 숨겨진 사실은 회의를 개최하는 리더, 관리자는 회의를 자신이 수행해야 하는 업무로 생각하지만, 회의 참석자 대부분은 회의 참석을 자신의 업무로 생각하지 않는다는 것이다. 즉 리더나 관리자에게 회의는 자신들의 업무수행을 위한 중요한 도구지만, 참석을 해야 하는 직원들에게 회의는 업무시간을 빼앗거나 업무를 방해하는 것으로 생각한다는 것이다.

회의 효율성

회의시간과 회의 효율성에 대한 조직구성원들의 시각은 어떨까? 위에서 알아본 바와 같이 회의 리더는 회의가 자신의 중요한 업무수행 도구지만, 직원들은 업무수행에 별 도움이 되지 않는 시간으로 생각하고 있다. 국내 모 캐피탈사 직원들의 회의 관련 조사결과를 보면 다음과 같다.

조직의 평균 회의시간

하루 평균 회의시간	응답자 수	비율
1시간 미만	128	39%
1시간~2시간	107	33%
2시간~3시간	34	10%
3시간~4시간	13	4%
4시간 이상	5	2%
회의를 거의 하지 않음	41	13%
계	328	100%

출처 : 국내 H캐피탈 사내 설문

조직의 회의 효율성

비효율적 회의 비중	응답자 수	비율
20% 미만	195	59%
20~40%	77	23%
40~60%	39	12%
60~80%	8	2%
80% 이상	9	3%
총합계	328	100%

출처 : 국내 H캐피탈 사내 설문

결국 조직구성원들에게 회의가 주는 기회와 가치를 제대로 인식하게 하고, 또 그 결과를 실행할 수 있는 문화를 만드는 것이 회의 효율성과 회의 생산성 및 회의 몰입을 올릴 수 있는 중요한 해결책이다.

회사를 살리는 회의가 주는 이익

그렇다면 회사를 살리는 회의는 어떤 이익을 줄까? 잘 준비되고, 적절하게 진행되며, 결과 실행이 완벽하게 이루어지는 회의는 조직에 다음의 이익을 준다.

- 회의 참석자들의 동기부여
- 신속한 의사결정과 정확한 수행 및 피드백
- 갈등해결
- 창의적인 아이디어 발굴과 공유로 문제해결 및 고객만족
- 정보공유
- 커뮤니케이션 활성화
- 업무목표달성
- 새로운 아이디어 발굴
- 부서 간의 긴밀하고 유연한 업무협조
- 구성원들의 경험과 노하우 공유
- 직원들의 업무를 조정하고 성과를 결합해 시너지 향상
- 조직과 부서의 중요한 이슈에 대한 이해수준 강화
- 외부환경 변화에의 신속한 대응
- 조직 경쟁력 강화 등의 가치를 얻을 수 있다.

회사를 살리는 회의 3요소

회사를 살리는 회의는 다음 세 가지 요소가 적절하게 자신의 역할을 수행할 때 가능해진다.

회의 다이어트 요소

리더의 역할

- 회의 시기를 명확하게 한다.
- 회의 개최여부를 신중하게 판단하고 결정한다.
- 회의 준비를 완벽하게 한다.
- 회의 목적을 정하고, 안건 · 의제 준비를 목적에 맞게 한다.
- 회의 진행에 대한 시나리오(진행 어젠다)를 작성한다.
  안건별로 토의시간을 정하고 진행방법을 결정한다.
- 참석자를 정하고 역할을 분담한다.

- 회의가 원활하게 진행되도록 적절한 퍼실리테이팅기법을 활용한다.
- 시간적인 여유를 갖고 회의 개최를 통지한다.
- 회의 목적, 참석자를 고려해 적절한 시간과 장소를 정한다.
- 필요하다면 회의 목적과 회의 안건을 공유해 참석자들을 준비시킨다.
- 회의 참석자들의 준비사항을 점검한다.
- 회의를 마친 후 회의 진행, 결과, 분위기, 몰입(의견개진 등)을 평가한다.
- 유연한 리더십을 발휘한다.
  - 회의진행 중 곤란한 상황에 지혜롭게 대처한다.
  - 회의 유형에 맞는 진행방법을 개발 · 활용한다.
  - 회의 목적, 의제(안건), 배경 등을 충분히 설명한다.
  - 회의 분위기를 활기차게 만든다.
  - 회의 참석자들을 적절하게 동기부여한다.
- 참석자들이 회의에 참여하도록 적절한 방법을 활용한다.
- 필요시 질문을 통해 의견을 유도하고 아이디어를 구한다.
- 구체적인 결론을 내리고, 실행이 필요한 결론에 대해서는 책임자를 명확히 정한다.
- 회의 후 회의록을 작성하고 관련자들과 공유한다.

회의 참석자의 역할

- 회의 통지서를 확인한다.
- 자신의 역할과 안건에 맞는 준비를 한다.
- 의견을 정리하고 발표 준비를 한다.
- 참석 및 발표시간을 지킨다.
- 회의 규칙을 준수하고 역할에 충실한다.
- 논리적으로 의견을 개진한다.
- 다른 참석자들의 의견을 경청한다.
- 자신의 의견과 다른 이견이 나오더라도 논쟁하지 않는다.
- 회의에 집중하고 다른 행동을 하지 않는다.
- 의문이 있으면 질문을 한다.
- 리더나 다른 참석자의 질문에는 결론부터 이야기한다.
- 회의 목적달성을 지원하고 기여한다.
- 회의 진행자, 회의 리더를 돕는다.
- 회의 목적, 주제, 안건에서 이탈하지 않는다.
- 자기 주장을 고집하지 않는다. 필요하다면 근거자료로 설득한다.
- 다른 참석자들의 공격에 맞대응하지 않고 적절하게 반론한다.

조직의 역할

- 회사에 맞는 회의 시스템과 프로세스 또는 매뉴얼을 개발한다.
- 개발된 회의 시스템과 프로세스를 조직에 정착시킨다.

- 회의를 업무처리기능으로 자리매김하도록 한다.
- 회의 리더의 회의 운영 스킬을 향상시킨다.
- 회의 참석자들에게 참석기술(발표, 의견개진, 토론, 질문 등)을 가르친다.
- 성공적인 회의를 위한 아이디어를 공모하고 실행한다.
- 회의를 비생산적으로 만드는 요소를 발견해 과감하게 제거한다.
- 생산적인 회의를 위한 회의문화를 형성한다.
- 정기적으로 조직의 회의 성과를 점검하고 필요한 조치를 취한다.

Tip 회의 사례와 해결책

회의를 이끄는 능력진단

다음 각각의 항목에 대하여, 회의를 준비하거나 진행할 때 일반적으로 어떻게 하는지 솔직하게 답하라.

회의를 진행할 때, 나는 : 항상 그렇다, 가끔 그렇다, 별로 그렇지 않다.

① 협의사항을 정하고 회의 진행 계획서를 작성한다.
② 안건을 며칠 전에 미리 배포한다.
③ 참석자들이 도착하면 그때서야 필요한 추가자료와 정보를 제공한다.
④ 회의 장소를 모든 참석자에게 알려 준다.
⑤ 예상되는 회의 소요시간을 모든 참석자에게 알려 준다.
⑥ 회의의 구체적인 목적을 모든 참석자에게 알려 준다.
⑦ 회의록 작성자를 정한다.
⑧ 회의 전에 비공식적으로 의견을 타진하여 논쟁의 여지가 있는 부분을 파악하며, 가능하면 사전에 문제를 조정한다.
⑨ 모든 사람이 참석할 때까지 회의를 시작하지 않는다.
⑩ 모든 사람이 참여하도록 유도한다.
⑪ 논의가 관련 문제에 집중되도록 한다.
⑫ 안건을 모두 처리할 때까지 회의시간을 연장한다.
⑬ 최대한 합의를 끌어낸다.
⑭ 결정사항과 실행사항을 강조하여 정리한 회의록을 회의 종료 이후 신속하게 배포한다.

• ①, ②, ④, ⑤, ⑥, ⑦, ⑧, ⑩, ⑪, ⑬, ⑭번 항목 : '항상 그렇다' 2점, '가끔 그렇다' 1점, '별로 그렇지 않다' 0점
• ③, ⑨, ⑫번 항목 : '항상 그렇다' 0점, '가끔 그렇다' 1점, '별로 그렇지 않다' 2점

*총점이 24점 이상이면 당신은 뛰어난 회의기술을 갖고 있으며, 조직 전체가 나아갈 방향을 정확히 알고 모든 직원이 힘을 합쳐 효율적으로 일하고 있다. 16~23점은 약간 문제가 있고, 16점 미만이면 개선의 여지가 상당히 많은 상태이다.

CHAPTER 02

회사를 살리는 회의 프로세스

CHAPTER

02 회사를 살리는 회의 프로세스

회의 시스템

시스템은 원하는 성과를 달성하기 위해 관련 요소들을 흐름에 따라 조합하는 것이다. 조직에서 실행되는 회의 역시 바람직한 성과(효과적이고 생산적인 회의)달성을 위해 회의에 투입되는 다양한 요소들이 체계적으로 흐르도록 구성해야 한다. 회의 시스템은 다음 그림과 같다.

그림에서 알 수 있듯이 회의 시스템은 환경, In Put(회의 준비), Processing(회의 진행과 결론), Out Put(회의결과의 실행)으로 구성된다. 이러한 요소들은 회의 준비와 진행 및 마무리와 실행에 직간접적으로 영향을 미쳐 결론적으로 회의 생산성과 효율성을 결정한다.

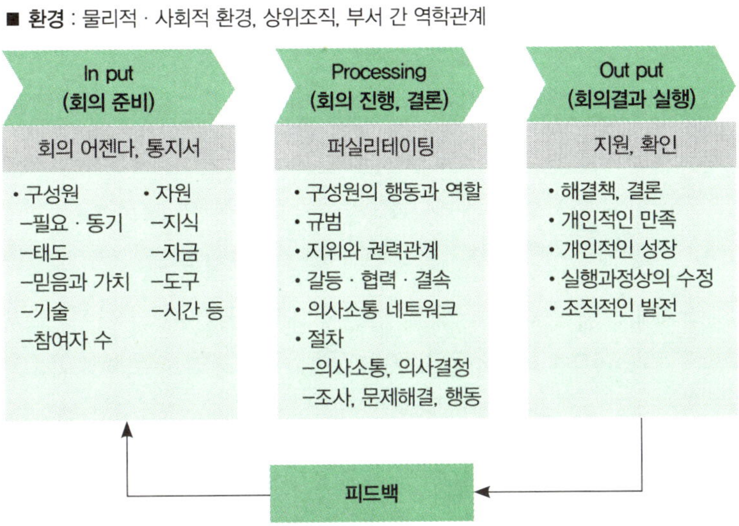

회의 시스템

회의환경

환경은 물리적인 요소와 사회적인 요소, 상위조직, 부서 간의 역학관계, 구성원과 자원으로 구성된다.

- 물리적 요소 : 회의실 규모와 위치, 자리배치, 회의실 조명, 기타 장비 등의 시설
- 사회적 요소 : 조직과 산업이 처한 거시환경, 산업구조, 경쟁구조, 기업의 경쟁력, 기술적인 변화와 적용가능한 기술 등
- 상위조직 : 회의의 의사결정에 영향을 미치거나 결과에 영향을 받는 상위조직의 존재여부, 회의를 진행하는 부서의 조직 내 위치
- 부서 간 역할관계 : 부서 간 협력문화의 수준, 정보공유 정도, 공동목표에 대한 공유 등

회의 In Put : 회의 준비

■ 구성원 : 회의의 필요성에 대한 이해와 동기, 회의의 가치에 대한 인식, 회의에 대한 태도와 믿음, 회의 참석자들에 대한 인식과 그들과의 관계, 회의참여기술(소통 및 토론기술, 경청기술 등), 참여자 수, 회의 주제와의 관련성 등

■ 자원 : 지식(회의 주제 및 안건에 대한 참석자들의 지식수준과 전문성), 자금(회의비용 수용 여유, 회의결과의 실행자원), 도구(회의를 지원하는 도구 · 장비, 시스템과 활용능력), 시간(회의 시작시간, 진행시간, 의사결정시간 등) 기타 회의 어젠다와 회의 통지서 등이 있다.

회의 Processing : 회의 진행과 결론

■ 참석자들이 회의에서 보여주는 행동과 참여수준

■ 회의에서의 역할과 수행수준

■ 회의를 할 때 지켜야 하는 규범의 존재여부와 내용 및 동의

■ 회의 참석자들 간의 지위와 권력관계

■ 갈등의 이해와 처리방법 및 수준

■ 토론과 논의를 하는 방법과 수준

■ 평소의 소통수준과 네트워크

■ 회의 진행방법

- 참석자들 몰입을 유도하는 리더십
- 상황에 맞는 유연한 리더십
- 회의를 방해하는 요소를 제거하는 리더의 퍼실리테이팅

기술
- 의사결정과 문제해결방법과 수준
- 회의 결론 실행을 위한 책임소재와 행동계획
- 회의시간 준수

회의 Out Put : 회의결과 실행

- 회의결과 실행과 목적달성
- 회의과정과 결과에 대한 참석자들의 만족
- 회의를 통한 성장 등의 동기부여
- 참석자들의 의견이 수용되는 정도
- 회의 리더의 리더십
- 회의록 작성과 공유

피드백

- 회의 성과 피드백
- 회의 효율성 피드백
- 회의 결론의 실행점검과 지원

성공적이고 생산적인 회의를 위해서 고려해야 하는 요소들에 대한 이해를 바탕으로 조직은 건전하고 생산적인 회의 시스템을 구축해야 한다. 모든 시스템이 그러하듯이 시스템의 작은 요소가 제 역할을 제대로 수행하지 못하면 전체 시스템의 성과에 부정적인 영향을 미친다. 특히 회의를 주관하는 리더의 경우에는 위의 시스템 구성요소들이 각각의 역할을 잘 수행할 수 있는 회의문화를 구축하고, 적절한 회의 리더십을 발휘할 수 있어야 한다.

회의 프로세스

회의 프로세스는 회의 준비부터 회의 진행 및 회의 종료까지의 흐름을 말한다. 회의 프로세스는 회의를 이끄는 리더가 반드시 인식하고 올바르게 실행해야 한다. 회의 프로세스를 원활하게 진행하는 것이 회의 스킬이다. 회의 프로세스는 다음과 같다.

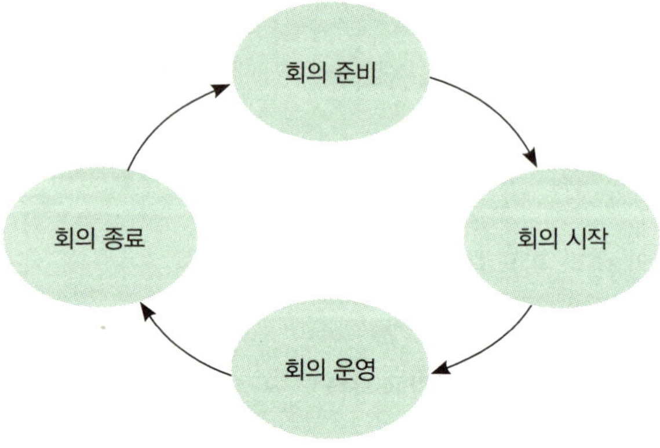

회의 프로세스

- 회의 준비는 회의를 개최하려는 관리자 또는 리더가 회의 진행여부를 판단하는 것부터 시작된다. 이 회의 준비단계에서는 회의 개최여부를 판단하고, 회의를 개최하기로 하였다면 회의

어젠다 작성과 참석자와 그들의 역할을 결정하고 이 내용이 담긴 회의 통지서를 참석자들에게 통지하는 활동을 해야 한다.

- 회의 시작은 회의를 진행하는 것으로 회의시간관리를 위해 회의 시나리오를 작성해 참석자들에게 공지하는 것부터 시작한다. 이때에는 회의 안건을 소개하고, 회의 진행을 도와줄 서기 등의 역할을 선정하며, 회의 리더를 포함해 참석자 모두가 지켜야 하는 룰(Ground Rule)을 전 참석자의 합의로 정해서 모두가 볼 수 있도록 해야 한다.
- 회의 운영은 실제로 회의가 진행되는 것으로 회의 리더는 어젠다에 충실히 진행해야 한다. 또한 참석자들의 적극적인 참여를 유도하고, 회의 진행을 방해하는 요소를 제거하면서 회의 목적을 달성하는 데 집중해야 한다. 특히 이 단계에서 회의 리더의 리더십이 중요한 역할을 한다.
- 회의 종료단계에서는 회의시간을 지키면서 회의에서 논의된 내용과 결론을 정리하는 것이 필요하다. 또한 회의 결론의 실행을 위한 구체적인 행동계획을 수립하거나 이후의 조치를 정하는 것이 필요하다. 그리고 생산적인 회의가 진행된 것에 대해 참석자들에게 고마움을 표현하는 것이 좋다. 마지막으로 회의 리더는 회의록에 대한 조치를 알리고 회의를 마무리하면 된다. 추가로 모든 참석자가 떠난 후 리더는 회의 성과, 회의 분위기, 몰입수준, 자신의 리더십 등에 대해 스스로 점검함으로써 회의는 마무리된다.

회의를 열 때와 열지 말아야 할 때

회의를 개최하려는 리더 혹은 관리자는 회의를 개최하기 전 회의 개최여부를 판단해야 한다. 많은 회의가 생산적이 되지 못하는 이유 중 하나가 회의 개최의 필요성을 판단하지 않고 열릴 때이다. 특히 조직의 리더 혹은 관리자 중 수시로 회의를 개최하는 것을 자신의 업무로 오해하고 자기 마음대로 회의를 여는 경우가 있다. 이러한 회의의 경우 참석자들이 전혀 준비되어 있지 않은 상황이어서 생산적인 회의로 이어지지 않는다. 참석자의 준비 부족은 리더가 말을 많이 하게 되고, 리더의 자기 중심적인 회의 진행으로 이어진다. 이 또한 생산적인 회의를 가로막는 방해물이 된다. 회의 개최여부를 판단할 때 다음 기준을 활용하면 도움이 된다.

● 회의를 열어야 할 때

- 상충하는 의견을 조정할 필요가 있을 때
- 문제를 해결하기 위해 다양한 의견이나 아이디어가 필요할 때
- 중요하거나 민감한 정보를 전달할 때
- 아이디어나 계획안에 대한 지지를 얻기 위해
- 새로운 아이디어나 개념을 발굴하기 위해
- 프로젝트나 업무의 경과보고 또는 공유가 필요할 때
- 제품이나 시스템의 홍보가 필요할 때

물론 이 외에도 회의를 개최하려는 사람이 회의를 여는 것이 더 좋은 성과를 보장받을 수 있다면 회의를 열어야 한다.

회의를 열지 말아야 할 때

- 분명한 목표가 없을 때
- 그룹 결정이 필요하지 않을 때
- 회의 외 더 나은 대안이 있을 때
- 정례적인 회의라도 목적이나 의제가 없을 때
- 중요한 참석자가 참석할 수 없을 때
- 회의에서 발생하는 비용이 이익보다 클 때
- 회의를 개최하지 않아도 부정적인 영향이 없을 때

회의가 정말 필요한가?

① 정보를 다른 사람에게 전달할 필요가 있는가?
② 다른 사람과 정보를 교환할 필요가 있는가?
③ 팀워크 정신을 심어 주고자 하는가?
④ 어떤 중요한 문제와 관련하여 지원을 받거나 다수의 결정이 필요한가?
⑤ 새로운 장비의 사용법을 교육하고자 하는가?
⑥ 내부의 갈등이나 의견 차이를 해결하고자 하는가?
⑦ 새로운 프로젝트의 의도와 중요성을 모든 직원에게 충분히 이해시키고 싶은가?
⑧ 마케팅전략이나 광고기획과 같은 어떤 계획을 세우고자 하는가?
⑨ 고객에게 프레젠테이션을 하려고 하는가?

출처 : R. Burns, *Making Meetings Happen*, Allen & Unwin, 2000 편역

②, ③, ④, ⑦, ⑧번 항목의 경우에는 회의가 목표달성에 도움이 될 수 있지만, 다른 경우에는 상황과 시간, 특성 그리고 자신의 특별한 능력에 따라 다른 방식으로 접근하는 것이 더 좋다. 정보전달은 이메일이나 공문, 보고서 등의 형식으로 하는 것이 더 나은 경우도 있다. 정보의 세부 내용과 의미가 너무 복잡하거나, 안전수칙과 같이 아주 중요하여 모든 직원이 이해하고 준수하도록 할 필요가 있는 경우에만 회의가 필요하다.

갈등과 의견 차이는 상대방과 개인적으로 해결하는 방법이 최선이다. 한편 즉시 결정을 내려야 하는 경우에는 서둘러 회의를 소집하기보다는 전화로 협의하는 것이 더 좋다. 물론 모든 참여자에게 사안과 관련한 지식과 문서를 제공하는 것도 잊으면 안 된다. 경우에 따라 다르지만 교육을 위해 회의가 필요할 수도 있고 또한 매뉴얼을 각자 공부하게 하는 방법도 있다.

회의가 필요한 정당한 이유를 판단하라

다음을 읽고 회의 개최의 정당한 이유에 해당되는 항목을 선택해 보라. 그리고 그 이유도 생각해 보라.

① 우리 부서의 구조조정안을 도출하기 위해 오늘 여기에 모였다.
② 오랫동안 회의를 갖지 않았기 때문에 오늘 모두 모이게 했다.
③ 업무 조정방식에 일부 문제가 있다는 소문이 있어 오늘 회의를 갖기로 결정했다.
④ 다음 달 1일로 예정된 신제품 출시계획을 구체적으로 정하기 위해 회의를 개최했다.

⑤ 추가 증원의 가능성은 없는데도 업무량이 늘어나고 있는 상황에서 우리 부서의 구조 개편방안을 논의하기 위해 오늘 회의를 열었다. 이 문제와 관련하여 참석자의 의견과 참여가 필요하다.

⑥ 내년도 사업계획에 대해 이야기하기 위해 이 회의를 열었다.

⑦ 지난 주 임원회의에서 결정되어 다음 월요일부터 시행하는 채용 규칙에 대해 말해 주기 위해 회의가 필요하다.

⑧ 각자의 업무 진행 상태를 확인하기 위해 모이도록 했다.

⑨ 신입직원을 뽑기 위한 선정기준을 결정하기 위해 다음 월요일에 회의를 갖고자 한다.

⑩ 이번 회의 목적은 신제품 출시에 대해 논의하는 것이다.

⑪ 지난 회의에서 회사의 컴퓨터 시스템 네트워크를 다시 설계하기로 했던 것을 기억할 것이다. 오늘 회의를 하게 된 이유는 이번 주 초에 시스템 관리자가 배포한 세 가지 계획안을 세부적으로 검토하고 이사회에 제출할 최종안을 결정하기 위해서이다.

⑫ 모두 모여 신입직원을 어떻게 뽑을지 논의하려고 한다. 세부적으로 검토하고 임원에게 제출할 최종안을 결정하기 위해서이다.

위에 열거한 항목들은 직무수행의 핵심 내용들에 관한 것이기 때문에 모두 회의 소집의 적당한 이유처럼 보인다. 하지만 각 항목을 주의 깊게 살펴보면 어떤 항목은 모호하고 회의목적이 뚜렷하지 않으며 방향성이 부족하다는 사실을 알 수 있다.

- ①번의 경우에는 너무 모호해서 회의 개최 이유로는 적당하지 않다. 배경설명이 있고 참석자에 대한 요구가 분명한 ⑤번 항목이 좀 더 잘 표현된 이유이다. 따라서 사람들로 하여금 준비하고 참여하도록 만든다. ⑤번의 경우에는 아무도 회의 안건에 대해 미리 생각해 보지 않을 것이다.
- ②번은 목적이 무엇인지 전혀 나타나 있지 않다. 협의할 주제가 없다. 단순히 직원 친목을 목적으로 모이는 것이라면 차라리 회식을 하는 것이 더 낫다.
- ③번의 경우에는 회의 주관자가 누구이든 위험한 상황이 벌어질 수 있다. 즉 보이지 않는 위험이 도사리고 있을 가능성이 높은 것이다. 어떤 말이 튀어나올지 모르기 때문에 분위기를 통제하거나 문제가 발생했을 경우 대비할 방안도 없다. 현명한 관리자라면 문제가 무엇인지 사전에 파악하여 어떤 말이 오갈 것이며, 어려운 상황이 벌어지면 어떻게 이끌어 나갈지 준비를 철저히 해야 할 것이다. 개별적인 문제는 개인적으로 접근하는 것이 좋고, 팀 전체의 문제라면 많은 준비를 미리 하고 난 뒤 체계적으로 회의를 진행할 필요가 있다.
- ④번과 ⑩번은 비슷하지만, ④번의 경우가 좀 더 구체적이면서 계획에 대한 것이기 때문에 더 좋은 이유라고 할 수 있다. 이는 회의가 중구난방이 될 위험을 줄여 준다.
- ⑥번은 회의 주관자가 회의의 목적을 충분히 생각하지 못했다. 회의 전에 구성원들이 미리 논의하고 수정하며 우선순위를 정하고 비용에 대해 토의할 수 있도록 적절한 계획이 제안되어 있어야 한다.

■ ⑦번의 경우에는 기본적으로 이 정보가 이미 '위에서 시키는' 확정된 방침과 절차에 불과하다면 굳이 회의가 필요 없다. 그저 이에 관한 복사본을 배포하는 것만으로도 충분할 것이다. 하지만 현명한 관리자라면 채용 규칙이 아직 논의 중에 있을 때 미리 회의를 열어 의견을 모은 뒤, 이 의견이 최종안에 반영되도록 할 것이다.

■ ⑧번은 각자의 업무 현황을 보고서로 제출하게 하면 되는 사안이다. 이러한 종류의 회의에서는 어떤 사람이 발표하는 동안 그와 관계없는 다른 사람은 딴전을 부리는 경우가 많다. 어쨌든 현명한 관리자라면 정기적으로 부하직원의 업무 진척 상황을 점검하여 그들이 진행하고 있는 프로젝트의 현재 상태를 파악하고 있어야 한다. 이러한 종류의 회의는 쓸데없는 것이다.

■ ⑨번과 ⑫번은 같은 문제를 다루고 있지만, ⑨번의 경우가 좀 더 구체적이며 회의 진행 방향을 제시해 주고 있기 때문에 참석자들이 이 문제에 대해 미리 생각하고 올 수 있다. ⑫번의 경우 참석자들이 무엇을 준비해야 하는지가 명확하지 않다. 선정방법에 대해 논쟁이 일어날 수 있다.

■ ⑪번은 회의 개최 사유로 적당하고 목적도 잘 설명되어 있어 참석자들이 적극적으로 회의에 참여할 수 있을 것이다.

출처 : R. Burns, *Making Meetings Happen*, Allen & Unwin, 2000 편역

앞서 설명한 바와 같이 스스로 회의를 하는 목적을 명확히 파악하는 것이 중요하다. 그래야 어젠다에 대한 자신의 생각과 회의로부터 얻고자 하는 바를 정리할 수 있다. 참석자들은 어젠다에 맞추어 적절히 준비하여 참여할 수 있고, 회의 리더 또는 진행자는 회의를 통제하고 이끌기가 훨씬 쉬워진다.

어떤 것을 논의하고 싶다는 것만으로는 충분하지 않다. 원하는 구체적인 목적이 분명한 상태에서 논의가 이루어져야 한다. 그렇지 않으면 회의 참석 준비가 되어 있지 않은 참석자들 때문에 생각지도 못한, 그리고 떠맡고 싶지 않은 결론이 난 회의가 될 가능성이 높다.

적절한 목적이 있고, 필요한 사람이 참석가능하며, 참석자들이 모두 충분히 준비할 시간을 가졌고 필요한 자료가 미리 검토되었으면, 회의를 여는 것은 옳은 선택이다.

회의 개최여부를 판단하라

회의계획단계에서 가장 시급하고 중요한 일은 회의 목적을 신중하게 정하는 것이다. 회의 소집을 결정하기 전에 "이 회의가 왜 필요한가? 구체적으로 무엇을 얻고자 하는가? 다른 방식으로는 목적을 달성할 수 없는가?"라는 질문을 먼저 해 보아야 한다. 이러한 질문에 답을 해 본 결과 그래도 회의를 여는 것이 좋고 필요하다는 생각이 들면, 그때 회의 개최를 추진한다.

회의 개최를 결정하였으면 먼저 목표를 분명하게 정해야 한다.

회의 목표는 일반적인 것일 수도 있고, 예를 들면 '노동조합 대표에게 휴일 임금정책 변경사항을 설명'한다거나, '각 지역 영업사원들에게 현실적인 영업 목표를 설정'한다거나 또는 '새로운 광고전략계획' 등과 같이 구체적인 것일 수도 있다.

목표가 구체적일수록 회의에서 더욱 뚜렷하고 바람직한 성과를 얻을 수 있다. 이를 위해 다음의 몇 가지 질문을 해 보라.

- 회의 개최의 목적이 무엇인가? 즉 어떤 문제를 논의하려 하는가?
- 회의 시작 전에 어떠 조치를 취해야 하는가?
- 어떤 결정이 내려져야 하는가?
- 회의 후에 어떤 조치를 취해야 하는가?

조만간 회의를 소집할 일이 있다면 다음 체크리스트에 따라 그 회의의 필요성을 먼저 따져 본다.

일단 회의가 필요하다는 결정을 내렸다면, 구체적인 목표를 정하고 다음 기준에 맞추어 그 회의를 평가한다. 다음 표의 질문을 활용해 회의를 평가하라.

회의 개최여부 판단을 위한 질문

구분	원칙	내용
Why, 왜	회의 목적을 결정한다.	회의를 통해서 성취해야 할 목적은 무엇인가?
What, 무엇	의제를 결정, 관점을 분석한다.	회의 안건은 어떻게 정할 것인가?
Who, 누구	• 회의에 참석할 사람을 정한다. • 역할을 정한다.	• 참가자 선정은 어떤 기준으로 할 것인가? • 발표자는 누구이고 내용은 무엇인가? 또 기타 역할은 누구로 정하는가?
When, 언제	회의 일시를 예정한다.	회의 일정 및 시간은 언제로 잡을 것인가?
Where, 어디	장소를 예정한다.	• 회의 장소는 어느 곳으로 할 것인가? • 회의장 레이아웃은 어떻게 배열할 것인가? • 무엇을 준비할 것인가?
How, 어떻게	진행방법을 예정한다.	• 참가자에게 통보는 어떻게 언제 할 것인가? • 회의 진행 시나리오는 어떻게 준비할 것인가?

이 가운데 어느 하나라도 문제가 있다면, 회의 진행과 목적달성에 상당한 어려움이 있을 것이다. 게다가 그런 회의는 시간낭비로 끝날 가능성이 높기 때문에 개최해서는 안 된다. 다음과 같은 경우에는 회의를 하지 않는 것이 좋다.

- 단순한 메시지 전달
- 즉각적인 답변이나 조치가 필요 없는 단순한 정보전달
- 얼굴을 맞대고 논의하기보다 서류로 처리하는 것이 더욱 설득력을 발휘하는 시안
- 두 사람 사이의 갈등을 해결할 필요가 있는 경우

이러한 경우에는 회의보다는 좀 더 효과적인 다른 방법을 활용하는 것이 좋다.

위의 질문으로 회의 개최가 필요하다고 판단이 되면 이어서 다음의 질문을 한다.

- 현실적인가?
- 준비할 시간이 있는가?
- 회의 참석자들이 준비할 시간이 있는가?
- 목적달성에 필요한 사람이 참석할 수 있는가? 그리고 참석하려고 하는가?
- 목적달성에 필요한 정보를 당신뿐만 아니라 참석자도 갖고 있는가?
- 결정사항을 밀고 나갈 권한이나 책임이 당신에게 있는가?

추가적으로 활용할 수 있는 질문은 다음과 같다.

- 이 문제는 나의 책임, 권한 범위 안에서 처리할 수 있는가?
    - 혼자 대처할 수 있는가?
    - 상사와의 상담이 필요한가?
    - 관계자들과 상담할 필요가 있는가?
    - 부하에게 맡길 수 없는가?
    - 같은 부문의 다른 사람들이나 다른 부문의 사람들과 협력이 필요한가?
    - 책임전가를 위한 것은 아닌가?
- 이 문제는 다른 방법으로 처리할 수 없는가?
    - 문서 연락으로 끝낼 수 없는가?

- 전화나 다른 통신수단으로 해결할 수 없는가?
- 개인적인 대화로 끝낼 수 없는가?
- 기록이나 보고서를 제출하거나 읽거나 하면 안 되는가?
- 이미 확립된 규정이나 절차로 해결할 수 없는가?

■ 회의에 상정하는 경우 일반적 기준에 맞는 것인가?

- 많은 사람들이 관계되는가?
- 많은 사람의 지식, 경험, 협력이 필요한가?
- 많은 사람에게 알릴 필요가 있는가?
- 조직의 기밀사항이나 사적 비밀에 해당되어 공개할 수 없는 의제는 아닌가?
- 규칙이나 관행에 따라 회의에 올리도록 되어 있는가?

■ 회의의 목적은 분명한가?

■ 회의의 개최 시기는 적절한가?

■ 회의 개최로 기본 업무가 정체되지는 않는가?

■ 참석예정자들을 볼 때 회의의 효과가 기대할 만한가?

회의 어젠다를 작성하라

● 어젠다 가치

효과적인 회의가 될 것인가를 판단하는 90%는 회의를 시작할 때 결정된다. "자 모여 보세요. 회의를 합시다. 지금 하는 일을 멈추고 회의실로 오세요."로 시작하는 회의의 대부분은 비생산적인 회의로 이어진다. 회의 어젠다는 회의를 개최하기로 결정한 후 회의 개최자가 가장 먼저 작성해야 하는 회의 개최를 위한 설계도이자 회의 개최 통지서의 원천이 된다.

회의 어젠다를 작성하면서 리더(회의 개최자)는 회의에서 원하는 성과를 달성할 수 있는지 판단할 수 있다. 또한 회의 리더는 어젠다 작성을 하면서 생산적인 회의를 위한 전체적인 판단을 할 수 있다. 그리고 이 어젠다를 바탕으로 회의 통지서가 통보되기 때문에 회의 참석자 역시 회의 성공에 기여할 수 있는 준비를 할 수 있다. 이를 정리하면 아래 표와 같다.

어젠다의 가치

리더	참가자
• 회의 목표 수립 • 회의 방향성 유지 • 회의 개최여부 결정 • 결론을 위한 과정 확인 • 회의 성과 평가	• 자신의 의견 준비(발표, 자료) • 참가 요령 이해 • 진행절차 협력 • 시간관리 • 회의 성과 평가 • 참가자에 대한 이해

어젠다 구성요소

회의 개최자(리더)는 회의 어젠다를 작성할 때 회의 진행과 관련된 모든 사항을 고려해야 한다. 어젠다 항목이 충실하고, 각 항목을 잘 작성한다면 회의 성공여부를 절반 이상 판단할 수 있다. 또한 반드시 필요한 참석자가 참석가능한지, 그 외 참석해야 하는 구성원과 각자의 역할과 준비사항은 회의 목적에 맞게 잘 정리되었는지, 회의 시작시간과 운영시간은 적절한지, 회의 장소는 적합한지 그리고 회의 안건과 의제는 회의 목적달성에 적합한지 등을 판단할 수 있다. 이러한 항목으로 구성된 회의 어젠다 양식은 다음 표와 같다.

• 회의 목적, 제목 :		
• 회의 목표(성과) :		
• 날짜 :	시작 :	종료 :
• 장소 :		
• 승인 :		
• 참석자	역할	준비사항
• 회의 의제 · 안건		
1.		
2.		
3.		
4.		
5.		
• 회의실 준비 :		
• 회의 책임 :		
• 회의 전반적인 준비		
– 사용기자재 :		
– 배부자료 :		
– 책임자 :		
• 회의 통지일 :		

회의 어젠다 양식

앞의 어젠다 항목 중 몇 가지 중요한 내용이 있다. 첫 번째는 회의 목표를 명확하게 설정해야 한다. 회의 목표는 회의 성과로 회의 결론이다.

두 번째로 승인은 회의를 개최하려는 관리자 또는 리더가 자신의 상사에게 어젠다를 바탕으로 회의 개최를 허락받는 것이다. 이 승인이 필요한 이유는 먼저 상사가 회의 개최를 인식함으로써 회의에 대한 조언이나 지원을 할 수 있는 기회를 제공한다. 다음으로 조직에서 회의가 중간에 끊기는 이유 중 하나가 회의 개최자의 상사가 불시에 회의장에 출현하거나, 회의를 진행하는 리더를 호출하는 것이다. 이러한 상황은 대부분의 조직에서 늘 발생하는 것으로 회의를 비생산적으로 만드는 외부요인 중 하나이다. 이러한 상사의 개입으로 인한 방해를 방지하기 위해 빈드시 승인을 받아야 한다.

세번째는 회의 통지일이다. 가장 바람직한 회의 통지는 최소한 1주일 정도의 여유를 두고 참석자들에게 통지되어야 한다. 필자가 회의 스킬을 코칭한 외국계 기업의 경우에는 승인받지 못한 회의나 7일 전에 어젠다가 배부되지 않은 회의는 개최할 수 없는 것으로 규정되어 있었다. 물론 긴급한 회의는 먼저 개최하고 나서 어젠다를 작성해 보고한다. 이렇게 함으로써 참석자들이 자신의 업무 스케줄을 조정해 회의 참석을 준비하도록 할 수 있다. 이러한 내용을 바탕으로 실제 작성한 어젠다는 다음 표와 같다.

- 회의 목적, 제목 : 원가절감을 위한 회의
- 회의 목표(성과) : 하반기 원가절감 5% 달성방안 모색
- 날짜 : 2019. 9. 3. 시작 : 오전 10시 종료 : 12시
- 장소 : 본사 회의실
- 승인 : 생산 담당 임원 – 김상기 상무
- 참석자

참석자	역할	준비사항
김시성	서기	회의록
박장석 대리	발표	상반기 원가절감 성과와 문제
기타 생산부 직원		

- 회의 의제 · 안건
  1. 상반기 원가절감 성과보고
  2. 문제점 파악
  3. 하반기 원가절감 목표 공유 및 방법 모색
  4. 구성원 개개인의 원가절감을 위한 업무목표 수립
  5. 추가 안건–추가 생산에 대한 생산 일정
- 회의실 준비 : 김혜란
- 회의 책임 : 장석주 생산부장
- 회의 전반적인 준비
  - 사용기자재 : 프로젝트, 노트북, 이젤, 기타 음료수
  - 배부자료 : 타 기업 원가절감 사례
  - 책임자 : 김시성
- 회의 통지일 : 2019. 8. 27.

어젠다 작성 샘플

어젠다 작성 요령

- 논리적인 순서로 작성한다.
- 전체 안건을 하나로 연결하는 공통의 맥락을 고려한다.
- 특수 상황(일찍 자리를 떠야 하는 사람, 늦게 참석하는 사람)을 고려한다.

- 어렵거나 논쟁의 소지가 있는 안건은 특별하게 다룬다.
- 긴급한 안건과 중요한 안건 사이의 조화
- 회의를 통하지 않고도 해결할 수 있는 것이나 정보회람으로도 충분한 것 등은 안건에서 제외시킨다.
- 각 안건별로 구체적인 처리 시나리오를 계획한다.
- 각 안건별로 시간, 발표자, 진행방법 등을 정한다.

보충자료의 처리

필자가 영업고문 역할을 한 엔지니어링 기업의 경우 영업회의를 할 때 너무 많은 자료를 정해진 시간에 다 소화하려다가 항상 회의 시간이 예정된 것보다 두 배 이상 소요되는 경험을 하였다. 더 큰 문제는 자료를 발표하는 발표자가 자료와 데이터가 가진 의미를 충분히 파악하지 못한 상태에서 발표함으로써 CEO의 궁금증을 해소해 주지 못해 곤란한 상황이 전개되기도 하였다. 결국 회의에서 자료를 잘 다루는 것도 중요한 회의 스킬이 된다. 보충자료를 준비하고 활용할 때는 다음 사항을 고려해야 한다.

- 자료의 계획과 준비에 충분한 시간을 갖는다.
- 한눈에 알아볼 수 있도록 만든다.
- 미리 준비한다.
- 회의에서 보충자료 모두를 읽지 않는다.
- 토의의 보조물로 활용한다.
- 시청각 도구를 활용한다.
- 명확하고 이해하기 쉽게 작성한다.

- 회의 리더는 배포되는 자료를 통제해야 한다.

어젠다 평가

어젠다 평가는 회의 개최자가 작성한 어젠다를 살펴보고 회의 필요성, 시간 적절성, 참석자 적합성, 회의 안건과 의제의 목적 적합성, 회의장 준비 등에 대한 내용을 평가하면서, 다시 한번 회의 개최여부를 판단하는 것이다. 회의를 개최하겠다는 판단 이후 상황이 변하는 등의 일이 발생할 수도 있기 때문이다. 그리고 회의 목적과 참석자, 시간, 의제 등을 함께 검토하는 시간을 갖는다. 어젠다를 평가할 때는 다음 질문을 활용하라.

- 회의가 반드시 필요한가?
- 회의 시작시간은 참석자 모두가 참석할 수 있는 시간인가?
- 회의에서 다루어야 하는 의제 수와 회의시간은 적절한가?
- 회의 장소는 방해물을 차단하기에 적절한가?
- 승인은 받았는가?
- 참가자 수는 적절한가?
- 참석자들이 의제를 다룰 자격이 있는가?

회의 통지서를 활용하라

회의 통지서는 회의 개최자 혹은 회의 준비자가 회의 참석자들에게 회의 개최를 알리는 서류다. 회의 통지서는 회의에 대한 충분한 정보가 포함되어야 한다. 회의 목적과 안건, 회의시간과 장소, 참석자와 참석자의 역할, 참석자가 준비할 내용 등에 대해 자세히 통지되어야 한다. 특히 여러 부서가 참석하는 회의(의사결정, 문제해결, 업무조정, 협업 프로젝트 등)일 경우에는 회의 통지서가 반드시 나가야 한다.

그리고 회의 통지서는 다음의 몇 가지 조건을 충족하면서 통지되어야 한다.

- 회의 통지서는 충분한 시간적 여유를 갖고 통지되어야 한다. 생산적인 회의를 위해서는 최소 7일 전에는 통지되어야 한다. 물론 긴급한 회의는 예외가 된다. 부서의 일상적인 회의일 경우에는 굳이 회의 통지서가 나가지 않아도 된다.
- 회의 통지서를 발송한 후 필요한 경우에는 모든 참석자를 개별로 연락해 참석여부와 준비 등을 확인하는 것이 좋다.
- 가능하다면 회의 직전에도 참석여부와 준비여부를 확인하는 것이 좋다.
- 통지서를 알리는 방법은 개인별로 이메일, SNS, 문자 메시지 등을 활용하거나 사내 게시판을 활용할 수도 있다.
- 특히 최근에는 사내 ERP, 일정관리에 활용하는 다양한 소프트웨어 혹은 애플리케이션을 활용할 수도 있다.

일반적으로 사용하는 회의 통지서 양식은 다음과 같다.

- 수신자(회의 참가자) :
- 발신자(회의 진행자) :
- 날짜(통지날짜) :
- 회의날짜 : 시간 :
- 장소 :
- 회의 목적 :
- 회의 내용

의제	세부 내용	발표자	시간

- 준비사항
- 역할

서기 :	회의 준비자 :	시간관리자 :

회의 통지서 양식

회의 참석자를 준비시켜라

회의 성공여부를 결정짓는 요인은 많지만, 가장 중요한 요인 중 하나는 회의 참석자들이다. 회의 참석자의 준비수준, 회의 몰입수준, 토론수준, 의견개진능력 등이 회의 안건을 다루고 회의 목적을 달성하는 데 핵심적인 역할을 하기 때문이다. 참석자의 능력과 참석자가 갖추어야 하는 태도에 대해서는 제7장에서 자세하게 알아볼 것이다. 여기에서는 회의 개최여부와 회의 어젠다 작성 및 회의 통지서를 발송할 때 필요한 내용에 대해 간단하게 정리하였다.

회의 안건과 참석자를 준비시키는 방법

- 회의 개최 공문이나 회의 통지서를 배포하기 전에 회의 안건 선정을 요청한다.
- 늦었지만 회의 안건으로 추가할 사항이 있는 경우에는 회의 시작에 앞서 회의 리더나 진행자에게 말할 기회를 준다.
- 추가 안건으로 포함여부는 전적으로 회의 리더가 결정한다.
- 회의 통지서와 달리 회의 안건의 변경사항이 있으면 회의 시에 리더가 변경사항과 이유를 설명한다. 시간적인 여유가 있다면 회의 전에 참석자들에게 통지한다.
- 이상의 안건 외 다른 안건은 가능하면 회의 안건으로 올리지 않는다.

참석자를 위한 회의자료 준비 및 활용

- 필요시 보충자료를 준비하거나 사전에 배부한다.
- 자료 준비와 배부계획에 시간을 여유 있게 사용한다.
- 자료는 가급적 한눈에 알아볼 수 있도록 만든다.
- 회의자료는 미리 준비한다.
- 회의에서 보충자료를 모두 읽지 않도록 한다.
- 자료는 논의의 보조물로 활용하고, 필요시 시청각 도구를 활용한다.
- 회의자료는 명확하고 쉽게 작성해야 한다.
- 회의 개최자는 배포되는 자료를 통제해야 한다.

Tip 회의 사례와 해결책

- 리더 : 자! 그럼 지금 이야기한 것을 토대로 제가 이후에 결정을 해서 알려드리도록 하지요. 다음은 …. (이때 참석자 1이 말을 한다.)
- 참석자 1 : 부장님, 그 건에 대해 아직 말씀드리지 못한 것이 있는데요. 우리가 좀 더 깊이 다루어야 하지 않을까요? 다른 직원들의 의견도 들었으면 하는데 ….
- 리더 : 알아요. 하지만 오늘 다루어야 하는 다른 문제도 많이 있어요. 다른 사람들의 의견은 내가 개인적으로 듣고 참고를 하도록 할 테니까 너무 걱정하지 마세요. 다음은 우리 부서에 대해 다른 부서에서 업무협조에 대해 불만들이 있는데 그 문제를 어떻게 해결할 것인가를 생각해 봅시다. (잠시 동안 이 문제에 대한 이야기를 한 후 리더는 또 다른 문제로 넘어간다. 결정되는 것은 없고 끊임없이 문제가 대두된다. 참석자들은 시간을 확인하고, 리더는 아직 이야기도 꺼내지 못한 의제에 대해 걱정을 한다.)

이런 식으로 회의 종료시간이 훨씬 지났는데도 리더는 계속 새로운 문제를 제기하고 회의를 진행하고 있다.

■ 발생원인

- 리더는 한 번의 회의에서 모든 문제를 검토하려고 한다.

업무가 너무 많거나 시간적인 압박을 받을 때 리더는 회의를 거쳐 자신이 처리해야 하는 업무를 모두 해결 또는 확인하려 한다. 회의를 자주 못하는 경우(직원들의 출장, 바쁜 업무 등)에도 한 번의 회의에 그동안의 모든 업무를 검토하려 한다.

- 각 의제에 대한 중요성과 긴급성에 대한 판단 없이 의제를 준비하였다.

회의는 정해진 시간에 다양한 의견을 가진 사람들이 모여서 토의하고 해결책을 찾고 결정을 내리는 활동이다. 따라서 리더는 회의를 준비하면서 회의에서 다룰 의제를 신중하게 검토하고 선정해야 한다. 조직과 부서에서는 다양한 일과 업무들이 진행되고 발생된다. 이러한 것에 대한 우선순위를 정하지 않으면 회의는 마냥 길어지거나 결론이 없는 회의가 된다.

• 제한된 시간에 맞는 의제와 회의진행방법이 없다.

회의를 하면서 하루 업무의 모든 시간을 보낼 수는 없다. 회의만 하는 조직이 되어서는 안 된다. 회의는 조직활동, 업무수행의 일부분이다. 따라서 회의는 늘 정해진 시간이 있고 그 시간의 양에 맞는 의제와 진행방법이 요구된다. 또한 리더와는 다른 관점과 생각을 가진 다양한 구성원들이 모여 정해진 의제를 다루는 것이므로 적절한 회의진행방법을 활용하지 못하면 회의가 전혀 다른 방향으로 흘러갈 수 있다. 리더가 이러한 역량이 부족하다면 늘 회의(會議)는 회의(懷疑)가 된다.

• 다양한 정보공유회의와 문제를 해결하는 회의를 구분해서 진행하지 못한다.

이 또한 리더의 회의 운영능력 부족이 초래한 결과이다. 앞에서 언급한 것과 같이 회의의 목적은 다양하다. 참석자도 다양하다. 따라서 회의를 준비하고 이끄는 리더는 회의 목적에 맞는 회의진행기술을 활용해야 한다. 사람들이 모여서 이야기하고 토의하는 것만이 회의 목적이 아니다. 회의시간과 진행방법 그리고 어떻게 의견개진을 하고 토의할 것인가를 회의의 목적에 맞게 적절하게 활용할 수 있어야 한다.

■ **부작용**

• 제한된 시간에 너무 많은 의제를 다루려 하면 참석자들이 부담을 느낀다.
• 참석자들의 의견을 모두 듣지 못할 수 있다.
• 참석자들이 자신의 의견을 말할 수 있는 기회를 갖지 못할 수 있다.
• 결국 리더 혼자 모든 것을 결정해야 하는 일이 발생한다.
• 회의 참석자들의 몰입과 참여를 끌어내지 못한다.
• 참석자들은 회의의 가치에 대해 부정적인 평가를 내리거나 중요하게 생각을 하지 않는 습관이 발생할 수 있다.

■ **대책**

• 리더는 시간에 맞는 회의진행방법과 의제의 수를 현명하게 결정한다.

당신이 두 시간의 회의를 진행하는 리더라면 몇 개의 의제를 준비할 것인가? 누구 누구를 참석시킬 것인가? 누가 브리핑을 하고 회의 내용을 정리할 것인가? 참석자들이 다수이고 다른 부서에서도 참석한다면 어떻게 의견을 조율하고 생산적인 토의를 이끌 것이며 최종의사결정은 어떻게 내릴 것인가? 리더는 회의를 준비할 때마다 늘 이런 질문을 스스로에게 해야 한다.

두 시간의 회의를 한다면 중요한 의제 1개 또는 2개(30분 정도의 토의가 소요되는 의제)와 가벼운 의제(10~15분이 소요되는) 2~3개가 적당하다. 물론 의제의 중요성에 따라 하나의 의제를 가지고 두 시간 모두를 소비할 수도 있다. 최근에 당신이 진행한 회의가 2시간이 넘어가고 하나의 의제만을 다루었다면 왜 그렇게 시간이 오래 걸렸는지, 시간을 줄이는 방법은 없는지를 분석해 보라. 분명 시간을 줄일 수 있는 방법이 나올 것이다. 두 시간이 걸리는 의제라면 모든 직원들이 잘 알고 있고 부서 또는 조직의 업무에 매우 중요한 것이리라. 그렇다면 사전에 충분히 준비를 하고 회의 진행 어젠다와 시나리오를 준비한다면 시간을 줄일 수도 있을 것이다. 이것이 유능한 회의 리더의 역할이고 역량이다.

• 의제의 중요성과 긴급성에 맞추어서 의제를 준비하고 토의한다.

리더는 조직의 업무 중 어느 것이 더 중요하고 긴급한 업무인지를 판단해 직원들이 그 순서에 따라 업무를 진행하도록 해서 팀의 업무시간을 관리한다. 이와 마찬가지로 회의에서도 한 번에 조직의 모든 업무를 다루려 하지 말고 우선순위를 정해서 의제를 선정하여야 한다.

• 정보공유 차원의 회의라면 사전에 리더는 그 취지를 이야기한다.

회의의 목적이 정보공유 또는 다양한 의견의 수렴이라면 그 취지를 미리 알리고 참석자들이 그에 맞추어 준비할 수 있도록 한다. 너무 바쁜 일과 때문에 부족했던 조직 전반적인 업무 현황을 파악하거나 각 구성원들이 가지고 있는 좋은 의견을 공유하는 회의라면 리더는 회의 개최시간과 소요시간을 잘 선정하여야 한다.

• 리더는 자신의 개인적인 노력으로 정보수집과 결정이 가능한 의제는 회의에 올리지 않는다.

의제가 리더 스스로 해결할 수 있거나 관련자와의 개별적인 접촉(미팅, 전화 등)을 통해 필요한 정보를 수집할 수 있다면 굳이 회의를 개최할 이유는 없다. 이러한 의제를 다루기 위한 회의는 리더의 업무수행을 위해 직원들의 시간과 에너지가 낭비되는 것이다. 결코 바람직한 회의가 아닐 것이다(리더는 바람직하다고 생각할지라도…).

출처 : 노진경, 유능한 리더의 회의운영 노하우, 이담북스, 2010 수정보완

CHAPTER 03

회사를 살리는 회의 설계하고 진행하기

CHAPTER 03

회사를 살리는 회의 설계하고 진행하기

회사를 살리는 회의 구성

회의 참석자의 수와 수준은 곧 회의결과에 영향을 미친다. 회의 리더 또는 진행자는 회의 참석자를 신중하게 선정해야 한다. 회의 목적에 맞는 적절한 사람을 참석시키기 위해서는 다음을 고려한다. 회의 목적 및 의제와 관련이 없는 참석자는 회의가 정상궤도에서 이탈하게 만드는 요인 중 하나이다.

회의 참석자를 적절하게 선정하라

- 주요 의사결정권자
- 전문가 또는 필요로 하는 사람
- 여론 주도자
- 자신의 업무 팀원 또는 직원
- 회의에서 결정된 사항과 관련성을 갖는 다른 부서관리자 또는 전문가

- 의견이 충돌할 경우 필요한 중재자
- 컨설턴트

회의 규모를 결정하라

적절한 회의 규모는 다음과 같은 효과를 가져온다.

- 회의가 가장 생산적이 된다.
- 모든 사람이 적극적으로 회의에 참여할 수 있다.
- 편이 갈라질 가능성이 적다.
- 회의 상황을 통제하기가 수월하다.

회의 규모와 장 · 단점

규모	장점	단점
소그룹 2~6명	• 응집력이 있다. • 생산성이 높다. • 모든 참석자가 참여할 수 있다. • 불참자가 적다. • 편이 갈라질 위험이 적다.	• 인적자원이 한정된다. • 활발한 논의가 어렵다. • 결론의 신뢰성이 떨어진다. • 친목 도모의 장으로 전락할 수 있다.
중그룹 7~15명	• 결론이 합리적이다. • 다양한 관점에서 검토가 가능하다. • 회의 방해자에 대해 참석자들이 압력을 가할 수 있다.	• 합의 도출이 쉽지 않다. • 편이 갈라질 수 있다. • 더 많은 통제가 필요하다. • 일부 소극적인 참석자가 있다.
대그룹 16명 이상	• 합리적 결론 도출이 가능하다. • 다양한 관점이 가능하다. • 중요한 소수 의견에 대해 압력이 심하다.	• 합이 도출이 어렵다. • 분파가 생기거나 이미 있을 수도 있다. • 결론 도출을 위해 강력한 통제가 필요하다. • 침묵하는 사람이 많아진다. • 불참자가 많다. • 회의 내부에서 또 다른 회의가 벌어진다.

회의 진행 시나리오를 준비하라

2시간의 회의를 진행한다면 시간을 어떻게 사용할 것인가? 안건의 순서는 어떻게 정하는가? 브리핑이나 발표 타이밍은 언제인가? 휴식시간을 가질 것인가? 등등에 대한 회의시간 전체에 대한 시나리오가 필요하다.

이 진행시나리오는 회의 리더가 회의 전체를 지배할 수 있도록 하는 장점도 있다. 참석자 역시 회의 진행 시나리오를 알게 됨으로써 자신이 언제 어떻게 회의에 기여할 것인가를 판단할 수 있다. 이 회의 진행 시나리오는 어젠다와는 별도로 작성을 해 회의를 시작할 때 참석자에게 공지하거나 회의실 앞에 게시하여 모든 참석자들이 볼 수 있도록 해야 한다.

회의 진행 시나리오는 다음과 같이 정의할 수 있다.

- 회의진행계획서
- 안건 · 의제의 우선순위에 맞춘 진행 프로세스
- 참석자들에게 회의 진행 순서와 방법을 알려주는 도구
- 주제와 안건에서 벗어나는 것을 막아주는 도구

회의 진행 시나리오를 준비할 때는 다음의 원칙을 지켜야 한다.

- 회의를 통해 달성하고자 하는 목표를 정했는가?
- 시간과 장소를 정했는가?
- 안건 · 의제의 우선순위에 따라 시간계획을 수립하였는가?
- 불필요한 주제 · 안건은 배제하였는가?
- 미리 준비하고 관련 정보를 제공하였는가?

- 참석자를 정했고, 준비를 확인하였는가?
- 회의 참석자와 규모는 적당한가?
- 회의 장소 예약, 회의에 필요한 시청각 도구와 음료수 등도 계획하였는가?

회의 진행 시나리오 양식

시간	주제 및 안건	진행자	발표자/브리핑	기타
10:00~	오프닝	리더		
10:10~	부서 업무추진 현황보고			
10:20~	안건 1 : 상반기 원가절감 성과		박장석 대리	
	1-1 : 성과 보고			
	1-2 : 정리			
	안건 2 : 문제발견 및 해결책 모색			
	2-1 : 상반기 원가절감	리더		
10:35~	목표미달의 문제와 원인			브레인스토밍
	2-2 : 해결책 탐색			
	2-3 : 최선의 해결책 결정			
	안건 3 : 업무목표 수립			투표
	추가 생산일정 조정			
	마무리			
11:10~		최태식 과장		
11:40~		리더		
12:00		리더		

회의 진행 시나리오와 작성 규칙 : 어젠다 벨

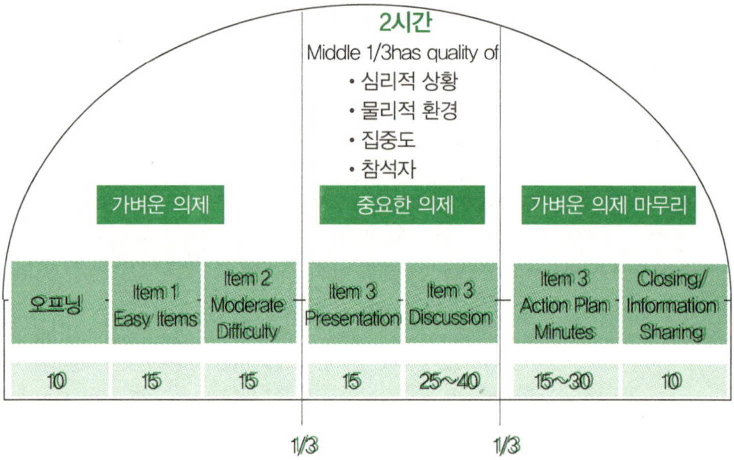

어젠다 벨

출처 : B. J. Roberts, K. Upton. *The Compleat Facilitator*, Howick Associates 수정보완

2시간의 회의를 진행한다면 위의 어젠다 벨과 같이 안건을 다루는 순서를 정하는 것이 좋다.

회의 어젠다와 진행 시나리오 평가

- 목표는 구체적이었는가?
- 의제 내용은 회의를 할 가치가 있었는가?
- 중요한 의제가 포함되었는가?
- 어젠다 벨은 지켜졌는가?
- 의제 수는 적절하였는가?

■ 회의시간은 여유가 있었는가?
■ 회의오픈, 토의, 휴식시간의 배정은 적절하였는가?
■ 참가자들이 준비할 사항은 구체적이었는가?

회사를 살리는 회의 시작하기

회의 참석자 대부분이 회의실에 모이자 회의 리더가 "자 회의를 진행합시다. 먼저 _____안건에 대하여 백서영 대리가 그간의 준비 사항을 간단하게 브리핑을 하세요."라고 한다. 이렇게 회의를 진행해서는 회의 참석자들을 몰입하게 만들 수 없다. 회의 리더는 회의 개회를 선언하고, 회의 어젠다, 진행 시나리오, 참석자와 역할, 회의 소요시간, 참여방법 등을 회의 참석자들이 잘 이해할 수 있도록 해야 한다. 더 나아가 본격적인 논의를 하기 전에 가벼운 아이스 브레이킹을 통해 분위기를 바꿀 필요도 있다. 회의 리더는 회의 오프닝도 회의결과에 중요한 영향을 미치기 때문에 다음의 내용을 참고해 오프닝을 해야 한다.

회의 오프닝 내용

■ 참석자 소개와 역할의 이해
■ 참석자들의 주의집중 유도
■ 회의 참여방법에 대한 합의 혹은 안내
■ 회의 목표와 성과를 위한 회의 진행방법 합의

회의 오프닝 요령

- 회의 규칙을 알린다. (리더의 통고, 합의)
- 진행방법을 알린다. (회의 진행 시나리오 중심)
- 참석방법을 알린다. (의견발표시간과 방법, 참석자의 역할, 타인의 의견에 대한 반응 등)
- 회의 참석과 준비 등에 감사를 표시한다.
- 신속하고 간략하게 한다.

회의 규칙(Ground Rule)은 회의 진행 중 지켜야 할 원칙과 규칙으로 이는 리더를 포함해 모든 참석자들에게 적용되어야 한다. 회의 규칙에는 다음이 포함되어야 한다. 회의 규칙은 회의 참석자 모두가 볼 수 있는 곳에 게시하거나 화이트보드 등에 기록한다.

- 회의 시작시간과 종료시간
- 역할 : 서기, 시간관리자, 발표자 등
- 아이디어 개진 및 처리방법
- 발표 순서 또는 요령
- 타인 의견에 대한 태도
- 참여방법, 이익
- 경청 등을 강조

회의 리더는 회의 오프닝을 할 때 다음 내용과 순서대로 한다.

- 인사
- 회의 목적

■ 기대하는 결과
■ 참석자 소개와 역할
■ 진행 시나리오 소개
■ 규칙, 진행방법
■ 아이스 브레이킹

- 인사 : 반갑습니다. 오늘 회의를 시작하기 전 회의 어젠다를 소개하겠습니다.
- 목적 : 오늘 회의 목적은 하반기 원가절감 5% 달성방안 도출입니다. 물론 상반기 원가절감에 노력을 기울여 주신 데 감사를 드립니다.
- 기대하는 결과 : 따라서 상반기의 원가절감과정과 성과를 진단해 보고, 하반기에도 5% 이상의 원가절감방안에 대한 구체적인 해결책을 찾고자 합니다. 그에 따라 각자에게도 원가절감의 업무목표가 주어질 것입니다.
- 참석자 소개와 역할 : 특히 오늘은 박장석 대리가 상반기 원가절감 추진과정과 성과 그리고 문제점에 대해 7분간 브리핑이 있을 것입니다. 서기는 김혜란 씨가 맡도록 하겠습니다. 그리고 외부 컨설턴트인 박대정 씨가 참석을 해 회의를 지원해 줄 것입니다.
- 진행 시나리오 소개 : 회의 진행 순서는 '상반기 보고-문제점 파악-해결책 모색-각 개인의 업무목표 -영업부에서 요청한 추가생산에 대한 생산일정 정리' 순으로 진행할 것이고 12시에 회의를 마무리하도록 하겠습니다.
- 규칙, 진행방법 : 각자 의견을 발표할 때는 손을 들어 주시

고, 발표시간은 1분으로 제한을 하며, 이견이나 반론에 대해서는 논쟁하지 말고 토론을 하도록 하겠습니다.

- 아이스 브레이킹 : 그럼 본격적인 회의에 들어가기에 앞서 워밍업으로 덕담을 나누는 시간을 갖도록 하겠습니다.

회사를 살리는 회의 진행하기

적절한 방법으로 회의 오프닝을 하였다면 회의 리더는 이제 본격적인 회의를 진행해야 한다. 이 순간부터 회의 리더의 리더십이 빛을 발한다. 회의 리더의 리더십은 회의 참석자들의 몰입을 끌어내어 회의 목적달성을 위해 반드시 갖추어야 한다. 구체적인 리더십에 대해서는 뒤에서 자세히 설명할 것이기 때문에 여기에서는 간단하게 정리하였다.

유능한 회의 리더

유능한 회의 리더는 다음과 같은 방법으로 회의를 적절하게 이끈다.

- 회의 진행과정을 계획하고 설계한다.
- 정보와 의견 및 아이디어를 귀 기울여 듣고, 분명히 하고, 통합한다.
- 유연성과 융통성으로 회의를 이끈다.
- 참석자들이 회의 성과나 의제에 계속 집중하도록 한다.

- 개방적이고 긍정적이며 참여적인 분위기를 창출한다.
- 회의 목적과 참석자들의 특성을 감안하여 적절한 회의 운영기술을 선택하고 준비한다.
- 회의를 지휘하고 관리한다.
- 적절한 질문을 한다.
- 회의결과에 대해 참석자들이 책임을 지게 한다.
- 참석자들과 긍정적이고 유연한 관계를 확립한다.
- 자기 인식과 자기 표현을 뚜렷하게 한다.
- 갈등과 부정적인 감정을 건설적으로 해결한다.
- 다양한 관점을 장려하고 지원한다.
- 회의 진행기술 또는 기법에 대한 확신과 가치를 이해하고 활용한다.
- 참석들에게 필요하고 도움이 되는 정보를 제공한다.

유능한 회의 리더의 참여유도기술

회의 리더는 참석자들이 회의에 몰입하고 참여하도록 적절한 기법을 활용해야 한다. 다음의 방법을 적극적으로 활용할 필요가 있다.

- 참석자들의 의견을 인정하고 경청한다. 고객을 끄덕이거나 메모를 하거나 시선을 맞추면서 제스처로 보여주어야 한다.
- 필요하다면 개진된 의견들을 이해하고 있는지를 확인한다. "네 지금 타 부서와 업무조율이 필요하다는 것이지요?"
- 필요하다면 개진된 의견에 부연설명을 하고 요약한다.

"그러니까 지금 그 말은 타 부서의 협조가 필요하다는 것인가요?"

- 참석자들의 견해, 의견, 아이디어에 긍정적인 반응을 보인다. 다음과 같은 표현을 사용하면 된다.

  "좋은 지적이군요. 중요한 생각입니다. 흥미로운 관점이네요."

- 의견 중 최적의 핵심을 찾는다.

  "당신 의견에서 가장 흥미로운 것은 왜 우리가 최적의 원가절감방법을 실행하지 않는가를 지적한 것 같습니다." "우리가 평소에 생각하지 못했던 부분을 지적했습니다. 따라서 이 내용을 좀 더 구체적으로…"

- 참석자들의 의견이 도전적일 때는 질문으로 구체화한다.

  "좋은 생각이군요. 그 실행방법으로 어떤 것이 있을까요?"

- 연관성을 보여준다.

  "그 말은 송가랑 씨가 한 말과 연관이 있는 것으로 들립니다."

- 의견을 발표한 자 또는 다른 참석자들의 발전적인 의견을 유도한다.

  "좋은 지적입니다. 그럼 그와 관련된 해결책으로는 어떤 것이 있을까요?"

- 참석자들의 시각적인 메시지(태도, 행동, 지루해하는 표정 등)에 주의한다.

도입하기

원활한 도입을 위해 우선 가벼운 인사로 구성원의 마음을 편안하게 하는 등 분위기를 조성하고, 참석자 간에 잘 모르는 사람이 있을 경우 전원에게 소개한 후 신뢰를 표명한 다음, 회의의 의제를 소개한다. 문제를 분명히 제시하고, 그 문제와 관계되는 필요 정보와 데이터를 설명하며, 회의의 목적을 분명히 한다. 이렇게 하면 회의의 의미와 중요성을 알게 되고 점차 구성원의 관심이 높아져 주의가 문제로 집중된다.

↓

의견을 끌어내기

다음에 그 문제와 관계가 있는 각 참가자의 의견을 질문을 통해 끌어내고, 그 문제와 관계가 있는 참석자의 경험이나 정보도 말하게 한다.

↓

결론으로 이끌기

모든 참석자들로부터 나온 생각이나 정보에 대해 질문을 던져 비교, 구별, 결합하거나 분석하면서 문제해결에 도움이 되는 의견이나 생각을 상호 간에 식별, 평가하고, 점차 전원의 의견이나 생각을 일치시키면서 의제의 순서에 따라 결론으로 이끌어 간다.

↓

정리하기

동의를 얻은 결론이나 일부 주된 의견을 다시 한번 돌아보면서 회의 전체를 정리한다.

↓

끝맺음

바쁜 중에도 긴 시간 참여해 준 데 대하여 참석자에게 감사의 인사를 하고, 다음에 다시 회의를 가질 때에는 더욱 효과적이고 유익한 회의가 되도록 당부, 다짐하면서 끝맺는다.

회의 운영 순서

① 시작할 때 회의 목적을 분명히 밝힌다.	• 회의 목적을 전원에게 확실하게 알리면 출석자도 미리 준비를 할 수 있고 의욕도 고조됨 • 또한 토의 방향도 일치되어 그만큼 의사진행이 빨리짐
② 찬성의견을 먼저 나오게 한다.	• "지금 제안에 찬성하시는 분 중 의견이 있으면 말씀해 주십시오."라고 찬성의견을 내게 함 • 여러 가지 찬성의견을 들으면서 보충설명을 해나가면 제안에 대한 이해가 한층 높아짐. 그 후 반대의견을 받음
③ 발언에 맞장구를 친다.	• "그렇군요." "말씀하신 그대롭니다." "맞습니다."라든가 최소한 고개를 끄떡이기라도 하면 발언자에게 용기를 주고 회의에 활기를 넘치게 함 • 활기 있는 회의는 의사진행을 신속히 할 수 있게 함
④ 칠판이나 차트를 이용하여 시각에 호소한다.	• 의견이나 논쟁의 중심이 되는 점을 칠판에 쓰거나, 모조지에 그림을 그리면, 이해하기 쉽고 본론에서 벗어난 이견이 적게 나오게 됨
⑤ 소수의 의견을 존중한다.	• 다수 의견이 늘 옳을 수만은 없으며 소수 의견을 무시하고서는 진정한 회의가 성립되지 않음
⑥ 자신의 의견을 강요하지 않는다.	• 자신의 의견만 옳다고 강요해서는 안 되며 회의에 나서면 겸허한 자세로 타인의 의견에 귀를 기울여야 함
⑦ 질문을 존중한다.	• 참석자가 질문을 하는 이유는 토의 내용을 자세히 알기 위해, 또한 적극적으로 회의에 참가하기 위해서이므로 질문에는 성의를 다해 대답해야 함
⑧ 시간을 지킨다.	• 회의에는 여러 사람이 귀중한 시간을 쪼개어 출석하는 것임 • 자기 한 사람의 지각이 전원에게 피해를 끼치고 시간 손실을 초래하므로 시작과 종료 시각을 엄수해야 함
⑨ 표결을 신속히 한다.	• 회의에는 결론이 필요하므로 결론을 내는 방법을 확실히 정해 놓고 아울러 결론에는 출석자 전원이 기꺼이 따르도록 할 필요가 있음

회의 이끌기

회사를 살리는 회의 마무리하기

회의 마무리는 단순하게 진행된 회의를 마무리하는 공식적인 절차 이상의 의미를 갖고 있다. 회의 마무리는 논의를 결론짓거나 의사결정을 하는 것만이 아니다. 회의 마무리는 회의의 결과가 실행되도록 하는 것이다. 즉 회의결과가 실행으로 이어지도록 무엇이 결정되었으며, 누가, 무엇을, 언제까지, 어떻게 할 것인가를 확정하면서 다음 회의 어젠다를 정하는 것이다. 회의 리더는 다음의 내용들을 지켜 회의 마무리를 제대로 할 수 있어야 한다.

마무리할 때 실수

회의를 진행하는 리더가 회의를 마무리할 때 저지르는 일반적인 실수는 다음과 같다.

- 황급히 회의를 끝냄으로써 결론이 없어 회의 목적달성에 실패한다.
- 향후 과제 부여 및 책임소재가 명확하지 않아 회의 결론이 실행되지 않는다.
- 회의 종료 후의 조치가 없어 회의록 작성 및 공유가 되지 않고 실행계획이 세워지지 않는다.
- 참석자 모두가 회의 결론과 책임소재를 이해한 것으로 판단해 정리를 하지 않아 회의결과를 오해하거나 실행이 지연된다.
- 회의 종료시간이 지켜지지 않아 장시간의 회의가 되고, 참석자들의 집중도가 저하되며, 기회비용이 발생한다.

마무리할 때 던져야 하는 질문

- 우리가 도달한 결론은 무엇인가?
- 다음에 할 일은 무엇인가?
- 누가, 무엇을, 언제까지 해야 하는가?

회의록

회의록의 역할은 다음과 같다.

- 회의의 종합정리
- 회의 진행방법에 대한 평가
- 회의결과와 책임, 역할 확인
- 전반적인 회의 평가자료

회의록 작성은 서기가 작성하고, 회의 후 정리를 해 리더의 검토와 결제를 받아야 한다. 그 다음 회의 참석자 및 해당 관계자에게 회의록을 배부해야 한다. 이 업무까지 수행하는 것이 서기의 역할이다.

회의록에 포함되어야 하는 내용은 다음과 같다.

- 회의 명칭, 회의 목적
- 회의 장소, 일자, 시간
- 회의 주관자, 회의 진행자, 참석자 이름
- 불참자가 있는 경우에는 불참사유
- 이전 회의의 회의록
- 제기된 안건들

- 안건별 제시된 아이디어, 의견 요약
- 제출된 보고서 요약
- 제안사항 또는 수정사항별로 제안자와 찬성자 이름, 투표를 한 경우 투표용지와 결과
- 추가된 결과
- 안건별 결정사항과 담당자, 기한, 실행일정, 피드백 시기 등
- 필요시 다음 회의 주제와 어젠다, 장소, 일자, 시간

회의록

<table>
<tr><td rowspan="2">회의록</td><td>개최 일시</td><td colspan="2">_____년 월 일
시 ~ 시</td></tr>
<tr><td>장소</td><td colspan="2"></td></tr>
<tr><td>제목, 주제</td><td colspan="3"></td></tr>
<tr><td>참석자</td><td colspan="3"></td></tr>
<tr><td>불참자</td><td colspan="3"></td></tr>
<tr><td>논의사항</td><td colspan="3"></td></tr>
<tr><td>결정사항</td><td colspan="3"></td></tr>
<tr><td>특기사항</td><td colspan="3"></td></tr>
<tr><td>회의록 작성자</td><td colspan="2">작성자 :</td><td>배부일 :</td></tr>
<tr><td>회의 리더 승인</td><td colspan="2">회의 리더 :</td><td>사인</td></tr>
</table>

마무리를 잘하는 요령

회의를 마무리할 때는 다음 사항을 따른다.

■ 회의를 요약하고 정리한다.

■ 회의를 평가한다.

■ 정시에 종료한다.

■ 회의록을 작성해 정해진 시간에 보낸다.

■ 필요시 다음 회의 어젠다를 배부한다.

회의 마무리는 회의 결정사항이 실행되는 것이다. 회의 리더 혹은 진행자는 회의 마무리를 할 때 다음 요령을 따라 마무리하는 것이 좋다.

■ T : Thank You – 회의 참석에 대한 감사 표시

■ C : Credit to – 각자의 기여, 공헌을 강조(의견개진, 몰입, 아이디어 등)

■ U : Useful – 회의와 회의결과의 유용성

■ M : Memory – 결정 및 추진사항, 책임자 등 참석자들이 기억할 사항, 회의록 배부 강조

■ T : Thank You – 재감사 표시

> 오늘 회의가 아주 효과적으로 진행되고 마무리된 것에 감사를 드립니다.
> 이는 모든 분들이 적극적으로 참여하시고, 규칙도 잘 지켰으며, 철저한 준비에 따라 나온 것이라 생각합니다.
> 다음 회의에도 오늘과 같은 참여가 이루어지면 유익한 회의가 되리라 생각합니다.

오늘 결론으로 기억할 사항은 1. …, 2. …, 3. …. 그리고 _____업무는 ○○○가 △△△까지, _____업무는 ○○○와 ○○○가 협조를 해서 다음 회의 때까지 그 진행사항을 정리, 보고 ….

다시 한번 성공적인 회의에 감사드립니다.

리더의 회의 마무리 자기 점검

회의를 마무리할 때나 마무리 후 리더는 다음 사항을 스스로 점검해야 한다.

- 회의 목적을 달성하였는가?
- 올바른 방법으로 진행되었는가?
- 어젠다에 충실했는가?
- 주제에서 벗어나지 않았는가?
- 모든 참석자들이 참석하였는가?
- 참석자들이 적극적으로 회의에 참석하였는가?
- 서로의 의견을 존중하고, 경청하였는가?
- 분위기는 어떠했는가?

기타 회의 후 피드백항목은 다음과 같다.

- 참석자들에게 사전에 통보되었고, 필요한 자료가 배포되었는가?
- 회의장은 잘 준비되었는가?
- 필요한 참석자 모두가 참석하였는가?
- 안건의 배정은 적절하였는가?
- 자연스럽게 의견을 개진할 수 있는 분위기가 조성되었는가?

- 모든 참석자들이 적극적으로 참여하였는가?
- 리더가 참여를 유도하고 동기부여하였는가?
- 적절한 질문을 하였는가?
- 정시에 시작되고, 정시에 마쳤는가?
- 모든 이슈에 대해 좋은 점과 나쁜 점 모두를 고려하였는가?
- 역할은 적절하게 배분되었는가?
- 토론은 정중했고, 건설적이었는가?
- 결정은 공정하게 이루어졌는가?

1 회의 준비 및 진행에 대한 반성 및 자기 평가

회의의 준비와 도입, 진행방법, 토의과정, 결정방법, 분위기, 끝맺음 등에 대해 반성할 점이 있는가 생각해 보고 다음 회의에서는 더 잘 하기 위하여 스스로 점검한다.

2 회의록 작성 및 발송

- 가능한 한 빠른 시간 내에 회의록을 작성한다. 회의의 결정사항에 시급한 시행을 요구하는 것이 포함되어 있으면 이에 대한 조치가 우선할 수도 있다.
- 회의록에는 일시, 장소, 주관 부서 및 리더, 주요 의제(안건), 기록자, 주요 논의, 결정사항, 기타 공지사항 등이 빠짐없이 기록되어야 한다.
- 작성이 완료된 회의록은 필요한 결재 및 보고 후 참석자뿐만 아니라 필요시 관계자에게도 보내어 결정사항의 시행에 차질이 없도록 하여야 한다.

3 상사에게 보고

회의록 작성 후 보고하여도 무방할 경우가 있고, 간단히 회의결과를 구두 또는 메모로 먼저 보고한 후 조치사항에 대한 지시를 받아야 할 경우도 있다.

4 조치

회의의 결정에 따라 실행하여야 할 사항에 대해 조치한다.

회의 마무리 후 조치사항

1 참석 구성원을 마음 편하게 하려면

- 친숙하게 인사한다.
- 그 자리에 합당한 대화를 나눈다.
- 참석 구성원을 신뢰하고 있다는 사실을 나타낸다.
- 유머를 교환한다.
- 상하 간의 벽을 없앤다.
- 자기 방어자세를 없애도록 하는 분위기를 조성한다.

2 과제에 대해 흥미와 관심을 높이도록 하려면

- 목적을 밝힌다.
- 중요성을 명확히 밝힌다.
- 이해관계에 결부시켜 호소한다.
- 과제에 관련된 정보를 제공한다.
- 출석 구성원에게 흥미가 생기는 대화방법으로 한다.
- 경험이나 사례를 인용한다.
- 책임을 환기시킨다.
- 적극적으로 참여할 것으로 기대하고 있음을 밝힌다.

3 참석 구성원의 참여도를 높이려면

- 적절한 질문을 한다.
- 요점을 명확히 하고 질문한다.
- 정보를 구하고 제공한다.
- 의견을 구한다.
- 다른 발언과 관련짓는다.
- 사고를 촉진시키기 위해 암시한다.
- 발언자의 언어와 기분을 참작한다.
- 참석 구성원 전체의 반응, 동향을 탐지한다.

4 결론을 향해 원활히 토의를 추진하려면

- 문제의 핵심에 눈을 돌리게 한다.
- 낭비부분을 배제한다.
- 탈선방지에 노력한다.
- 개인적 감정에 치우치지 않게 한다.
- 때때로 요약한다. (토의진행을 요소별로 분석하거나 사고방식이나 의견을 목적에 맞도록 통합하고 설명한다.)
- 의견이나 생각, 경험 등에 대해 그 이해관계와 영향을 참석자 전원에게 평가시킨다.
- 결론을 서두르지 말고 참뜻을 끌어낸다.
- 목적을 확인한다.

5 토의 전체를 정리할 경우에는

- 토의과정을 복습하고 확인한다.
- 결론을 재확인한다.
- 요점을 강조한다.
- 실천의욕을 불어넣는다.

회의를 이끄는 요령

Tip 회의 사례와 해결책

- 리더 : ○○○ 씨 회의 의제를 발표하기 위한 빔 프로젝트는 어디에 있나요?
- 참석자 1 : 필요하시면 지금 찾아서 설치를 하겠습니다.
- 리더 : 그래요. 빨리 설치하기 바랍니다. (빔 프로젝트가 준비되는 사이 참석자들에게) 자 모두 모였나요? 간단하게 회의 주제를 이야기하도록 하지요. 회의를 개최한 이유는 …. (이때 참석자 2가)
- 참석자 2 : 부장님, 지난번 결정 난 거래처와의 협상건 말인데요. 거래처에서 반응이 없는데 어떻게 대처를 해야 하는지 모르겠습니다.
- 리더 : 그래요. 그동안의 상황을 이야기해 보세요.
- 참석자 2 : 예, 잠시 나가서 그것과 관련된 자료를 준비해 오겠습니다.
- 리더 : 그렇게 하세요. 먼저 장비가 준비될 때가지 오늘 의제 중 영업성과 향상방안에 대해 토의합시다. 누가 좋은 아이디어를 이야기하겠습니까?
- 참석자 3 : 오늘 회의는 고객불만을 어떻게 줄일 것인가가 아니었습니까?
- 리더 : 맞아요. 하지만 아직 장비가 준비되지 않았으니까 그때까지 영업성과 향상을 위한 토의를 합시다.
- 참석자 3 : 그 건에 대해서는 따로 자료 준비가 필요한데 자료를 찾아 오도록 하겠습니다. (하면서 밖으로 나간다.)

■ **발생원인**

• 필요한 장비와 자료가 준비되어 있지 않은 상태에서 회의를 진행한다.

회의의 성공은 리더의 진행 스킬과 참석자의 준비 그리고 의제 못지않게 회의 장비에 큰 영향을 받는다. 회의를 진행하는 데 필요한 장비가 준비되지 않아 회의시간이 지연되거나 준비를 하는 시간에 의제와는 다른 주제에 대해 토의하게 되면 회의시간은 낭비되는 것이다. 이러한 일이 발생하는 이유는 회의를 개최하는 리더가 어떤 장비가 필요한지를 사전에 결정하지 못하였거나 회의장을 사전에 확인하지 못해서이다.

• 정례회의라고 일단 개최를 하는 회의이기 때문이다.

회의는 중요한 경영의 기능이고 조직관리의 기능 중 하나이다. 이 기능의 올바른 작용여부가 조직활성화와 원활한 커뮤니케이션 그리고 조직의 업무성과에 중요한 영향을 미친다. 정례회의는 반드시 진행되어야 한다고 리더는 생각하고 직원들 또한 정해진 회의이므로 아무런 준비 없이 참석을 한다. 회의가 일상화된 것이다.

• 급하게 이루어지는 회의이기 때문이다.

갑작스러운 문제의 발생이나 급박한 업무의 발생은 준비 없는 회의의 전형적인 예이다. 이러한 회의는 언제나 시간이 오래 걸리고(준비 부족으로), 충분한 토의가 이루어지지 않는다. 그렇다고 이러한 업무를 뒤로 연기할 수는 없다. 그래서 일단 회의를 시작하면서 하나씩 문제를 해결하려 한다.

• 의제가 명확하지 않은 상태에서 진행되는 회의이다.

의제를 명확하게 준비하였고, 필요한 회의 진행 어젠다를 리더가 작성하였다면 회의에 필요한 장비를 미리 확인할 수 있을 것이다. 회의에 참석하는 직원들은 서기 또는 진행을 하지 않은 한 회의 장비에 대해선 생각하지 않는다. 리더는 한 번쯤 특별하게 요구되는 장비에 대해서는 체크를 하는 것이 필요하다. 또한 직원들 역시 사전에 어젠다를 통보받지 못해서 어떤 준비를 하고 회의에 참석해야 하는지 모르는 상태에서 회의장에 들어오거나 의제와는 상관없는 자신의 문제를 틈을 봐서 리더에게 이야기함으로써 답을 얻으려 한다.

• 리더는 자신의 어젠다보다는 직원들의 의견에 흔들린다.

회의는 공식적인 커뮤니케이션 공간이고 시간이다. 따라서 준비 없는 커뮤니케이션은 충분한 정보공유와 원활한 토의가 이루어지지 못한다. 직원들은 리더가 가진 의제도 중요하지만 자신들의 업무에서 발생한 문제나 장애물에 더 큰 신경을 쓰게 된다. 물론 리더는 이러한 직원들의 업무 상황 처리에 도움을 주어야 한다. 그래서 리더는 직원들이 제기하는 문제를 소홀하게 대하지 않으려 하고 따라서 회의 의제와는 다른 의제를 회의에서 다루게 된다.

■ **부작용**

- 회의시간의 지연 또는 지루한 회의
- 회의 참석자들의 시간낭비
- 회의 의제에서 벗어난 주제를 다루게 됨
- 핑계(자료 준비 등)를 대면서 시간을 지연시키려는 우려
- 리더의 의제보다는 직원들의 업무 문제해결과 관심사 중심의 회의가 될

우려, 리더의 회의 의제에 대한 가치감소

■ **대책**

• 리더는 참석자들을 회의 의제에 집중하도록 한다.

리더가 회의를 개최하기 전 어젠다를 작성하였다면 회의의 방향과 목적이 분명해진다. 그리고 리더는 자신이 작성한 어젠다를 벗어난 의제는 따로 검토하기로 결정할 수 있다. 직원들이 자신의 업무와 관련된 사항을 회의 의제에 올리고자 한다면 미리 리더와 상의하여야 한다. 회의의 성공적인 진행을 위해 직원들에게 회의 준비 상황을 파악하고 점검하는 것도 어젠다의 목표를 달성하는 방법이다.

• 개인적인 피드백으로 해결이 가능한 문제는 다루지 않는다.

직원들이 회의에서 의제에 없는 업무 이야기를 할 때 리더는 일단 그 내용을 무시해서는 안 된다. 의제에 없는 이야기를 직원들이 하면 리더는 일단 듣고 나서 의제에 충실하자는 이야기를 하면서 회의를 원래대로 진행한다. 그 후 의제를 벗어난 의견들에 대해선 개인적인 대화를 통해 업무를 처리하거나 회의개최 필요성을 판단하는 것이 현명한 방법이다. 새로운 의제를 이야기한 직원은 그 업무에 대해 잘 알고 있지만 다른 직원들은 잘 모른다. 그러면 배경설명에 시간이 걸리고 그에 따른 준비 불충분으로 심도 있는 토의가 어려워지기 때문이다.

• 급한 회의라도 가급적 준비시간을 갖는다.

조직의 업무는 항상 정해진 시나리오대로 진행되지 않는다. 예기치 못한 문제가 발생하기도 하고, 갑작스러운 업무가 상위 경영층에서 내려올 수도 있다. 발생한 문제에 대한 대응이 긴급한 경우에는 리더는 필요한 조치를 먼저 취해야 한다. 상위 경영층으로부터의 긴급한 업무부과는 그 업무의 중요성과 긴급성을 먼저 확인한 후 처리방법을 충분히 고려한 후 리더는 회의 개최여부를 결정하고, 가능한 범위 내에서 직원들이 준비할 수 있는 시간을 배려해 주고 역할도 위임을 하는 것이 좋다.

• 필요한 장비는 사전에 확인한다.

회의에 필요한 장비는 그렇게 많지 않을 것이다. 리더는 자신이 직접 하든, 아니면 회의 보조자를 지명해서 회의실과 장비들을 확인하고 참석자들에게 회의통보 및 참석여부를 확인하고 회의에 필요한 자료를 미리미리 준비하도록 하는 것이 좋다. 장비문제 등 준비 부족은 회의 진행을 어렵게 하거나 때로는 회의 진행을 취소 또는 연기해야 하는 상황을 만들기도 한다. 이를 위해 직원 중 한 명에게 회의를 진행할 때 회의의 모든 부분을 확인하고 준비하는 역할(회의 보조자, 준비자)을 맡긴다.

• 직원들이 준비되어 있지 않은 의제는 회의에서 다루지 않는다.

리더는 자신이 준비한 어젠다를 벗어난 의제를 회의에서 다루어서는 안 된다. 왜냐하면 의제와 비 의제를 명확히 구분해 다루지 못하면 늘 직원들이 자신들의 관심사를 회의에서 다루고자 한다. 또 하나의 이유는 이러한 의제에 대해 직원들이 충분히 준비되어 있지 않은 경우가 대부분이기 때문이다. 리더 역시 마찬가지일 것이다. 앞에서 알아본 대로 그래도 의제를 벗어난 주제가 나오면 아이디어 함에 일단 모두 모은 후 본 의제의 협의가 끝난 후 하나씩 처리(토의 여부, 다음 회의 의제로 결정 등)하면 된다.

출처 : 노진경, 유능한 리더의 회의운영 노하우, 이담북스, 2010 수정보완

CHAPTER 04

회사를 살리는 회의 관리하기

CHAPTER

04 회사를 살리는 회의 관리하기

참석자들의 참여를 끌어내라

● 리더의 파워 사용이 초래하는 문제

회의를 이끄는 리더가 파워와 권한을 지나치게 사용하였을 때 초래되는 문제로 다음의 여러 가지 비용이 발생한다. 이러한 비용은 조직뿐 아니라 회의 리더와 참석자 모두에게 바람직하지 않은 영향을 미친다.

- ■ 시간비용 : 올바른 회의 진행과 비용보다는 저항, 침묵, 논쟁, 반대 극복에 더 많은 시간을 소비
- ■ 집행비용 : 강요된 결정의 실행의욕이 낮음에 따른 비용–수동적 저항, 잊어버리기, 거짓말, 기록 조작 등
- ■ 소외비용 : 직원들이 리더에게 다가오지 않고, 의견을 개진하지 않으며 정보를 차단함으로써 발생하는 비용–불통과 정보단절
- ■ 스트레스비용 : 리더의 권력 사용은 직원들의 소극적인 태도

등으로 높은 수준의 개인적 경계태세를 유지해야 함으로써 소요되는 비용
- 영향력 감소비용 : 리더의 직무권위(역할이 주는 파워, 합법적인 권위) 감소 및 리더십의 한계 발생

위의 회의비용을 의식하거나 계산하는 회의 리더는 거의 없다. 왜냐하면 이 비용이 미치는 부정적인 영향을 안다면 현재와 같은 회의문화를 만들지 않았을 것이기 때문이다. 이러한 비용을 줄이기 위해서 회의 리더는 회의를 이끌 때 다음의 실수를 해서는 안 된다.

- 참석자들의 질문에 불쾌해하는 것
- 회의를 독점하는 것
- 희극배우의 역할을 하려는 것
- 공개적으로 참가자들을 비난하거나 질책하는 것
- 회의 진행을 방해하는 요소들을 용인하는 것
- 통제력을 잃어버리는 것
- 준비하지 않는 것

회의 역동성을 강화하는 방법

① 활기차게 시작한다

회의를 시작할 때는 항상 참석자들의 마음을 여는 기회, 즉 워밍업을 위한 시간을 마련하여 참석자들이 자연스레 회의에 몰입하도록 해야 한다. 리더가 워밍업을 할 때는 다음 사항을 활용하는 것

이 좋다.

- 좋은 소식 나누기 : 개인, 업무, 회사에 발생한 Good News를 공유한다.
- 칭찬 혹은 덕담 나누기
- 가벼운 일상의 대화
- 간단한 게임
- 유머, 퀴즈 등

② 회의 진행과정을 알리고 준비시킨다

회의 참석자들은 오늘 회의의 목적, 의제, 시간, 자신의 역할, 다른 참석자들과 그들의 역할 등에 대해 궁금해한다. 특히 외부인사 혹은 다른 팀의 직원들이 참석하였을 때는 이러한 궁금증을 극복해 주어야 한다. 따라서 적당한 워밍업을 한 다음에는 다음 사항을 알린다.

- 회의 목적과 의제 · 안건
- 회의 진행방법과 시간
- 참석자 소개와 역할
- 회의 규칙 등

참여를 끌어내는 요령

회의 참석자들을 회의에 적극적으로 참여하도록 하는 것은 회의 리더의 가장 핵심 역할이다. 회의 참석자들은 일반적으로 회의 리더가 기대하는 만큼 준비하지 않고 참석한다. 이는 어느 조직이나 거의 유사할 것이다. 따라서 회의 리더는 다음 방법들을 활용해 회의 참석자들의 적극적인 참여를 끌어내야 한다.

① 참여유도 원칙

- 리더 혹은 몇몇 상급자들이 토론을 독점하지 않는다.
- 참석자들의 의견이나 아이디어에 동의하지 않더라도 구두나 몸짓으로 반대하는 의사를 보이지 않는다.
- 활발한 토론을 위하여 자유 해답식 질문(5W1H)을 한다.
- 긍정적인 말로 문제점들을 정리한다.
- 결론보다는 방법에 대한 질문으로 의견개진을 유도한다. "우리의 목표를 어떻게 성취할 수 있겠는가?"라고 묻는다.
- 그룹 내에서 내성적인 사람을 확인해 참여의 기회를 제공한다.
- 외향적인 사람들이 토론을 독점하지 않도록 한다.
- 모든 참석자들의 참여를 끌어내는 회의 진행절차를 사용한다.
- 냉담한 침묵을 보이는 참석자들을 괴롭히는 것이 무엇인지 확인하고 조치를 취한다.
- 리더십을 순환시킨다.

② 참석자들의 참여를 끌어내는 방법

- 참석자들의 의견을 정리, 통합, 요약한다.
- 공평한 발언의 기회, 순서, 시간 등을 제공한다.
- 어떠한 의견도 인정받는 개방적인 분위기를 만든다.
- 다양한 회의 진행기술을 활용하고 상황에 유연하게 대처한다.

- 참석자들의 가치를 강조하고, 그들의 비언어적인 메시지를 파악하고 적절한 조치를 취한다.
- 퍼실리테이팅기법 등을 활용해 참석자들 간의 갈등과 부정적인 감정을 해결한다.
- 다양한 관점(시점, 방향전환 등)으로 의견개진을 촉진한다.
- 필요한 정보를 제공한다.

③ 활용할 수 있는 참여유도기술

- 브레인스토밍
- 브레인라이팅
- 친화도법
- 시간할당법
- 순서 정하기
- 질문하기
- 인정해 주기 등

회의 역동성을 올리는 방법

- 회의 생산성과 사람에 집중한다.
- 다양한 방법으로 참여를 유도한다.
- 업무와 관련된 권한을 공유하고 문제해결자 또는 협조자로서 역할을 한다.
- 질문을 한다.
- 참석자들에게 도움이 되는 정보를 제공한다.

- 애매한 문제, 의제, 의견, 아이디어 등을 명확히 정의한다.
- 중간중간 요약을 통해 이해도를 높이고 진행을 관리한다.
- 참석자의 발언을 경청한다.
- 참석자들 간의 유대감을 강화시킨다.
- 역할모델(발언방법, 참여방법, 경청방법 등)이 된다.
- 협조적인 분위기를 만들어 갈등발생을 사전에 차단한다.
- 참석자들의 솔직한 의견을 끌어낸다.
- 중재자로서 행동하고 상호작용을 끌어낸다.
- 공정하게 회의를 이끈다.
- 만장일치가 아닌 합의를 추구한다.
- 발언하는 말이 아닌 의미를 발견한다.

회의 분위기를 깨는 것들 : 회의를 죽이는 요인들

회의 분위기를 깨는 것들은 다음과 같은 것이 있다. 이는 회의 리더뿐 아니라 회의 참석자들도 회의 성과를 위해서는 반드시 이해하고 사전에 예방하여야 한다.

- 목적에서 벗어나기
- 주위 반응을 무시하고 자기 주장만 하기
- 너무 많거나 부족한 정보
- 감정적인 반응과 의견개진
- 피상적인 발언
- 위압적인 태도
- 침묵 혹은 무관심 등

궤도이탈을 막아라

어젠다를 벗어나는 궤도이탈의 원인

회의 참석자들이 회의 어젠다를 벗어나는 원인으로는 ① 회의 준비가 철저하지 못하여 어젠다에 집중하지 못해서, ② 회의 목적 달성에 필요한 참석자가 참석하지 않아서, ③ 회의 리더가 어젠다를 벗어난 참석자를 적절하게 통제하지 못해서, ④ 참석자가 어젠다를 무시하고 자신의 의견만 주장해서, ⑤ 다른 참석자들이 동의하지 않는 의견을 리더가 채택하려고 해서, ⑥ 참석은 하였지만 의제에 대한 지식과 경험 부족으로 회의 목적에서 겉돌 때 자신의 존재감을 보여주기 위해 의제와는 다른 의견을 개진하는 것 등이 있다.

특히 회의를 이끄는 리더가 몇몇 참석자가 어젠다를 벗어난 의견을 말할 때 적절한 조치를 취해야 함에도 불구하고 다음의 반응을 보이기 때문에 참석자들이 회의 궤도에서 이탈하는 경우가 많다.

- 리더가 참석자들의 의견을 무시함으로써 동기가 저하되고 이로 인해 참석자들이 회의 몰입도와 참여도가 감소하면서 어젠다에서 이탈하게 된다.
- 참석자들이 다른 참석자가 개진한 의견을 공개적으로 공격(비난, 비평 등)할 때 리더가 적절하게 통제하지 못함으로써 발생한다.
- 한두 명의 참석자가 어젠다를 벗어난 의견을 말할 때 회의를

이끄는 리더가 이를 방치함으로써 다른 참석자들까지 전염되어 주제에서 벗어나게 된다.

- 어젠다를 벗어난 의견에 대해 회의 리더가 동조를 하게 됨으로써 회의시간이 길어지고, 목적달성에 실패하며, 결국 리더십의 실패로 이어지게 된다.

이러한 상황이 발생하였을 때 리더가 적절하게 대응을 한다면 다음과 같은 기회를 가질 수 있다.

- 회의 리더의 리더십을 발휘할 수 있는 기회
- 회의 목적과 어젠다를 재강조할 수 있는 기회
- 새로운 관점과 의견으로 회의 목적과 의제를 볼 수 있는 기회
- 예기치 않은 상황을 파악할 수 있는 기회
- 다양한 관점과 시각을 활용함으로써 회의를 활성화시킬 수 있는 기회
- 참석자들을 회의에 집중하도록 하는 기회

회의가 궤도이탈이 되었을 때

잘 준비된 회의도 궤도이탈의 가능성은 언제나 존재한다. 따라서 회의 리더는 회의장에서의 논의가 어젠다를 벗어날 때 다음의 방법으로 개입을 하거나, 궤도이탈을 새로운 기회로 활용할 수 있어야 한다.

- 모든 의견을 일단 수용한다. 어떤 의견도 공격하거나 비난, 비평해서는 안 된다. 인정을 받는 분위기 조성으로 적극적인 의

견개진을 유도해야 한다.

- 나오는 의견을 모두가 볼 수 있도록 공개적으로 기록한다. 이는 서기가 기록을 하고 이것을 근거로 리더는 회의 목적과 의제를 다시 강조하는 기회로 만든다.
- 어젠다에서 벗어난 의견을 모으는 함 또는 공간을 마련한다. 의제와 다른 의견을 메모로 해소함에 넣거나, 화이트보드의 한 곳에 별도로 기록을 하고 기록된 의견들에 대해서는 회의 종료시점에 피드백을 한다.
- 어젠다를 벗어난 의견일지라도 긴급성, 중요도를 기준으로 적절한 평가를 하고 피드백을 한다.
- 평가결과에 따라 가치 있는 의견은 다음 회의 의제로 정하고, 필요한 경우에는 의견을 개진한 참석자에게 브리핑 또는 프레젠테이션을 하도록 요청한다. 그리고 다음 회의 어젠다에 포함시킨다는 것을 강조하고 참석자들에게 적절한 역할을 부여한다.
- 마지막으로 평가결과에 따라 당장 다루어야 하는 중요한 의견일 경우에는 참석자들의 동의를 구해 회의를 재구성한다. 이때는 참석자들에게 오늘 회의 의제에 추가할 것인가를 묻고, 소요시간을 계산해 참석자들이 회의에 집중하도록 한다.

유능한 리더의 16가지 기능

1. 회의 진행과정을 계획하고 설계하라.
2. 정보를 귀 기울여 듣고, 분명히 하고, 통합하라.
3. 유연성과 융통성을 보여라.
4. 그룹의 성과나 업무에 계속 초점을 맞추게 하라.
5. 개방적이고 긍정적이며 참여적인 환경을 만들어라.
6. 성과와 그룹에 근거하여 적당한 기술을 선택하고 준비하라.
7. 회의를 지휘 · 관리하라.
8. 적절한 질문을 하라.
9. 회의결과들에 대해 그룹이 책임을 지게 하라.
10. 적극적으로 그룹 구성원과 유연한 관계를 확립하라.
11. 자기 인식과 자기 표현을 뚜렷이 하라.
12. 건설적으로 갈등과 부정적인 감정을 해결하라.
13. 다양한 관점을 장려하고 지원하라.
14. 기술과 그 능력을 이해하라.
15. 기술을 설명하고 그 기술에 편안해하라.
16. 분명한 정보를 제시하라.

집단사고를 막아라

집단사고의 이해

집단사고는 "응집력이 있는 집단의 조직원들이 갈등을 최소화하며, 만장일치라는 의견의 일치를 유도하여 현실적이고 비판적인 생각을 하지 않음으로서 바람직하지 않은 의사결정을 내리는 것"을 의미한다. 회의에서 집단사고가 발생함으로써 알 수 있는 대표적인 실수는 1960년대 미국 케네디 정권의 쿠바침공 사건과 1986년 챌린저호 폭발사고 등이 있다. 한국에서는 "모난 돌이 정 맞는다. 튀지 말고 남이 하는 대로 하라. 대세에 반대하지 말고 따르라" 등이 조직 우상화 등 집단사고의 징후를 알게 하는 말들이다.

집단사고의 원인과 초래되는 비용

① 집단사고의 원인

- 부서이기주의
- 지적인 오만
- 부서 독단으로 인한 외부정보의 한정된 수집과 차단
- 한정된 정보에서 내린 의사결정에 대한 합리화와 정당화현상
- 공동 목표의 상실
- 잘못 불가의 환상 : 우리는 절대로 잘못된 결정을 하지 않는다. 지나친 낙관주의와 무모한 도전을 선택한다.
- 합리화현상 : 우리의 모든 결정과정은 합리적이다. 따라서 외부의 경고를 무시한다.
- 도덕성의 환상 : 우리의 행동과 결정은 항상 도덕적으로 옳다.
- 적에 대한 상동적인 태도 : 외부집단은 우리의 적이다. 공동으로 대응해야 한다. 그들은 무능하고 약하고 악하다.
- 동조압력 : 같은 조직구성원의 의견에 반대를 해서는 안 된다. 반대를 하면 충성심이 의심을 받고 왕따를 당한다.
- 자기검열 : 다수의 주장과 다른 의견은 말하지 않는 것이 신상에 좋다.

- 만장일치의 환상 : 만장일치는 곧 우리 조직의 팀워크를 나타낸다. 만장일치는 항상 가능하고 옳다. 침묵은 동의하는 것이다.
- 자기 보호, 집단 초병 : 집단에 반대되는 의견과 정보를 사전에 차단한다.

② 집단사고의 징후

- 외부의 창의적인 사고와 정보를 차단하고 듣지 않는다.
- 자신들이 편한 쪽으로 의사결정을 이끌어 갈려고 한다.
- 권위나 권력, 전문적인 경험을 가진 사람의 의견은 항상 옳다. 반론이나 반대를 해서는 안 된다.
- 반대의견을 내는 참석자를 바보 취급하거나 무시한다.
- 우리는 서로의 의견에 비판하지 않는다.

이러한 징후들이 조직을 경솔하게 만들며, 불합리한 결정을 내리게 하고, 주변의 말을 무시하며 조직 내에서 소란을 일으키는 것을 두려워하게 한다.

③ 집단사고의 비용

- 대안에 대한 불완전한 조사로 최선이 아닌 차선을 선택하게 된다.
- 목적에 대한 불완전한 조사로 방향성을 잃는다.
- 조사한 위험에 대한 우선적 선택의 실패로 결정에 위험요소가 남는다.

- 예전에 거절되었던 대안에 대한 재평가 실패로 학습이 일어나지 못한다.
- 빈약한 정보탐색으로 우물 안 개구리와 같이 숲을 보지 못하고 나무를 보는 한계와 편의 중심의 의사결정을 한다.
- 특정 편견에 대한 정보수집으로 편애, 편견이 있는 결정이 나온다.
- 우연적으로 일어나는 대응실패로 조직의 유연성이 떨어지고 조직 우상화에 빠진다.

집단사고를 막는 방법

조직의 의사결정에서 나타날 수 있는 집단사고를 막기 위해서는 다음 내용을 따른다.

- 조직이 의사결정을 할 때 집단사고에 빠지지 않도록 해야 한다.
- 내외부의 다양한 의견을 듣고 검토하여야 한다.
- 정보수집을 철저하게 한다.
- 자신들의 한계를 인정한다.
- 의사결정에 대한 실행 전 내부점검을 한다.
- 만장일치의 환상을 극복한다.

회의를 진행하는 리더는 다음의 방법을 활용해 집단사고를 예방한다.

- 리더는 참석자 중 한 명에게 의견에 대한 평가자 역할을 부여

한다. 이 사람은 회의에서 개진되는 모든 의견에 대한 비평과 불리한 점 등을 표명함으로써 숨겨진 문제를 확인한다.

- 리더는 회의 안건 중 부서의 일을 처리할 때 자신의 의견표명을 자제한다. 다른 참석자들의 의견을 모두 듣고 리더는 제일 나중에 의견을 표명한다.
- 의견개진의 기회를 확대한다.
- 문제해결을 위해 각각의 독립된 팀으로 나누어 회의를 진행하고 그 결과를 취합한다.
- 모든 유효한 반론과 반대는 시험되고 분석되며 토론되어야 한다. 이러한 과정을 통해 반대와 반론이 옳다면 현명한 결정에 도움을 받을 수 있고, 만일 반대와 반론이 틀리면 옳은 결정을 한 것을 확인할 수 있다.
- 회의 전에 각 참석자들에게 자신의 생각을 외부의 믿을 만한 사람들과 의견을 교환해 자신의 의견을 점검하도록 한다.
- 필요하다면 회의 시 외부 전문가를 초빙한다. 리더는 외부 전문가가 토론에 참석하거나 질문하는 기회를 주어야 한다.

상황별 회의 리더의 효과적인 대응방법

- 목적에서 벗어난다.
  - 참석자가 회의 목적에서 벗어난 이야기를 한다.

    "지금 발언은 이 회의 목적과 다소 거리가 있는 것 같습니다. 이 회의 목적은 ______하는 것이므로 ______에 직접 관계된 이야기로 의견을 좁혀서 말씀해 주시기 바랍니다."

- 의사진행을 무시하고 마음대로 발언을 한다.

  "지금 발언은 ______과는 반대되는 논점이었습니다. 다만 현재는 제안 배경을 확인하는 단계이므로 이것이 끝나면 다시 그 점에 관해 발언을 듣도록 하겠습니다."

■ 주위 반응을 무시하고 자기 의견만 내세운다.

- 참석자가 주위 반응을 무시하고 마음대로 이야기를 전개한다.

  "죄송합니다만, 잠깐 발언을 멈춰주시기 바랍니다. 좀 이해가 안 되는 부분이 있어 질문을 하고 싶은데요. ______라고 말씀을 하셨는데 그건 ______ 아닌가요?"

- 이야기가 이해하지 못하는 내용으로 빠지고 있다.

  "정말 죄송합니다만, 일단 내용을 정리해 주세요. 지금 우리는 ______에 관해서 이야기하고 있는데 그것과 지금 발언 내용이 관련된 부분부터 다시 한번 설명해 주시겠습니까?"

■ 참석자들이 정보가 너무 부족해 이야기를 따라가지 못한다.

- 정보가 너무 부족해 의사진행을 따라오지 못한다.

  "지금까지의 내용을 다시 확인하겠습니다. ______에 관한 발언이 있었는데 만약 ______에 관한 구체적인 질문이 있으시면 …."

- 이해의 정도를 확인해야겠다.

  "여기까지 논의가 진행되었는데요, 확인을 위해 ______에 대해 정리해 보겠습니다. ______는 _____에서 파생된 문제로 이 회의에서도 과거에 여러 번 논의가…."

■ 너무 많은 정보로 회의가 산만하다.

• 불필요한 영역까지 이야기를 발전시키고 있다.

"지금 정보는 많은 참고가 되었습니다. 하지만 이 회의의 목적은 ______이므로 굳이 그것까지 배려에 넣을 필요는 없지 않을까요?"

• 이야기가 점점 엉뚱한 방향으로 흘러가고 있다.

"지금 말씀은 이제까지의 논의에서는 다루지 않았던 것입니다. 그러므로 거기까지 파고들어 가 논의할 필요가 있는지 여러분의 의견을 듣고 싶습니다."

■ 참석자가 전제조건에 얽매여 회의 진행에 비협조적이다.

• 의제를 바꾸는 의사 진행에 협조적이지 않다.

"이번 회의 목적은 ______을 해결하기 위한 것입니다. 그러나 지금까지의 논의를 통해 우선적으로 ______을 확인해둘 필요가 있다는 것을 알게 되었습니다. 그것이 ______의 가장 큰 원인이라는 것을 알았기 때문입니다."

• 회의의 의사 진행 변경에 협력적이지 않다.

"이번 회의는 오늘 안으로 끝낼 예정이었습니다만 그럴 수 없을 것 같습니다. 지금까지의 경위에 대해 일부 참가자들이 오해를 하고 있는 것 같기 때문입니다. 오늘은 그것을 다시 확인하는 선에서 끝내고, 다음 회의에서 ______을 논의하고자 합니다."

■ 참석자의 발언이 감정적이고 논리적이지 못하다.

• 싫음에 대한 반대이유가 너무 감정적이고 이해하기 어렵다.

"방금 하신 말씀에 대해 좀 질문하고 싶습니다. 지금 ______에 대해 반대하셨는데요, 그 이유를 다시 한번 말씀해 주세요. 특히 그 이유를 알기 쉽게 설명해 주시겠습니까?"

- 자기의 공감을 찬성의 이유로 댄다.
  "방금 발언에는 ______의 찬성이유가, 그 제안자가 김영수 씨이기 때문에 찬성하는 것 같은데 그렇습니까?"

■ 참석자가 다른 참석자의 발언을 피상적으로 이해한다.

- 피상적으로만 파악하여 진의를 오해하고 있다.
  "○○○씨는 △△△ 씨의 발언을 ______에 대한 반대 의견으로 받아들이고 있는 것은 아닌가요? 문제 지적은 하였지만 그렇다고 해서 기본적으로 ______에 반대하는 것은 아닙니다."
- 원칙적이고 형식적인 발언 때문에 진의를 파악할 수 없다.
  "방금 발언을 확인하고 싶습니다. ______에는 원칙적으로 반대하지는 않지만 무조건적인 것은 아닙니다. 그 전제 조건으로 _____가 해결되어야 한다는 것입니다."

■ 참가자가 침묵하고 반응이 없다.

- 현재시점에서는 의견이 나올 것 같지 않다.
  "지금까지 ______에 대해 이야기했습니다만 별로 의견이 나오지 않는 것 같군요. 그렇다면 관점을 바꾸어 _____부터 논의해 보면 어떻겠습니까?"
- 논의 내용이 너무 어려워 의견이 나오지 않는 것 같다.
  "이제까지의 논의가 너무 추상적이었던 것 같습니다. 문제를 더 알기 쉽게 하기 위해 ______의 문제가 실제 우리 업무에 어떤 영향을 주고 있는가를 정리해 볼까요?"

■ 참석자가 진행방법에 집착해 논의가 진전되지 않는다.

- 의사진행을 이해하지 않고 의제 변경을 요구한다.

  "무슨 말씀인지 잘 알겠습니다. 그러나 여기에서는 다른 의제를 채택하는 것은 현명한 것 같지 않습니다. 아직 여러분에게 반대 의견을 묻는 단계인데다 의견이 다 나왔다고 볼 수 없기 때문입니다."

- 상황을 고려하지 않고 의제 변경을 요구한다.

  "의사 변경 제안을 받았습니다만, 이대로 의사일정에 따라 진행하고자 합니다. 참가자 여러분이 그렇게 알고 있을 것이므로 혼란이 일어나서는 안 되기 때문입니다."

■ 참석자들이 특정 인물에게 지나치게 영향을 받는다.

- 찬성 같기는 한데 이유가 모호하다.

  "지금 발언은 결론적으로 말해서 찬성을 한다고 봐도 좋겠습니까? 만약 그렇지 않다면 지금 이 시점에서 수정을 부탁드립니다."

- 그냥 반대라고만 할 뿐 그 이유를 밝히지 않는다.

  "반대 의사는 잘 알겠습니다. 그럼 다음으로 그 이유를 말씀해 주십시오. 지금까지 반대이유는 여러 가지로 말씀하셨습니다만 다소 중복이 있더라도 상관없으니 다시 한번 부탁드리겠습니다."

■ 참석자들이 체면에 지나치게 얽매여 감정적이 된다.

- 반론을 당한 사람이 확실히 감정적으로 반론을 하고 있다.

  "지금 발언 내용을 좀 정리하겠습니다. 이야기의 핵심은 _______였다고 생각합니다. 표현이 좀 지나친 감이 듭니다만 핵심을 그렇게 이해해 주시기 바랍니다."

- 참가자끼리 감정적인 충돌이 심해지고 있다.

  "여기서 논의한 내용을 정리하죠. ○○○ 씨 말씀은 ______ 이고 △△△ 씨는 거기에 반대 입장입니다. 지금 논의는 그 이유를 듣는 것이니 이해해 주시기 바랍니다."

■ 다른 참석자의 의견에 대해 좋고 싫은 감정으로 판단한다.

- 싫고 좋은 감정으로 판단한다.

  "방금 발언에서 이해 안 되는 부분이 있어 질문하겠습니다. 다시 한번 이번 안을 부정하는 이유를 말씀해 주시기 바랍니다. 특히 ______부분을 좀 더 알기 쉽게 설명해 주시겠습니까?"

- 싫고 좋음에 따른 판단을 무리하게 밀고 나가려고 한다.

  "죄송하지만 방금 설명 중에 이해 안 되는 점이 있습니다. 찬성하는 이유를 세 가지 정도 말씀하셨습니다만, 그건 좀 이상한 것 같습니다. 그렇게 느끼는 부분은 ______입니다."

■ 참석자들이 지나친 호기심으로 논의를 어지럽힌다.

- 주제와 관련 없는 일에 대해 흥미 위주로 질문하고 있다.

  "방금 말씀하신 ______에 대해 질문이 있습니다. 여기서 다시 한번 오늘 주제를 확인하고, 논의를 어떻게 전개할지 그 방향을 정리하고 싶습니다."

- 논의가 본론과 관계 없는 방향으로 흘러가고 있다.

  "여기서 논의 내용을 원점으로 되돌렸으면 합니다. ______ 이야기에서 논의가 옆길로 샌 것 같습니다. 원래 _____에 관해서 논의했잖습니까?"

■ 리더가 사소한 의견을 방치해 논점이 산만하다.

- 의견이 주제에서 벗어나 있다.

  "말씀 중에 죄송합니다. 오늘 주제를 다시 한번 확인하겠습니다. 오늘은 ______에 대해 논의하고 있습니다. 방금 발언이 주제와 어떤 관련이 있는지 말씀해 주시겠습니까?"

- 의견이 논의 진행 범위에서 벗어나 있다.

  "죄송합니다. 방금 발언은 ______에 관한 이야기 같은데요. ______는 그 문제를 정확히 분석한 후 이야기했으면 합니다. 그런 관점에서 말씀해 주시기 바랍니다"

■ 참석자들의 집중력이 떨어져 분위기가 가라앉는다.

- 집중력이 현저히 떨어진 참가자가 있다.

  "○○○ 씨에게 묻겠습니다. 이 회의에서는 ______에 관해 이야기하고 있는데 ○○○ 씨 팀에서는 어떤 상황인가요? 사전에 그 부분에 대해 조사해 줄 것을 부탁드렸습니다만."

- 회의 전체 분위기가 가라앉기 시작했다.

  "논의가 좀 가라앉는 것 같습니다. 지금 여기서 결정해야 할 것은 ______에 관한 계획입니다. 오늘 안으로 기본적인 방향을 정하지 않으면 이달 안으로 최종계획을 마무리할 수 없게 됩니다."

■ 특정 참석자가 과정을 무시하고 결론을 너무 서두른다.

- 필요한 순서를 무시하고 논의를 진행하려 한다.

  "○○○ 씨의 의견은 ______의 해결책에 관한 것입니다. 오늘 회의는 ______의 문제를 정확하게 파악하는 데 목적이 있으므로 그 의견은 다음 회의에서 다시 듣겠습니다."

• 필요한 발언이나 논의를 생략하고 결론지으려 한다.
"○○○ 씨의 기분은 알겠습니다. 그러나 ______에 관한 의견은 다 나온 것 같지 않습니다. 좀 더 여러분의 의견을 듣고 나서 결론지었으면 합니다."

■ 참석자들이 결론을 무작정 뒤로 미룬다.

• 인간관계를 의식한 나머지 발언 내용이 모호하다.
"방금 발언은 핵심을 좀 알기 어려운 것 같습니다. 우선 먼저 묻겠는데요, 이번 ______에는 찬성이십니까? 반대입니까?"

• 대립을 피하기 위해 모호한 태도로 일관하고 있다.
"지금까지 발언을 정리하면 이번 ______에는 기본적으로 반대 의견이신 것 같은데 맞습니까? △△△와 ______에 대한 발언은 그것을 구체적으로 설명한 내용으로 받아들여도 되겠습니까?"

■ 특정 참석자가 사소한 것에 집착해 물러서지 않는다.

• 전체 상황을 보지 못하고 사소한 것을 고집하고 있다.
"아까부터 논의가 제자리를 맴돌고 있는 것 같습니다. 이를 타개하기 위해서라도 이 문제는 ______에 관해 이야기하는 쪽으로 바꾸는 것이 좋을 것 같습니다."

• 사소한 내용을 반복해서 발언하는 참가자가 있다.
"좋은 지적입니다만, 이 문제는 좀 더 시야를 넓혀서 이야기해 보는 것이 어떻겠습니까? ______을 논의한다 해도 문제해결의 실마리를 찾을 것 같지 않은데요?"

■ 특정 참석자가 위압적인 태도로 주장을 관철하려 한다.

- 다른 사람의 의견을 막고 말하거나 다른 의견을 들으려고 하지 않는다.

  "○○○ 씨, △△△ 씨가 ______에 관해 설명하고 있습니다. 아직 이야기 중이니 이야기를 마치면 그때 ○○○ 씨의 의견을 듣도록 하겠습니다. 괜찮으시죠?"

■ 위압적인 태도로 상대를 굴복시키려 한다.

  "○○○ 씨, 지금 발언의 핵심은 ______인 것 같은데 맞습니까? 표현이 좀 감정적인 것 같은데 좀 가라앉히시고 간결하게 말씀해 주셨으면 합니다."

■ 참석자의 발언이 논리적 비약이 지나쳐 이해하기 어렵다.

- 인과관계를 설명하는 논리가 지나치게 비약해 이해가 어렵다.

  "방금 발언에서 좀 이해하기 어려운 부분이 있습니다. ______을 이 문제의 원인으로 지적하셨는데 좀 더 자세히 설명해 주시겠습니까?"

- 근거 설명에서 논의가 지나치게 확산되어 맥락이 잡히지 않는다.

  "이야기가 전체적으로 너무 확산된 것 같습니다. 이 기획을 미는 근거로 ______와 ______ 등을 예로 들었는데 그 연관성을 이해하기 어렵군요."

■ 특정 참석자가 방관자처럼 책임을 회피하려 한다.

- 방관자처럼 무책임한 발언을 하고 있다.

  "내용을 잘 알겠습니다. 그러나 현실적인 문제를 따져 보면 지금 이야기처럼 되지 않을 것 같은데, 예를 들어 ______에는 구체적으로 어떻게 대처하시겠습니까?"

- 의사진행 중 찬성, 반대를 지조 없이 이리저리 바꾼다.
  "잠깐만요, 조금 전까지는 이 건에 찬성을 하신 것 같은데, 지금 발언은 반대이시군요. 어느 쪽인지 그것을 먼저 확실하게 해 주시겠습니까?"

Tip 회의 사례와 해결책

■ 리더 : 오늘 회의는 모든 분들의 적극적인 참여로 좋은 아이디어가 많이 나온 것 같군요. 추가 아이디어가 없으시면 이것으로 회의를 마치도록 하겠습니다. 모두들 수고하셨습니다.

■ 참석자들 : 리더님! 오늘 회의 결론은?

■ 리더 : 나중에 천천히 내리도록 하지요. 자, 자신의 업무로 돌아갑시다.

■ 참석자들 : ???

회의장을 나오면서 참석자들은 "오늘 회의의 결론이 뭐야! 왜 리더는 결론을 내리지 않는 것이지? 더 이상 좋은 의견들이 없는 것 같은데 …." 하면서 서로 투덜댄다.

■ 리더(속으로) : 결정을 위해 다시 한번 회의를 개최해야 하겠지? 오늘 결론을 내리지 않은 것은 잘한 일이야!

■ **발생원인**

• 회의의 목적이 불분명하다.

회의는 어떤 의도를 가졌든 회의를 마쳤을 때 참석자들이 공감하는 결론이 있어야 한다. 목적이 없기 때문에 그냥 생각하고 있던 의제를 끌어내어서 토론을 하는 경우가 있다.

• 너무 서둘러 회의를 마치려 한다.

회의시간이 너무 오래 지속되었거나, 예상하지 않은 일들로 해서 회의를 중간에 마치는 경우가 있다. 이 또한 회의 참석자들의 맥을 빠지게 하는 것이다. 때로는 회의를 지속하였을 때 논쟁이 발생할 우려가 있거나 리더가 원하는 방향과는 다른 방향으로 회의가 진행될 것 같을 때 서둘러 회의를 마치기도 한다.

• 리더가 생각할 때 충분한 아이디어가 나왔다고 생각하거나 자신이 원하는 아이디어가 나왔을 때 회의를 마친다.

리더는 회의에서 얻고자 하는 결론을 혼자만 갖고 있으면서 그 생각에 맞는 아이디어가 나오면 만족을 하고 회의를 마친다. 또 자신이 더 이상 회의를 진행을 해도 리더가 바라는 의견이나 아이디어가 나오지 않을 것이라는 생각이 들 때 리더는 회의를 마치려 한다. 참석자들이 뒤늦게 다양한 의견이나 아이디어를 개진하더라도 리더가 바라는 것이 아니면 의미를 두지 않거나 채택을 하지 않고 리더는 회의를 마치려 한다.

• 시간이 되어서 회의를 마친다.

회의의 규칙을 지킨다는 명목으로 정해진 시간이 다 되었으므로 논의 중에 회의를 마친다. 한편으로는 회의시간을 지킨다는 의미도 있지만 참석자들은 자신들의 의견 또는 아이디어를 충분히 개진하지 못하였을 수도 있다. 이는 리더가 잘 판단해야 한다. 또한 정해진 시간을 지키려면 시간과 의제의 수 그리고 중요성을 잘 고려해야 한다.

• 참석자들이 지루해하는 것 같아 일단 회의를 끝낸다.

회의를 진행하는 리더의 입장에서는 참석자들의 적극적인 참여를 요구한다. 그런데 여러 가지 이유로 참석자들이 지루해하는 것이 보이거나 느껴지면 리더는 참석자들에 대한 부정적인 생각을 가지면서 참석자들을 위해서인 양 회의를 마친다.

• 리더가 결론을 내리기 두려워한다.

어떤 일에서든 결정을 내리는 것은 쉬운 일은 아니다. 특히 자신에게 그 책임이 돌아오는 경우에는 더욱 망설이게 된다. 리더는 회의를 진행하면서 나온 다양한 의견 또는 아이디어를 다른 참가자들이 잘 듣고 이해했으며 그들이 무엇을 해야 하는지를 알 것이라는 생각과 추측을 하거나 참석자들 각자가 자신들이 알아서 조직에 맞는 결론을 내릴 것이라는 생각을 하면서 회의 결론을 맺지 않고 끝낸다.

• 중요한 정보를 가진 사람이 불참했다.

회의의 의제와 목적에 대한 중요한 정보나 의견을 가진 사람이 참석을 하지 않아서 회의 결론을 내리지 못하고 끝낸다. 이러한 현상은 대부분 회의 리더의 준비 부족에서 발생을 한다. 중요한 의제이고 그 의제와 관련된 사람이 참석이 어렵다면 의제를 바꾸거나 회의 개최를 연기해야 한다.

■ **부작용**

• 회의의 가치가 떨어진다.
• 결론이 나지 않음으로 인해 다음 업무 진행에 지장이 있다.

- 참석자들이 자신들의 의견이나 아이디어가 의미 없는 것인가?라는 의문을 가질 수 있다.
- 직원들의 동기를 저하시키고 조직에 대한 소속감을 떨어뜨린다.
- 다음 회의에 대해서도 기대를 하지 않는다.

■ 대책

- 회의의 목적과 목표를 분명히 한다.

회의 목적이 분명하고 그 목적을 달성하기 위한 계획(회의 진행방법)이 잘 수립되었을 때 목적(결론)을 달성할 수 있다. 결론이 명확하게 내려지는 회의는 리더에게나 참석자에게 긍정적인 이미지를 갖도록 해 주고 회의 가치를 높이며 특히 리더의 영향력이 커진다. 참석자들 또한 자신들의 기여를 가치 있게 생각하고 내려진 결론의 추후 실행과정에 적극적인 참여를 하거나 관심을 가진다.

회의 어젠다를 작성을 하면서 바람직한 결론(목적)을 설정해야 한다. 회의의 목적과 상황에 따른 진행방법에도 유연성을 가져야 할 것이다. 정보공유를 위한 회의와 문제해결을 위한 회의는 다른 방법으로 진행해야 한다.

- 회의시간과 의제를 잘 구성해서 시간의 압박을 사전에 해결한다.

짧은 시간 동안 회의를 개최한다면 중요한 문제를 다룰 수 없을 것이다. 또한 긴 시간 정해진 회의(정례회의)를 하면서 의제나 목적이 명확하지 않다면 회의시간을 지키려고 노력하지 않아도 될 것이다. 회의 목적과 의제에 따라서 유연하게 회의시간을 조정하도록 하라. 그리고 회의 참석자들의 역할을 정해서 사전에 통지해 충분한 준비를 하도록 함으로써 회의시간의 낭비를 없애는 것도 중요하다.

- 사전에 회의 의제를 참석자들에게 알려서 충분하게 준비를 하도록 한다.

결론을 맺지 못하는 회의는 결론을 위한 충분한 논의가 부족하거나 의견 또는 아이디어가 부족해서 발생하는 경우가 종종 있다. 참석자들 또한 충분한 준비를 하지 않고 참석을 하거나 회의장에 와서야 회의의 의제를 알게 되는 경우 당황하거나 이해를 위한 시간이 필요하게 되고 따라서 다양한 의견교환이 어려워진다.

리더는 사전에 회의의 목적과 시간 그리고 역할(서기, 발표자, 정보제공자 등)을 알려줌으로써 회의 참석자들을 준비시켜야 한다.

• 리더는 자신이 원하는 아이디어나 의견들이 나왔으면 결론을 내린다.

많은 의견과 아이디어를 공유하는 것만큼 결론을 내리는 것 또한 중요하다. 회의는 달성해야 할 목적이 있다. 리더는 참석자들의 다양한 의견과 아이디어를 잘 경청하고 자신이 결론을 내리는 데 도움이 되는 의견들이 나왔다면 결론을 내려야 하다. 결론을 내리지 못하는 우유부단함을 보이지 말아야 한다. 리더가 결론을 내리지 못하면 직원들 회의 참석자들은 자신의 아이디어가 무시당한다는 느낌을 받는다. 이는 다음의 회의에도 큰 영향을 미친다. 참석자들의 의견과 아이디어를 존중해 주고 소속감을 키워 주기 위해서도 리더는 적절한 결정을 내려야 한다. 그렇지 않을 경우에는 왜 결정을 연기하는지, 어떤 정보가 더 필요한지 등을 명확하게 알리고 다음 회의를 준비하도록 하여야 한다.

• 결론을 내리지 못한 경우에 발생할 일을 예상한다.

회의를 진행하고 난 뒤 결론을 내리지 못하였다면 그 결과를 예상해 보도록 하라. 참석자들의 사기저하와 업무에 미칠 영향 등…. 더 큰 문제는 참석자들이 자신이 이해하고 편리한 대로 결론을 내릴 우려가 있고 그것이 업무에 크고 작은 문제를 발생시킨다는 것이다. 또한 이 결과 조직 내 갈등이 발생할 수도 있다는 것이다. 이러한 일들이 자주 발생하면 다음 회의가 어떻게 진행될 것인가도 예상해 보도록 하라.

• 중요한 정보를 가진 사람을 반드시 참석하도록 한다.

회의에 꼭 필요한 사람을 리더는 반드시 참석하도록 해야 한다. 그들이 참석하지 않으면 결론을 내릴 수 없다. 또한 참석자들 또한 누가 이 회의에 반드시 참석했어야 하는지를 알고 있다. 그 사람이 불참하면 다른 참석자들의 몰입과 참여에의 동기가 떨어진다.

리더는 중요한 정보를 가진 사람이나 의제의 결론에 대해 책임을 가진 사람이 회의에 참석이 어렵다면 회의를 연기하거나 의제를 바꾸도록 하여야 한다. 또는 사전에 자료를 보고받거나 다른 사람이 보고를 하도록 하는 등의 적절한 조치를 취해야 한다.

출처 : 노진경, 유능한 리더의 회의운영 노하우, 이담북스, 2010 수정보완

CHAPTER 05

회사를 살리는 회의 리더 키우기

CHAPTER

05 회사를 살리는 회의 리더 키우키

회의 리더의 네 가지 역할 : 리더의 유연성을 키워라

회의를 이끄는 진행자는 회의를 정상화시키고, 회의 목적을 달성하기 위해 적절한 리더로서의 역할을 해야 한다. 회의실 분위기, 참석자들의 몰입도, 개진되는 의견이나 아이디어 수준, 회의시간, 참석자들 간의 갈등 등 회의 상황에 따라 유연한 리더십을 발휘할 수 있어야 한다. 회의를 이끄는 리더가 갖추어야 할 회의 리더십은 다음의 네 가지가 있다.

회의 리더의 네 가지 역할

응원단장

회의 리더가 응원단장으로서 역할을 할 때는 회의가 침묵으로 흐를 때, 안건에 대한 참석자들의 적극적인 참여를 위한 동기부여가 필요할 때이다. 회의 분위기를 바꾸고, 긴장을 해소하며, 적극적인 참여와 집중력을 끌어낼 때 요구된다. 활용할 수 있는 방법은 다음과 같다.

- 발언을 유도하는 미끼 던지기 : 의제나 안건과 관련된 정보 혹은 가벼운 아이디어를 제공한다.
- 참석자들의 의견을 경청하고 인정한다.
- 개방형 질문을 활용한다.
- 필요하다면 참석자들의 이름을 불러 의견개진을 촉구한다.
- 직위가 다양하거나 민감한 안건으로 공개적인 의견, 아이디어 표현이 곤란할 경우에는 브레인라이팅 등의 방법을 활용한다.

경찰

회의 리더가 경찰로서의 역할을 수행해야 할 때는 회의 참석자들이 회의 어젠다를 벗어난 의견을 개진함으로써 회의가 정상궤도를 벗어났을 때, 의견이나 아이디어 개진을 방해하는 참석자가 있을 때, 회의 규칙을 파괴함으로써 정상적인 회의 진행이 어려울 때이다. 경찰로서의 역할수행으로 회의 규칙을 강조하고 준수하도록 하고, 방해물이나 방해꾼을 제거하며, 참석자들이 회의 안건에 집중하도록 하기 위해 처벌 또는 보상, 경고의 방법을 활용한다. 그 방법은 다음과 같다.

- 회의 규칙을 강조한다.
- 개별적인 개입으로 회의 진행을 방해하는 참석자를 지적한다.
- 회의 규칙을 준수하는 참석자를 인정하거나 칭찬한다.
- 회의 어젠다를 강조함으로써 회의에 집중하도록 한다.

지휘자

회의 리더가 지휘자로서의 역할을 수행해야 할 때는 안건에 대한 참석자들의 이견으로 갈등 혹은 대립이 발생하였을 때, 참석자가 자신의 역할을 이탈할 때, 침묵하는 참석자가 나타날 때 갈등과 대립을 해소하고, 참석자들이 자신이 역할에 집중하도록 하며 침묵하는 참석자의 참여를 유도할 필요가 있을 때이다. 지휘자로서의 역할을 수행할 때는 다음의 방법을 따른다.

- 갈등이나 대립하는 의견의 이면을 파악하고 의견을 조율한다.
- 다양성이 주는 시너지를 강조하면서 이견 간의 조화를 끌어낸다.
- 질문을 하거나 호명을 하면서 침묵을 극복한다.
- 역할의 가치를 강조하면서 참여를 유도한다.

선장

회의 리더가 선장의 역할을 수행해야 할 때는 회의 목적을 잃어버리거나 의제에서 벗어나 회의가 엉뚱한 방향으로 흘러갈 때, 참석자가 역할에 대한 이해 부족으로 역할수행을 원활하게 수행하지 못할 때, 의사결정이 지연되거나 잘 안 될 때 회의 목적을 강조하고, 회의가 방향을 유지하도록 하며 필요한 의사결정을 할 필요가 있을 때이다. 선장으로서의 역할수행을 할 때는 다음 방법을 따른다.

- 회의 목적과 어젠다를 재강조한다.
- 의사결정기준 및 의사결정방법을 제안해 의사결정을 한다.
- 참석자들에게 역할에 대한 설명과 가치를 알림으로써 역할수행을 제대로 하도록 한다.
- 필요하다면 회의 전 역할을 맡은 참석자를 코칭으로 준비시킨다.

이해충돌을 막는 퍼실리테이팅

회의를 진행하다 보면 자신의 의견은 말하지 않고 다른 참석자의 의견을 공격하거나 사사건건 반대를 하면서 회의 진행을 방해하는 참석자가 나타난다. 그들은 다른 참석자들이 의견을 말할 때 인상을 쓰거나, 비웃거나, 감정적인 반응을 보이거나, 어떤 의견의 논쟁으로 이어가려 한다. 이러한 일이 발생하였을 때 회의 리더가 적절한 조치를 취하지 않으면 회의는 실패하고 많은 비용을 초래한다. 이때 회의 리더가 활용하는 회의 리더십 스킬이 퍼실리테이팅이다.

퍼실리테이팅 개념 이해

퍼실리테이팅(Facilitating)은 사람과 사람 사이의 상호작용(Interaction)이 활발하게 이루어지게 하여 창조적인 성과를 끌어내는 기술로 통제와 지배 없이 회의 리더십을 발휘하는 방법이다. 이 기술을 적절하게 활용한다면 서로 다른 문화적 배경, 지식, 이해관계를 가진 사람들의 의견을 하나로 묶어내어 창조적인 대안을 창출할 수 있도록 회의 방향을 제시하는 진행기술이다. 회의 리더가 퍼실리테이팅기법을 활용하지 않는다면 회의는 심판 없는 경기와 같아질 수 있다.

퍼실리테이터의 역할

- 내용에 대한 중립유지 : 퍼실리테이터의 역할은 프로세스에 집중하는 것이다. 그룹을 돕기 위해서 질문을 하거나 제안을 할 수 있으나, 퍼실리테이터는 절대 자신의 의견을 강요하거나 의사결정권을 행사할 수 없다.
- 적극적으로 경청하기 : 판단을 내리기보다 이해를 위한 경청으로 아이콘택트를 포함한 적절한 보디랭귀지를 의미한다. 아이콘택트는 특히 소극적인 참가자의 참여를 촉진시킬 수 있다.
- 질문하기 : 퍼실리테이터에게 가장 중요한 능력이다. 질문을 통해서 퍼실리테이터는 가설을 확인하고, 참여를 유도하고, 정보를 모으고, 숨은 의도를 파악할 수 있다.
- 바꿔 말하기, 환언 : 퍼실리테이터는 지속적으로 개진된 의견

을 바꿔 말함으로써 발표자가 자신이 한 말을 재확인하게 하고, 타 참석자에게는 발표자의 의견을 다시 들음으로써 주요 내용을 확인하도록 돕는다.

■ 아이디어 통합 : 참가자 간에 의견을 서로 주고받도록 진행하는 기법으로 참가자들이 타인의 의견에 코멘트(Comment)를 하거나, 덧붙여서 새로운 아이디어를 낼 때 이 아이디어를 플립 차트(Flip Chart)에 기록함으로써 합의(Consensus)를 이루도록 돕는다.

■ 시간엄수 : 각 세션(Session)마다 시간을 배정하고, 그룹 내에서 타임키퍼(Time-keeper)를 선정하여 시간을 엄수하도록 한다.

■ 아이디어 기록하기 : 참가자들의 도론과정에서 생성된 이이디어와 결론을 기록하는 기술

- 참가자 모두가 잘 볼 수 있도록 깨끗하고 명확하게 플립차트 등에 기록한다. 기록은 간단 명료해야 하나, 퍼실리테이터 나름대로 해석한 내용이 아닌 발표자의 의견이 그대로 반영되어야 한다.
- 가능하면 참가자가 이용한 핵심 단어를 이용한다.
- 서기를 활용한다.

■ 요약기술 : 퍼실리테이터는 복잡하고 긴 내용의 의견도 경청한 뒤 간략하게 요약하여 즉시 제시할 수 있어야 한다. 침체된 토론을 다시 되살리거나 토론을 마무리할 때 이용할 수 있다.

■ 중립을 지킨다는 것이 소극적으로 회의를 운영한다는 의미는 아니다. '중립 지키기'만을 최우선으로 할 경우, 회의결과의 질

(Quality)이 낮아지거나 단순한 '서기'로 전락할 수도 있다.

개입을 해야 하는 상황

회의 리더가 퍼실리테이팅기법으로 개입을 해야 하는 상황은 크게 회의 분위기와 참석자들의 반응으로 나누어진다.

① 회의 분위기

- 회의의 규칙인 Ground Rule을 재확인해 줄 필요가 있을 때
- 의견을 내지 않는 사람을 참여시킬 때
- 회의 진행을 확인하기 위해서 회의를 잠시 중단할 필요가 있을 때
- 휴식이 필요할 때
- 무례한 행동을 하는 참석자의 행동을 제지할 필요가 있을 때
- 개진된 의견의 정확한 의미 파악을 위해 질문이 필요할 때
- 회의계획을 중간에 수정해야 할 때
- 논의 내용을 정리할 때
- 회의 종료를 선언할 때
- 액션 플랜(Action Plan)을 세우도록 지시할 필요가 있을 때

② 참석자들의 반응

참석자가 의견을 개진할 때 다른 참석자들이 다음의 행동을 하는지 파악한 후 적극적으로 개입해야 한다.

- 혹시 웃고 있는가?

- 고개를 끄덕이는가?
- 하품을 하는가?
- 당신(리더)을 보고 있는가?
- 먼산을 보고 있는가?
- 의자 뒤로 몸을 기대어 앉아 있는가?
- 몸을 앞으로 기울이고 있는가?
- 연필로 책상을 톡톡 두드리고 있지 않은가?
- 발을 흔들고 있지 않은가?

퍼실리테이팅하기

위의 상황이 전개되어 회의 리더가 개입을 해야 할 때는 다음의 퍼실리테이팅기술을 활용하면 된다. 퍼실리테이팅은 총 6단계가 있다.

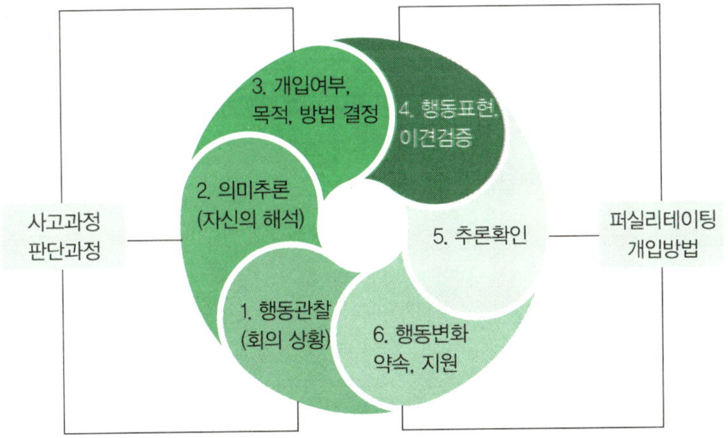

회의 퍼실리테이팅 6단계

① 행동과 상황관찰

- 회의 역동성
- 회의 분위기
- 회의 리더의 커뮤니케이션과 리딩기법으로 리더십을 순환할 때
- 참석자의 의견개진 참여 정도, 의견개진방법 및 토의방법을 관찰

② 의미추론

- 참석자들이 보이는 행동의 원인
- 감정
- 동기
- 회의 프로세스
- 대화의 실질적 의미

③ 개입여부, 개입목적, 방법 결정

- 개입여부 결정
  - 즉시
  - 추후
- 개입 목적
  - 회의 정상화
  - 참석자들의 태도변화
- 개입방법
  - 구두

• 행동

④ 개입 1 : 행동표현과 이견 검증

- 관찰의 결과와 내용을 설명하고 개입에 대한 동의를 구한다.
- 당사자와 다른 구성원의 개입 동의를 구한다.
- 방법

  "지금까지 살펴본 결과 하성대 과장과 최창수 대리가 의견대립을 보이고 있고, 이로 인해 회의 진행이 난관에 봉착했습니다. 따라서 제가 개입을 해 이 난관을 해결해 보도록 하지요. 어떻습니까?"

⑤ 개입 2 : 추론 확인

- 리더의 추론과 다른 구성원의 추론을 확인한다.
- 방법

  "하성대 과장, 당신은 최창수 대리를 매우 불신하는군요."

  "최창수 대리, 당신의 말은 강수지 씨가 프로젝트를 완수하는데 도움이 되지 않을 것이라고 생각하기 때문에 강수지 씨의 의견에 동의하지 않는 것이라고 추론이 되는데 제 억측입니까?"

⑥ 개입 3 : 행동변화 약속과 지원

- 바람직한 성과 중심
- 구체적인 행동과 동의
- 지원 확인

■ 방법

"타인의 의견에 이견이 있을 경우에는 반론이나 비평을 하지 말고 경청 후 질문으로 확인하거나 자신의 의견만을 개진하도록 합시다."

회의 리더가 퍼실리테이팅을 수행할 때 다음의 표현법을 활용하는 것이 도움이 된다.

■ 자신이 전달하고자 하는 한 가지 뜻을 지닌 표현을 한다.

■ 주관적인 평가보다는 객관적으로 서술식으로 표현을 한다.

"△△△ 가 무책임하다."보다는 "○○○가 마감시간까지 서류를 제출하지 않았다."

■ 대명사보다는 고유명사를 사용한다.

■ 가능하면 행위의 주체자를 밝힌다 : 개인의 책임 강조.

■ 동등한 언어를 사용한다 : 차별금지.

■ 자신과 다른 구성원들을 구분한다 : '우리'보다는 '여러분'으로.

■ 명령조의 언어를 피한다.

■ 다른 사람들이 이해하기 힘든 전문용어를 피한다.

■ 유머, 농담에 주의한다.

리더의 듣기기술과 질문

회의 리더는 참석자들이 의견을 개진할 때 그들의 발언을 경청하여야 한다. 리더가 보여주는 경청수준은 곧 참석자들을 격려하고 회의에 몰입하도록 하는 중요한 요소이다.

회의 리더는 올바른 질문 유형을 선택하고, 질문 내용을 유용하게 구성하여야 하며, 누구에게 질문을 할지, 답변을 듣고 어떻게 대응할지를 숙지하여야 한다. 회의 리더가 갖추어야 하는 경청기술과 질문기술에 대해 정리하면 다음과 같다.

경청기술

① 경청의 기술 : 행동

- 시선
- 고개
- 제스처
- 메모
- 미소
- 끼어들지 않기
- 공감

② 경청의 기술 : 언어

- 질문으로 깊이 들어가기 : 5W1H
- 요약
- 반복
- 환언 : 바꾸어 말하기
- 요청
- 미끼 던지기

질문기술

회의 리더의 질문기술은 회의 안건에 대한 의견개진과 토론을 깊이 있게 만드는 중요한 기술이다. 적절한 질문은 회의 참석자들을 동기부여하고, 다양한 의견을 끌어낼 수 있다. 특히 애매한 의견이나 아이디어의 경우 질문을 통해 더 구체화할 수 있으며, 안건에 대한 참석자들의 사고의 폭을 넓게 한다. 회의 리더가 활용할 수 있는 질문에는 다음의 것들이 있다.

① 개방형 질문

가장 효과적인 참여 촉진 질문으로 토의를 시작하거나 확장할 때 사용한다. 사실뿐 아니라 의견까지 끌어낸다.

- 프로젝트계획 중 어느 부분을 바꾸면 좋을까요?
- 예산을 감축하면 스케줄에 어떤 변화가 생길까요?
- 이 제안에 대해 어떻게 생각하나요?
- 5W1H 질문

② 폐쇄형 질문

'예' '아니오'로 답하는 질문으로 사실을 보여주고 토의 방향을 잡으며 산만함을 방지한다.

- 금주까지 보고할 수 있나요?
- 매출 자료를 갖고 왔나요?
- 시간관리 실패가 원인이 아닌가요?

③ 전체질문

참석자 전체의 참여를 촉구할 필요가 있을 때 공정성을 유지하면서 요점을 명확하게 한다.

- 일정 조정에 대해 어떻게 생각하나요?
- 어떤 방법으로 이 문제를 해결하면 좋겠나요?
- 다음단계에 동의하나요?
- 누가 먼저 의견을 발표하나요?

④ 직접 질문

전문가, 의견개진의 의사를 보이는 참석자에게 직접 질문한다.

- 최창수 대리는 어떻게 생각하나요?
- 강수지 씨는 이 문제에 대해 어떻게 생각하나요?

⑤ 질문에는 질문으로

참석자들 간의 커뮤니케이션을 활성화할 필요가 있을 때 사용한다.

- 지금 일정관리에 대한 질문이 나왔는데 하성대 과장은 어떻게 생각하나요?
- 강찬수 대리의 문제제기에 대해 박상길 대리는 어떻게 생각하나요?

⑥ 탐색질문

추가적인 정보가 필요할 때 사용한다.

- 강찬수 대리 그 문제를 좀 더 자세히 이야기해 줄 수 있나요?

- 지금 상황에서 그것이 왜 문제가 되는지요?

⑦ 분석질문

애매한 표현 혹의 의견개진을 할 때 사용한다. 5W1H의 질문으로 참석자의 의견을 분석한다.

⑧ 요약질문

중간 요약을 하거나 다른 안건으로 넘어갈 때 사용한다.

- 지금 강찬수 대리 이야기는 일정이 너무 느슨하다는 의견인 것 같은데 맞는지요?
- 하성대 과장은 프로젝트 일정에 아무 문제가 없다는 것인가요?

⑨ 확인질문

참석자의 질문요지와 의도를 정확하게 할 필요가 있을 때 사용한다.

- 지금 강찬수 대리의 의견으로는 일정이 느슨해 프로젝트 마감에 지장이 있다는 말 같은데 맞나요?
- 강수지 씨는 다른 업무 때문에 프로젝트에 집중할 수 없다는 의견인가요?

⑩ 결론질문

해결책이나 결정사안의 결과를 추측하고, 멀리 보는 시각을 갖출 필요가 있을 때 사용한다.

- 이 일정 조정이 프로젝트에 어떤 영향을 줄까요?

■ 이번 프로젝트의 성공적인 수행을 위해서는 지금까지의 일정에 대해 어떻게 생각하나요?

⑪ 구체형 질문

토의의 방향을 잡고, 분명한 사실에 대한 답이나 의견을 요구한다.

■ 영업비용으로 얼마가 소요되었나요?

⑫ 릴레이질문

한 사람에게서 다른 사람으로 옮겨간다.

■ 좋은 브리핑이었습니다. 한가연 씨는 이 내용에 대해 어떻게 생각하나요?

질문을 받은 참석자가 응답을 할 때 대응하는 가이드라인

응답자를 어떻게 다루는가는 답변한 당사자뿐 아니라, 리더에게도 중요한 회의 진행기술이다. 참석자들은 답변자를 다루는 리더의 모습을 보며 마음속으로 리더의 리더십을 평가한다.

■ 항상 응답에 대해서 긍정적으로 화답한다. "굉장히 유익한 발언입니다." 등의 긍정적인 코멘트를 하도록 한다.

■ 답변의 내용에 관계없이 응답자의 노력에 감사한다.

■ 불완전하거나 틀린 답을 했을 때 당황해할 소지를 최소화시킨다.

■ 만약 불완전한 답을 했을 경우, 맞는 부분을 뽑아서 재질문하거나 다른 사람이 답변하도록 질문을 넘긴다.

회의 참석자의 질문에 대한 리더의 대응방법

- 답변을 할 수 있는 사람이 팀 내에 있다면, 그 사람에게 질문을 넘긴다.
- 리더가 유일하게 답변할 수 있는 사람이라면 답을 한다.
- 자신이 답을 할 수 없는 질문이며, 답을 구하는 데 시간이 필요하다면, 사실을 말하고 추후에 답을 하겠다고 응답을 연기한다.

질문

전원대상질문

- 이는 대답할 사람을 특별히 지정하지 않는 질문으로, 주로 토의 초반에 사용된다.
- 화제를 제시하고 문제를 명확히 한 다음에 토의를 시작할 때 이런 질문을 한다.
- 이렇게 함으로써 전원에게 최초의 사고(思考)를 일으키게 하며 구성원이 자진해서 대답하거나 토의에 참가할 용기가 생기도록 한다.

  예) 이 일에 대해 여러분은 어떻게 생각하십니까?

지명질문

- 수줍어하거나 적극적이지 않은 사람 또는 원래 소극적이어서 자기 의견을 밝히는 일에 서투른 사람은 특히 지명하여 의견이나 생각을 발표하도록 한다. 그리고 특정인에게 그 사람이 지닌 전문지식이나 경험을 말해 주도록 할 경우, 구성원의 참여도가 치우치지 않도록 하고자 할 경우 또는 특정 구성원의 주의를 집중시키고자 할 경우 등에 사용한다.

  예) ○○○ 씨, 지금의 의견에 대해 어떻게 생각하십니까?

릴레이질문

- 구성원 상호 간의 토의를 보다 활발하게 만들고 사고를 자극하기 위해 구성원의 발언을 듣고 이를 중개한다.

  예) A씨의 의견에 대해, ○○○ 씨(또는 여러분)는 어떻게 생각하십니까?

되던지는 질문

- 구성원이 리더에게 의견이나 해답을 구할 경우 스스로는 깊이 생각하지 않으려고 하거나 자신의 독자적 의견을 지니고는 있지만 일부러 리더에게 질문하는 경우가 있다. 이럴 경우 리더는 즉각 응답하지 말고 같은 질문을 본인에게 다시 되던져 봄으로써 상대방으로 하여금 생각하려는 의욕을 발휘하게 할 수도 있다.

  예) 그럼 ○○○ 씨 자신은 어떻게 생각하십니까?

회의 리더의 질문 요령

1 전원의 발언이 저조한 경우

- 인내심을 갖고 지도한다.
- 모든 사람들이 흥미를 느낄 화제를 제공한다.
- 실제 사례 등의 얘기를 인용하여 흥미와 관심을 북돋운다.
- 대답할 수 있는 사람에게 질문을 돌려 토의의 계기를 만들고 토의를 발전시킨다.
- 그렇다, 아니다로 대답할 수 있는 질문을 던지고 여기서 "왜?"라는 질문으로 나간다.
- 호기심에 호소하거나 자극이 될 만한 전체 질문을 던진다.

2 내성적인 참가자가 있을 경우

- 그 사람이 대답할 수 있는 질문을 한다.
- 좋은 의견이 나오면 칭찬한다.
- 좋은 의견이 아니더라도 끝까지 진지하게 들어준다.

3 주제에서 이탈할 경우

- 이탈한 사람이 의제와는 어떤 관계가 있는지 물어본다.
- 참석자의 발언을 의제에 결부시켜 의제 관련 토의로 되돌아오도록 유도한다.
- 의제와 밀접한 관련이 있는 새로운 화제를 제공한다.
- 이탈된 토의를 중지하도록 제안하고 양해를 얻는다.
- 토의된 내용을 요약하고 결말을 짓는다.
- 그 토의를 잠시 동안 용인한다.

4 충분히 의견이 나오지 않았을 경우

- 문제를 좀 더 깊이 파고들 것을 요구한다.
- 다른 관점에서 문제를 제기한다.
- 다시 불분명한 점을 지적한다.
- 불리한 점을 지적한다.
- 힌트를 던진다.

5 추상적인 의견이 나왔을 경우

- 5W1H를 활용하여 구체화를 위한 질문을 한다.

6 한꺼번에 여러 가지 내용을 포함한 의견이 나왔을 경우

- 리더가 정리하고 발언자에게 확인한다.
- 정리한 안을 제시하고 구성원의 의견을 들어본다.

7 논쟁이 있을 경우

- 잠시 방치한다.
- 시선을 보내서 컨트롤한다.
- 참석자의 주의를 분규로부터 다른 곳으로 돌리게 한다.
- 칠판을 사용하여 토의의 중심을 제시하거나 발언을 정리하여 제시한다.
- 구성원 가운데 영향력이 있는 사람에게 질문을 던져 분규의 장면을 조정하는 발언을 하도록 유도한다.
- 분명한 태도로, 그러나 요령 있게 질서 있는 토의를 하도록 지도한다.
- 경우에 따라서는 휴식한다.

8 참석자 간에 언쟁을 시작했을 경우

- 리더가 발언하여 중재한다.
- 양자가 냉정해질 때까지 잠시 기다린다.
- 다른 참석자의 의견을 듣는다.
- 내용이 의제에 도움이 되는 것이면 양자의 발언을 칠판에 정리하고 모두 함께 검토한다.

9 리더에게 저항하는 참석자가 있을 경우

- 다른 참석자로 하여금 발언하도록 함으로써 조정한다.
- 다른 참석자의 주장을 충분히 듣도록 한다.
- 리더가 그 참석자를 굴복시키려는 것은 금물이다.

10 리더가 밝히는 결론을 인정하려고 하지 않는 참석자가 있을 경우

- 표현이 다르더라도 같은 의견의 결론이 참석자의 입에서 발언되도록 주의 깊게 토의를 이끈다.
- 릴레이 질문을 사용하여 다른 참석자의 입으로 그 참석자에 대해 말하도록 한다.

11 상습적인 반대자가 있을 경우

- 가능한 한 상대방의 입장에서 생각하도록 한다.
- 반대하는 의도를 이해해 준다.
- 다른 참석자도 받아들일 수 있도록 발언을 고쳐준다.
- 릴레이 질문을 하여 전원의 의견을 알도록 한다.
- 되던지는 질문으로 당사자가 하고 싶은 얘기를 발언시킨다.

⑫ 상급자가 참석한 경우

- 다른 참석자와 같이 대우한다.
- 상급자에게 결론 같은 것을 말하지 않도록 미리 조정해 둔다.
- 참석자를 위축시키거나 점수따기식의 발언이 되지 않도록 유의한다.

⑬ 회의 이외의 일로 참석자가 토의에 열의가 없어지는 경우

- 원인을 제거하도록 대책을 취한다.
- 그 원인을 회의 운영에 잘 이용하여 역으로 토의 분위기를 활성화시킨다.
- 휴식하거나 나중에 다시 회의를 개최하도록 한다.

회의 상황과 대응 요령

회의 리더십 사례

- 리더 : 회의에 참석을 했으면 의견이 있을 거 아냐! 왜 의견들을 내지 않지?
- 참석자 1 : 저는 이번 문제를 다시 한번 진지하게 원인을 분석하는 것이 좋다고 생각합니다.
- 리더 : 무슨 소리야! 문제가 발생을 했고 내가 설명을 했는데도 또 원인을 찾아야 한다니! 도대체 내 말을 심각하게 받아들이고 있는 거야! 나름대로 해결방법이 있을 거 아냐! 그것을 이야기하라고!
- 참석자 2 : 그래도 원인을 제대로 파악해야 하지 않겠습니까! 제 업무가 아니라서 정확히 어떠한 상태인지를 알 수가 없습니다.
- 리더 : 원인은 벌써 내가 이야기했잖아! 도대체 생각을 하는 거야, 안 하는 거야!
- 참석자들 : !!!
- 리더 : 이래가지고서야 어디 회의를 제대로 할 수 있겠어! 자! ○○○ 씨부터 이야기하지.

발생원인

① 리더는 자신의 의견이 옳다고 생각을 한다

리더는 회의를 진행하면서 자신의 생각을 강요하고, 자신이 바라는 대로 직원들이 움직이지 않음에 대해 자신의 입장을 고수하고 자신이 원하는 대로 회의를 진행하려 한다. 리더의 회의 진행 스타일이 강하면 직원들은 그 스타일에 압도당한다. 그러면 자신의 의견개진보다는 의견에 대한 리더의 반응에 더 신경을 쓴다. 그러면 다양한 의견개진이 어려워진다.

② 참석자들의 의견을 지혜롭게 처리하지 못한다

참석자들은 자신의 위치와 입장에서 의제에 대한 의견이 있을 수 있다. 의제를 잘 이해하지 못하였거나, 리더의 기대를 잘 이해하지 못할 수도 있다. 리더는 직원들의 의견을 잘 경청하고 왜 그러한 의견을 말하는지를 이해하려는 노력이 필요하다. 리더는 회의를 자신의 욕구대로 진행하려 하기 때문에 직원들의 의견을 무시하거나, 그들의 의견을 중요하게 생각하지 않으면서 자신이 원하는 의견이 나오지 않는 것에 대해 자신의 감정을 표현해서는 안 된다.

③ 리더는 참석자들의 능력에 대해 의심을 갖는다

리더가 직원들의 의견과 능력에 의심을 갖는다면 그 회의는 리더의 일방통행식 진행 스타일에 좌우된다. 이러한 리더는 직원들이 다양한 의견을 내더라도 자신이 원하는 의견이 아니면 리더는 그 의견을 수용할 수 없게 된다.

④ 리더는 자신이 원하는 답만을 고집한다

리더는 자신이 원하는 답만을 회의에서 요구해서는 안 된다. 자신은 충분히 이해하고 있을지라도 직원들은 그렇지 못할 수 있다. 직원들은 자신의 업무에 집중하기 때문에 자신의 업무가 아니면 리더의 말을 제대로 이해하는 데 어려움을 겪을 수 있다. 이러한 상황에서 리더가 자신이 원하는 답만을 고집한다면 직원들은 그 상황에 적응하기 어려워질 것이다.

부작용

- 회의는 리더의 일방적인 진행으로 흐른다.
- 참석자들은 자신들의 의견을 인정받지 못하기 때문에 의견들을 내지 않는다. 여기서 인정은 의견에 동의하는 것이 아니다. 인정은 아이디어와 의견 그 자체를 존중해 주는 것이다.
- 회의 주제를 올바르게 이해하지 못해 효과적인 해결책이 나오지 않는다.
- 리더가 원하는 의견만 나온다.
- 참석자들이 회의를 기피한다.

대책

① 리더는 왜 참석자들이 의견을 내지 않는지 원인을 생각한다

리더는 자신이 원하는 의견이나 아이디어를 얻기 위해 자신의 스타일을 고집하기보다는 직원들의 의제에 대한 이해 정도를 파악하고, 왜 의견을 말하지 않는지를 알아야 한다. 특히 갑작스러운 회의소집을 한 경우 이러한 상황은 더 빈번하게 발생한다. 의제에 대한 이해도가 떨어지면 더 자세한 설명을 통해 이해를 하도록 하여야 하고, 충분한 준비가 부족하면 다음으로 회의를 미룬다. 단 긴급한 문제가 아닐 경우에만…. 또 직원들이 자신들의 의견을 말하지 않는 것이 리더의 회의 진행 스타일에 적응하지 못하였기 때문이면 자신의 스타일을 바꾸는 노력도 필요할 것이다.

② 리더는 자신의 리더십 스타일을 점검한다

리더가 자신이 원하는 의견을 얻기 위해 너무 서두르거나 평소 리더가 직원들의 의견을 경청하지 않는다면(의견을 개진하면 곧바로 부정적인 피드백을 하는 경우) 직원들은 공식적인 커뮤니케이션 기회인 회의에서 자신의 의견을 말하는 데 어려움을 느낀다.

리더로서 직원들을 효과적으로 이끌고, 직원들을 동기부여하기 위해서는 자신의 리더십 스타일, 특히 커뮤니케이션 스타일을 이해하여야 한다. 리더가 자신의 리더십 스타일을 이해하는 데 어려움을 느낀다면 직접적인 피드백을 직원들에게 요구하거나, 외부 교육 또는 정보를 활용해 자신의 리더십 스타일을 이해하고 스타일을 바꾸는 노력을 하여야 한다. 직원들이 의견을 말하지 않는 것을 직원들의 잘못으로만 돌릴 수는 없다.

③ 때로는 리더 자신이 회의를 진행하지 않고 다른 사람에게 진행을 맡기고 자신은 그 결과를 보고받는다

리더는 회의의 자유로운 토론을 위해 장소를 벗어나거나 다른 사람에게 회의를 진행하도록 하는 것도 좋은 방법 중 하나이다. 그리고 자신이 회의를 진행할 때와 다른 사람이 진행할 때의 회의 분위기와 토의 내용 그리고 개진된 의견들을 잘 분석해 보고 적절한 방법을 모색하는 것이 좋다. 이 방법은 리더를 대신해 회의를 이끈 직원에게는 강력한 동기부여(자신의 능력발휘)의 기회가 되기도 한다.

④ 회의 진행방법을 바꾸어 본다

본격적인 의제에 들어가기 전 가벼운 워밍업을 하거나 칭찬하기, 유머 등의 다양한 방법들을 적용해 본다. 회의 주제나 상황을 리더가 전하지 않고 다른 직원이 간단하게 브리핑 형식으로 전하게 하는 것도 유용한 방법이다. 너무 딱딱한 분위기에서 회의를 개최하였다면 회의 중간이라도 부드러운 분위기를 만들도록 하라. 직원들의 의견이 나오면 일단 그 의견을 검토하는 리더십을 발휘하는 것도 좋다. 모두의 이해 정도를 확인하면서 자연스레 주제에 몰입하게 할 수도 있을 것이다.

⑤ 리더는 자신이 직원들을 보는 관점을 바꾼다

리더가 직원들을 보는 관점이 어떠한가에 따라 리더는 자신의 리더십 스타일이 나온다. 리더십 이론에서 리더가 직원들을 X 관점으로 보느냐, Y 관점으로 보느냐에 따라 평소의 리더십 스타일이 결정되고, 그 스타일은 회의에서도 나온다. 물론 의제의 성격과 중요성에 따라 리더가 강한 리더십을 발휘할 수도 있다.

어떠한 경우에도 리더의 직원을 바라보는 관점이 중요하다. 조직에 채용되어 일하는 직원들은 나름의 장점과 개성 그리고 능력이 있다. 이러한 개인의 역량은 기회를 주지 않으면 발휘되지 않는다. 리더의 역할은 이들에게 기회를 제공하고 역량을 발휘하도록 지원하는 것임을 명심하여야 한다. 유능한 리더 또는 관리자는 무능한 직원을 데리고 있지 않는다.

⑥ 리더는 자신의 의견을 가급적 제일 나중에 말하거나 다른 사람을 통해서 전달한다

직원들이 회의 의제에 대한 리더의 생각을 알게 되면 그 의견에 반대되는 의견이나 아이디어를 말하는 데 어려움을 느낀다. 즉 자신의 의견이 리더의 생각과 다를 때 의견부정을 당하거나, 리더의 감정을 상하게 하면 어쩌나 하는 두려움을 갖게 된다.

리더가 진정으로 직원들의 다양한 의견을 듣고자 한다면 의제에 대한 자신의 의견을 가급적 자제하여야 한다. 직원들이 충분하게 토의하고 다양한 의견이 나왔음에도 리더의 생각과 일치하지 않거나 반대가 될 때 자연스럽게 자신의 의견을 조금씩 이야기하면서 직원들의 사고를 자극하거나 방향을 유도할 수 있어야 한다. 회의 목적에 대한 지침을 제공하면서 직원들의 참여를 끌어내야 한다. 이러한 경우에도 직원들의 의견을 무시 또는 부정하는 언어를 사용해서는 안 된다.

⑦ 리더는 직원들의 의견을 인정해 주는 것과 동의하는 것은 다르다는 것을 인식하여야 한다

인정은 동의가 아니다. 인정은 의견 그 자체를 존중하는 것이고, 동의는 그 의견을 수용 · 채택 · 적용하겠다는 것이다. 따라서 리더는 "좋은 의견이다." "지금의 의견은 ______한 부분을 잘 이해하고 있는 것 같은데… 어떤가?" "창의적인 생각이다." "신선한 시각이다." 등의 인정하는 표현을 사용할 수 있어야 한다. 리더의 인정은 직원들을 강력하게 움직이는 힘이 있다. 리더의 인정을 직원들이 동의라고 착각을 하면 솔직하게 이야기한다. "좋은 의견이다. 지금 회사 사정으로는 어렵다." "다른 방법으로 검토를 해보자." "아직은 실행하기에 너무 빠르다. 진지하게 검토해 보자." "신선한 아이디어이다. 이를 토대로 우리의 사고를 ______부분으로 확장해 보자. 좋은 계기를 주었다." 등의 메시지를 전하도록 한다.

출처 : 노진경, 유능한 리더의 회의운영 노하우, 이담북스, 2010 수정보완

Tip 회의 사례와 해결책

- 리더 : 자, 회의를 시작합시다. (이때)
- 참석자 1 : (참석자 2에게 귓속말로) 오늘 점심은 무엇을 먹을까?
- 참석자 3 : 내 컴퓨터가 고장이 난 것 같은데 어떻게 하지?
- 참석자 1 : 뭐가 문제인데?
- 참석자 3 : 모르겠어. 아침에 켜니까 작동이 안 돼!
- 참석자 2 : 전원을 확인해 보지!
- 리더 : 컴퓨터가 문제가 있으면 안 되는데… 전산실에 물어보지.
- 참석자 3 : 예! 그리고 복사기도 너무 자주 고장이 나는 것 같습니다.
- 리더 : 그래 그것도 문제지. (하면서 직원들의 주제에 빠져 오늘 회의 목적을 망각한다.)

■ **발생원인**

- 리더가 회의의 주도권을 잃었다.

사람들은 다른 사람과의 만남에서 자연스러운 대화를 하려는 욕구가 있다. 상대에 대한 관심의 표명이든, 자신의 문제에 대한 해결안을 원하든 사적인 대화는 시작이 된다. 이러한 대화를 너무 오래 허용하면 리더가 주도권을 잡기기 어려워진다.

- 참석자들은 회의시간을 사적인 대화를 나누는 장소로 생각한다.

직원들은 자신에게 주어진 업무를 처리하느라 다른 동료들과 충분한 대화를 나누지 못할 수 있다. 이러한 때 회의장 옆자리에 평소 대화를 나누고 싶었던 동료가 있으면 자연스레 개인적인 대화를 나누게 된다. 물론 회의를 시작하기 전이라면 바람직하지만 회의가 시작된 후에도 이러한 대화가 계속되면 안 된다. 그리고 직원들은 회의에 참석을 하게 되었을 때는 회의의 의제를 잘 이해하고 바람직한 회의의 결과를 도출하는 데 몰입하여야 한다. 개인의 사적인 대화가 회의 분위기를 엉망으로 만들 수 있고, 리더의 감정을 상하게 할 수 있다.

- 리더가 회의에서 사적인 대화를 너무 오래 방치하거나 자신도 모르게 사적인 대화에 참여를 한다.

리더는 직원들의 사적인 대화를 오래 방치해서는 안 된다. 더욱이 직원들의 사적인 대화에 자신도 모르게 참여를 해서는 더욱 안 된다. 리더는 회의의 목적에 집중하는 것을 잊어버려서는 안 된다. 설령 자신이 흥미를 가진 내용이더라도 회의 개최 시 또는 회의 중 이러한 대화를 해서는 안 된다. 이러한 사적인 대화는 회의 시작 후 잠시 동안 회의 분위기를 향상시키거나, 쉬는 시간에 하도록 하여야 한다.

• 처음부터 회의의 목적을 분명하게 제시하지 않았다.

회의를 통해 달성하고자 하는 목적을 명확히 참석자들이 인식하지 못하면 사담을 하거나 다른 주제에 관심을 빼앗긴다.

• 회의를 시작할 때 참석자들을 회의에 몰입시키는 방법을 효과적으로 활용하지 못한다.

회의를 시작하자마자 곧바로 무겁고 중요한 의제를 다루고자 한다면 직원들의 흥미를 떨어뜨리고 집중력을 감소시킨다. 그러면 직원들은 의제에 집중하기보다는 옆 동료와 개인적인 대화를 시도하려 한다.

• 평소 자연스럽거나 개인적인 이야기를 할 수 있는 분위기가 형성되어 있지 않거나 시간 혹은 기회가 없다.

평소 바쁜 업무 때문에 개인적인 대화를 나누지 못하였을 경우 직원들은 회의시간에 그 기회를 잡으려 한다. 리더는 이러한 직원들의 마음을 이해한다면 적절한 기회와 시간을 주어야 한다. 별도로 대화의 시간을 갖거나 회의를 할 때는 늘 짧은 시간 이러한 대화가 가능하도록 시간을 배정한다. 예를 들어 회의가 예정보다 일찍 끝났을 때 이런 기회를 만든다. 그리고 어젠다 벨을 효과적으로 활용해 회의의 전체 시나리오와 시간관리를 하면 이러한 시간을 확보할 수 있을 것이다.

• 리더가 자유분방한 스타일의 리더십을 갖고 있다.

리더가 직원들을 이끄는 데 너무 민주적이거나 자유분방한 스타일의 리더십을 발휘하였다면, 직원들은 그 스타일에 길들여져서 회의시간에도 그러한 반응을 보인다. 리더는 자신의 리더십 스타일을 잘 이해하고 이를 적절하게 발휘하는 지혜가 필요하다.

■ **부작용**

- 시간이 낭비된다.
- 회의의 의제를 다루지 못하고 목적달성에 실패한다.
- 잡담이 너무 길거나 많으면 참석자들의 주의를 분산시킨다.
- 이러한 상황이 자주 발생하면 회의의 가치가 떨어진다.
- 직원들이 회의 준비를 게으르게 한다.
- 리더가 독재적으로(잡담을 막기 위해) 흐르기 쉽다.
- 사담이 많거나 재미난 이야기를 하는 직원이 주도를 하게 된다.

■ **대책**

- 리더는 처음부터 명료하게 회의의 목적을 이야기한다.

직원들이 개인적인 대화를 하거나 회의에 집중을 하지 못한다면 리더는 직원들에게 회의의 의제와 목적을 명확하게 강조한다. 개인적인 대화가 길어지면 의제를 말할 수 있는 기회를 놓칠 수도 있다. 사적인 대화가 길어지면 리더는 개입을 하여야 한다. "_____한 주제를 이야기 중인데 지금 그 주제와 관련된 이야기를 하면 모두 알게 해달라." "지금 이야기는 _____주제와 벗어난 것이라 판단되는데…" "무슨 좋은 아이디어를 갖고 있는가 공유하자."

- 회의 시작시간의 워밍업으로 잡담을 하더라도 이를 리더가 주도한다.

회의의 전체적인 진행을 리더가 주도하여야 한다. 잡담에서 리더가 주도권을 빼앗기면 회의 리더가 바뀌게 될 수도 있다. 리더가 회의장의 모든 대화를 주도함으로써 회의 전체를 잘 관리할 수 있다. 사적인 대화를 나누는 시간과 회의 의제를 다루는 시간을 명확하게 구분해 진행을 하는 것도 좋은 방법이다.

- 참석자들은 가급적 회의의 목적에 집중한다.

회의에 참석한 직원들은 회의시간이 개인적인 대화를 하거나 인기를 끌기 위한 공간과 시간이 아님을 이해하여야 한다. 만일 자신의 영향력을 강화하고자 한다면 잡담보다는 회의의 결과를 달성하는 데 기여하는 것이 훨씬 나은 방법이다. 이를 위해 리더는 직원들이 인식하도록 좋은 의견이나 신선한 의견이 나오면 인정하는 메시지를 던지는 것이 좋다. 리더에게 인정받고자 하는 욕구는 모두 갖고 있을 테니까. 그리고 리더가 참석자들의 의견을 인정해 주면 더 많은 의견이 나오고 몰입을 유도할 수 있다.

• 개인적인 이야기는 회의시간에 꺼내지 않는다.

가급적 회의에 참석한 직원들은 개인적인 대화를 자제하는 것이 리더와 다른 사람들에 대한 예의이다. 개인적인 대화는 회의 중 휴식시간이나 회의가 끝난 후 하도록 하는 것이 좋다. 직원들은 회의가 자신의 인기를 끌기 위한 것이 아니고 조직의 문제를 해결하고, 성과와 목표를 달성하기 위한 조직 운영방법이라는 것을 잊어서는 안 된다.

• 잡담이 길어지면 리더가 개입한다.

직원들이 회의에 집중하지 않고 개인적인 대화가 계속되면 리더는 개입을 하여야 한다. 이는 그 대화에 끼어드는 것이 아니라, 적절한 방법으로 통제를 해서 정상적인 회의가 진행되도록 하여야 한다. 컴퓨터와 복사기의 고장이 업무에 지장을 준다면 그 문제를 다음의 회의 안건으로 올려 공식적인 회의 의제로 만드는 것도 하나의 방법이다. 이를 위해 회의장 한 곳에 '아이디어 게시판'을 만들어 회의장의 모든 이야기를(비록 잡담이라도) 적는다. 자신의 잡담이 이 게시판에 적히는 것을 보면 직원들의 잡담은 사라질 것이다. 또 리더는 게시판에 적힌 아이디어를 회의 중간에 검토하면서 아이디어의 중요성과 업무 관련성을 파악해 아이디어를 지우거나 다음 회의의 의제로 올리는 것을 참석자들과 검토할 수도 있을 것이다.

• 직원들 간 자연스러운 커뮤니케이션을 할 수 있는 기회와 분위기를 통해 충분한 대화를 하도록 한다.

평소 자연스런 대화가 이루어지는 조직은 회의시간에 개인적인 대화를 하려는 욕구를 줄일 수 있다. 그리고 직원들 또한 조직의 비공식적인 커뮤니케이션 기회를 통해 개인적인 대화를 많이 나눠 상호관계를 돈독하게 만드는 것이 필요하다. 이러한 관계가 형성되면 직원들의 회의 참여도와 몰입도가 올라갈 것이다.

• 평소 사적인 대화를 많이 하는 직원에게 회의에서의 역할을 맡긴다.

리더는 회의 시 주제에서 벗어난 이야기를 많이 하는 직원에게 회의에서의 역할(서기 또는 준비담당, 주제에 대한 브리핑 등)을 부여하는 방법을 활용하도록 한다. 자신의 역할을 수행하기 위해서라도 잡담이나 사적인 대화를 하지 않거나 자제할 것이다.

출처 : 노진경, 유능한 리더의 회의운영 노하우, 이담북스, 2010 수정보완

CHAPTER 06

회의를 살리는 참석자 선택

CHAPTER

06 회의를 살리는 참석자 선택

회의 참석자 선정

회의 참석자는 회의의 중요한 구성요소로서 회의 분위기, 회의 역동성, 소통과 의견개진의 수준, 다른 참석자들의 동기부여 등에 직·간접적인 영향을 미친다. 즉 회의 참석자들은 다음과 같이 회의에서 중요한 역할을 한다. 회의를 개최하고자 하는 진행자 혹은 리더는 회의 참석자를 신중하게 선정해야 한다.

- 회의 목적을 달성하게 하는 핵심요소
- 회의 역동성을 결정짓는 요소
- 회의 분위기를 결정하는 요소
- 회의 진행의 장애물
- 회의 효율성과 생산성을 결정하는 요소

따라서 바람직한 회의 참석자를 선정할 때는 다음을 고려해야 한다.

- 회의 목적과 관련된 개괄적인 상황을 이해하고 있다.

- 회의 주제 · 안건에 대해 강한 문제의식을 갖추고 있다.
- 업무수행을 위한 정보가 필요하다.
- 의사결정에 필요한 정보나 사실을 알고 있다.
- 회의 결정에 영향을 받고, 책임을 부여받아야 한다.
- 회의 주제 · 안건, 회의 목적과 관련된 전문가
- 회의 주제 · 안건과 관련된 타 부서 혹은 외부 전문가
- 자신의 생각이나 의견을 설명하고 밝힐 수 있다.
- 의사결정권이 있다.

회의 참석자의 역할

대부분의 회의에서 참석자들은 다음과 같은 역할을 수행한다. 각각의 역할에 대한 구체적인 설명은 다음 장에서 알아본다.

- 서기
- 발표자
- 회의준비자
- 시간관리자(Time Keeper)
- 의견개진자

회의 참석자의 기능

효과적이고 효율적인 회의 진행과 회의 목적달성을 위해서는 위

에서 알아본 역할 외 몇 가지 중요한 기능들이 있는데 이를 살펴보면 다음과 같다.

① 과제기능

그룹의 업무 성과에 영향을 미치는 기능으로 이러한 기능을 원활하게 수행하는 방법은 다음과 같다.

- 시작과 방향 설정을 돕는 것으로 목표와 행동계획 또는 바람직한 행동을 제안한다. "다음 안건으로 넘어가기 전에 이번 안건을 우선으로 해결합니다."
- 정보제공기능으로 사실과 정보, 증거 또는 과제와 관련된 개인적인 경험을 제공한다. "작년에 회사는 고객만족에 2,500만원을 썼습니다.
- 정보습득으로 사실과 정보, 증거 또는 과제와 관련된 개인적인 경험을 요구하는 것이다. "조수연 씨, 비용절감에 대해서는 어떻습니까?"
- 의견제공기능으로 신념, 가치관, 해석, 판단 등을 진술한다. "저는 비용절감이 우리가 직면한 가장 긴급한 문제는 아니라고 생각합니다."
- 명확화기능으로 문제를 명확하게 말하고 해석하는 것이다. "그럼 당신은 비용절감보다 더 중요한 문제가 있다는 것입니까? 그럼 그 문제는 무엇인가요?"
- 정교화기능으로 사례와 예시, 설명을 제공하여 아이디어를 발전시킨다. "조수연 씨의 제안으로 우리가 할 수 있는 것은 …."

- 평가기능으로 정보나 아이디어의 상대적 가치에 대한 판단 또는 기준을 제시하는 것이다. "그 아이디어에는 세 가지 고려할 사안이 있습니다. 첫째는 …."
- 요약기능으로 회의에서 나온 의견이나 아이디어를 점검하는 것이다. "그러면 다음 회의 때까지 백송진 대리가 업무 일정을 잡아서 …."
- 조정기능으로 부서의 업무를 조정해 팀워크나 단결을 증진한다. "장혜미 씨가 금주까지 예산을 정리해 주면 제가 그에 따라서 업무조정과 프로젝트 중간보고를 하겠습니다."
- 합의 테스트기능으로 합의를 확인 또는 질문한다. "그 의견은 대안을 수용하는 것으로 받아들인나는 것인지요?"
- 기록기능으로 회의록을 작성하고 보고서를 준비한다. 이는 서기 혹은 비서 역할을 하는 참석자가 할 일이다.
- 절차제안기능으로 문제의 협의사항이나 특별한 기술을 제안하는 것이다. "비용절감을 위해 우선 수행할 것은 …이고, 그 다음에는 …."

② 유지기능

구성원의 상호관계에 영향을 미치는 기능으로 이 기능을 원활하게 유지하려면 다음과 같은 것들이 있다.

- 규범기능 : 구성원의 행동 규칙을 제안한다. 즉 참석자들의 비생산적인 행동에 이의를 제기하거나 규범(회의 규칙)을 어겼을 때 피드백을 한다.
- 정보제공 통제기능 : 일부 구성원이 발언권을 갖도록 협조하

거나 발언의 순서 또는 방법을 제안하거나 의견을 묻는다.

- 지지기능 : 다른 참석자의 신념이나 의견, 제안에 동의 또는 지지를 보낸다.
- 조화 : 의견차이를 조정하여 2차적인 긴장을 완화하고, 타협안 또는 다른 대안을 제시하거나, 화가 난 참석자를 진정시킨다.
- 긴장완화기능 : 낯선 사람을 편안하게 해주고, 격의 없는 분위기를 만들며, 유머를 사용하고, 공통의 관심사와 경험을 강조한다.
- 극화기능 : 다른 팀 또는 부서의 생생한 이야기나 공상을 사용하여 분위기를 바꾸거나, 환상이나 허구를 통해 잠정적인 가치와 규범을 시험한다.
- 연대표시 : 각각의 참석자에 대해 긍정적인 감정을 표현해 단합과 결속을 강화한다.

③ 자기 중심적 기능

다른 참석자 혹은 회의를 희생시키는 대가로 자신의 개인적인 욕구를 충족하고자 한다. 이에는 다음과 같은 것들이 있다.

- 회피 : 중요한 차이점을 회피하는 것으로 갈등해결 거부, 분명한 표명 거부, 감정 숨기기, 다른 참석자의 말에 대응하지 않는다.
- 차단 : 끊임없이 이의를 제기해 회의 목적달성을 방해하고, 팀이나 조직이 거부한 주제 또는 문제를 자꾸 제기한다.
- 지위 또는 지명도 추구 : 다른 참석자들의 관심을 독차지하려

하거나 허풍, 자기과시 등을 보여준다.

회의 리더는 다음의 방법으로 참석자들을 관리해야 한다. 참석자들에게 그들의 역할을 명확히 알린다. 예를 들어 서기 역할을 하는 참석자에 대해서는 다음 사항을 확인한다.

- 회의 목적 인지여부
- 참석자 확인여부
- 어젠다에 들어가는 사항들 정리
- 배포할 자료 준비
- 회의록 작성 준비 등을 확인하고 다음의 구체적인 행동지침을 알린다.
  - 회의 진행 시 개진되는 의견을 기록
  - 서기는 의견을 판단하지 않고 모든 내용을 기록
  - 필요시 기록 내용을 중간에 요약발표
  - 서기가 의견을 개진할 때는 리더의 허락을 받기
  - 세부 합의사항을 확인
  - 회의 종료 후 회의록을 정리해 리더의 결제를 받고 관련자들에게 회의록을 배부
- 발표자에 대해서는 다음을 확인 또는 점검한다.
  - 회의 목적과 관련된 중요한 정보나 자료의 준비
  - 정해진 시간 내 효과적으로 발표가 가능한지 여부
  - 발표자의 자료를 검토하고 필요시 보완
- 회의를 준비하는 역할을 맡은 참석자에 대해서는 다음 사항을 확인한다.

- 회의실 확인 및 정리
- 배부할 회의자료 준비
- 장비 등 시설 확인
- 참석자의 참석여부 최종확인
- 필요시 다과 준비 등을 점검

■ 시간관리자에 대해서는 다음 사항을 확인한다.

- 회의 시작시간과 종료시간 알리기
- 참석자들의 의견개진 시간관리
- 회의 전체 진행시간관리의 역할수행 준비

■ 의견개진자 또는 참석자들에 대해서는 다음을 확인한다.

- 회의 목적과 주제 · 안건에 맞는 준비
- 어젠다에 빠진 것 중 중요한 의제 · 안건 여부와 제안 · 발표 요구
- 습관적으로 회의 진행을 방해하는 자의 경우에는 사전에 대화를 통해 습관을 바꾸도록 제안하고, 회의 후에 적절한 피드백을 함

회의 참석자 유형과 효과적으로 대응하기

회의 참석자들 중에는 회의 정상화에 적극적으로 도움을 주는 참석자도 있지만, 때로는 회의 진행을 방해하는 행동과 태도로 회의 생산성을 떨어뜨리는 참석자도 있다. 회의 진행자는 이런 참석자들을 적절하게 통제할 수 있어야 한다. 다음에 몇 가지 유형과

대응방법을 정리하였다.

① 지각자

- 출입구를 뒤쪽에 둔다. 문이 많으면 다른 문은 잠근다.
- 정시에 시작한다. 지각자는 벌, 일찍 온 사람은 보상을 준다.
- 지각자를 비난하지 말고 일찍 온 자들에게 칭찬과 감사를 표하여 긍정적 강화를 한다.
- 그라운드 룰(Ground Rule)을 정한다.
- 지각자는 일정시간 혹은 리더의 허락 없이 자신의 의견개진을 할 수 없다.
- 지각자를 더 반갑게 맞이한다.
- 미리 지각자를 위해 자료를 준비해서 서기를 통해 전한다.
- 눈을 닫는다.
- 지각자에게 지나간 의제와 토의 내용에 대한 설명을 하지 않는다.
- 사전에 확인한다.

② 다른 행동을 하는 사람

- 행동을 제지한다.
  - 직접 개입
  - 자료, 의견 정리 등 역할 부과
- 할 것과 하지 말 것을 정리한다. 포스트잇 활용, 그라운드 룰로 정한다.
- 이름을 부르거나 시선을 마주친다.

■ 개인적인 질문을 한다.
■ 중간 중간에 그룹별 질문을 유도하거나 질문을 끌어낸다.
■ 의견이 있으면 공개적으로 이야기하도록 한다.

③ 휴대폰, 스마트폰을 켜둔 사람

■ 시간 흐름을 구체적으로 알려 주어서 그 시간에 사용하도록 한다.
■ 처음부터 휴대를 막는다.
■ 회의 통지서를 통해 미리 예방한다.
■ 진동, 매너 모드로 바꾼다.

④ 죄수 : 공격적이고 분노 · 적의를 표현하는 참석자

■ 이유를 찾는다.
■ 의견을 존중하는 것의 중요성을 강조한다.
■ 사람과 회의 의제를 구분하도록 한다.
■ 회의 전후에 개인적인 대화로 관심을 보인다.
■ 회의장에서 퇴출시킨다.
■ 회의에 적절한 역할을 준다.
■ 때로는 이러한 참석자는 배제시킨다. 나중에 개인적으로 이야기한다.
■ 이러한 반응과 말이 나오면 적절한 행동으로 규제를 하거나 주의를 준다.
■ 왜 감정적이 되었는지 이유를 파악한다.
■ 어떻게 진행되기를 원하는지 묻는다.

■ 상황에 따라 휴식시간을 갖는다.

⑤ 지배하려는 사람 : 중요감을 갖고자 하는 사람, 인정받고자 하는 사람, 스토리, 쓸데없는 질문을 하는 사람

■ 회의에서 일정한 역할을 준다.
■ 좋은 의견을 말할 때 보상을 한다.
■ 직접적으로 개입하거나 제재를 한다.
■ Wastes Basket(질문통) 만들기 : 쓸데없는 질문 모으기
■ 의견개진 시 쓸 수 있는 카드, 토큰 배부 : 1인 1개
■ 말을 멈추었을 때 개입해 의견개진에 감사를 표하고 바로 다른 사람을 호명하면서 질문을 한다.
■ 눈을 마주치지 않음으로써 스스로 말을 멈추도록 한다.
■ 어려운 질문이나 일을 부탁한다.
■ 개인적인 대화를 통해 회의에 충실하도록 한다.

⑥ 회의주의자 : 말, 태도에서 비난적이고 비평적이며 부정적인 메시지를 전하는 참석자

■ 의견차이가 회의의 역동성으로 전환되게 한다.
■ 회의의 중요성과 가치를 강조한다.
■ 회의의 목적을 이야기한다.
■ 회의에서 중요한 역할(발표자)을 맡긴다.
■ 냉정한 분석이라고 하면서 긍정적인 면을 보도록 한다.
■ 이야기가 길어지면 중간에 과감하게 개입한다.
■ 질문을 통해 건설적인 의견을 유도한다.

- 그래서 ○○○의 생각은 ….
- 무언가 좋은 아이디어가 있을 것 같은데 ….

⑦ 구체적인 의견보다는 이상적이고 원론적인 이야기만 하는 참석자

- ■ 원론적이라고 무조건 무시하지 않는다.
- ■ 발표의견을 구체적으로 분석한다.
- ■ 내용에 숨겨진 아이디어를 끌어낸다.
- ■ 의견에 감사하고 질문을 통해 구체적인 의견으로 전환시켜 준다.
  - 그래서 무엇을 하자는 …?
  - 그래서 강조하는 의견은 …?
  - 그 의견을 오늘 회의 목적과 연관시켜 보면 …?

⑧ 혼동자, 헷갈리는 사람, 어리바리 발표를 하는 참석자

- ■ 회의의 목적을 분명히 알린다.
- ■ 모두가 잘 보이는 곳에 회의의 목적을 써놓는다.
- ■ 중간에 자주 요약을 해준다.
- ■ 의견에 칭찬을 하고 질문으로 의견을 논리적으로 만들어 준다.
  - 5W1H
  - 근거, 사례요구
- ■ 사전에 발표 요령에 대해 코칭을 한다.
- ■ 회의 후에 개인적인 대화를 통해 동기부여를 한다.

⑨ 잡담하는 사람

- 질문이 있느냐고 질문을 한다.
- 목소리를 낮추어서 진행을 한다.
- 직접 질문(다른 참석자 혹은 그 사람의 이름을 부르면서)을 한다.
- 리더가 잠시 침묵을 하면 잡담의 소리가 커져 스스로 멈춘다.
- 좋은 의견이 있으면 전체에게 알려달라고 요청한다.
- 개인적인 대화를 통해 태도를 고치도록 코치를 한다.
- 직접 요청을 한다. "멈추어 달라." "주제에 집중하자." 등등

Tip 회의 사례와 해결책

- 참석자 1 : 급한 일을 처리해야 하는데 잠시 나갔다 오겠습니다.
- 리더 : 그래요. 일을 처리하는 대로 곧 들어오시기 바랍니다. 자 다음은 …
  (그때 밖에서 참석자 2를 부르면서 "고객이 급한 건이라고 통화를 하기 원합니다.")
- 참석자 2 : 잠시 통화를 하고 돌아오겠습니다.
- 참석자 3 : 저도 고객에게 자료를 보내야 하는데 자료를 보내고 오겠습니다.
- 리더 : 예? 무슨 자료인데요? 급한 겁니까?
- 참석자 3 : 예! 오전 중으로 보내드리기로 한 제안서입니다. (라고 하면서 나간다.)
- 리더 : …
- 참석자 4 : 아까 리더께서 말씀하신 내용에 대한 자료를 찾아오겠습니다. (라고 하면서 회의실을 나간다.)
- 리더 : ??? (다른 참석자들이 고개를 숙이고 다른 생각을 한다. 잠시 후)
- 리더 : 자! 다들 바쁜 것 같으니까, 다음에 회의를 다시 합시다!

■ 발생원인

- 리더가 참석자들의 이탈 허락을 너무 쉽게 하거나 방관한다.

리더가 참석자들이 회의 중 여러 가지 이유로 자리를 비우는 것을 용인하고 있다. 물론 상황에 따라서 회의에 참석한 직원들이 자리를 뜰 수는 있지만 이러한 일이 지속되고 반복되면 회의에 부정적인 영향을 미친다. 리더는 회의에 참석한 직원들이 쉽게 자리를 뜨도록 해서는 안 된다. 이러한 일이 반복되면 나중에는 단순히 회의 분위기를 벗어나려는 마음에서 이러한 행동이 발생할 수도 있기 때문이다. 리더는 직원들이 자리를 뜨는 것을 막을 수 없거나 많은 직원들이 자리를 뜨면 회의 진행을 포기하거나 다음으로 연기를 해야 하는데 이러한 경우 회의 장소에 남아있던 직원들에게도 부정적인 영향을 미친다.

리더가 확고한 회의의 목적이나 회의를 개최하는 것의 중요성을 스스로 모르거나 약하게 인식할 때 이러한 행동을 용인한다. 리더 스스로 회의의 목적을 달성해야 하는 필요성을 느끼지 못하거나 다음에 회의를 개최해도 된다는 생각이 있을 때 이러한 일이 발생한다.

• 리더가 직원들의 업무처리 내용과 시간을 모르고 회의를 소집했다.

리더가 회의를 소집할 때는 직원들의 업무에 방해를 주지 않는 현명한 시간과 장소를 선정하는 것이 중요하다. 왜냐하면 직원들은 리더가 회의를 소집하면 참석을 하지 않을 수 없다. 따라서 리더는 직원들이 업무에 방해를 받지 않고 회의에 집중하도록 회의 개최를 신중하게 결정하여야 한다.

• 외부의 방해물을 제거하는 준비를 하지 않았다.

회의를 진행하는 도중에 외부의 방해로 회의 진행이 제대로 이루어지지 않는다면 이는 주로 리더의 책임이고 실수이다. 회의 진행을 방해하는 요인은 거의 정해져 있다. 외부의 전화, 고객의 요청, 자료의 미비로 자리를 뜨는 경우, 외부의 소음 등이다. 회의를 개최하기 전 리더는 발생가능한 모든 방해요소와 상황을 처리해야 한다. 리더는 직원들의 업무가 중요하다고 직원이 생각을 하기 때문에 이러한 방해를 용인하게 된다.

• 참석자들이 회의의 중요성을 모르거나 준비가 부족하다.

참석자들이 회의의 중요성을 인식하지 못하였거나 준비가 부족하면 회의에 적극적인 참여가 어려워진다. 따라서 직원은 회의실에 앉아있기보다는 벗어나고자 하는 욕구를 갖게 된다. 때로는 핑계를 대면서 회의장을 벗어나기도 한다.

• 참석자들이 업무 중 급하게 회의실에 불려왔다.

직원들이 자신이 처리해야 하는 업무와 회의 참석 간의 업무시간 조정을 하지 못한 경우 이러한 일이 발생한다. 사전에 회의 개최가 통지되었다면, 직원들은 자신의 업무를 조정해야 하고, 고객에게 필요한 전화나 업무를 처리해서 전화로 인해 회의 참석에 방해를 받아서는 안 된다.

• 리더가 사전에 직원들의 시간계획을 조정하지 않았다.

리더가 급하게 회의를 소집한 경우 직원들은 진행 중이던 업무 때문에 참석에 지장을 받는다. 긴급한 회의를 해야 하는 경우라도 리더는 가급적 미리 직원들에게 그 사실을 알려서 업무조정을 하도록 시간적인 여유(충분하지는 않지만)를 주는 것이 좋다.

• 참석자들이 급하게 회의실에 들어오느라 필요한 자료를 준비하지 못했다.

회의에 참석해야 하는 직원은 미리 회의 참석에 필요한 준비를 하여야 한다. 회의에 참석하는 것에만 의미를 두고 준비를 소홀히 한 경우, 회의 중 필요한 자료를 찾기 위해 자리를 뜨는 것은 자신의 능력 부족과 준비 부족을 보여주는 것과 다름없다. 미리 준비를 하고 회의시간에 맞추어 업무를 조정함이 부족해서 이러한 사태가 발생한다.

• 관련이 없는 참가자들이 참석했다.

회의 의제와 목적에 관련성이 없는 직원이 회의에 참석을 하게 되었을 경우 그 직원은 회의에 몰입과 참여를 할 수 없기 때문에 회의 도중이라도 회의장을 벗어나고자 한다.

■ 부작용

- 회의가 중간에 끝난다.
- 회의 분위기가 산만해진다.
- 참석자들은 다음에도 회의실을 나가는 핑계를 찾는다.
- 참석자들(남아있는 사람과 나가는 사람) 사이에 불평불만이 나오거나 갈등이 발생할 우려가 있다.
- 리더는 자신의 의지대로 회의를 이끌지 못한다.
- 회의 목적달성이 실패한다.
- 회의시간이 너무 오래 걸릴 수 있다.
- 앉아있는 직원들이 화를 내거나 그들의 시간을 낭비한다.

■ 대책

• 외부의 방해물을 사전에 차단한다.

리더는 회의를 개최할 때 예상되는 외부의 방해물을 효과적으로 차단해야 한다. 참석자를 찾는 전화는 다른 직원이 대신 받아서 메모를 남기도록 한다. 이제까지의 경험으로 직원들이 필요한 자료를 미리 준비하는 것이 부족할 때는 미리 리더는 이러한 직원을 체크하고 확인한다. 회의를 본격적으로 진행하기에 앞서 몇 가지 룰을 정하거나 참석자들의 준비 정도를 파악한다. 가능하다면 회의 개최 전에 이러한 사항을 점검한다.

• 참석자들이 회의의 중요성을 알도록 한다.

회의가 시작되면 리더는 참석자들에게 회의의 중요성을 명확하게 인지시키고, 달성해야 하는 성과를 알린다. 이를 위해 효과적인 오프닝기술이 요구된다. 오프닝기술에 대해서는 부록에 있는 구조를 활용하면 된다.

• 왜 나가는지, 꼭 지금 처리해야 하는지를 확인한다.

직원이 회의 도중 자리를 뜨려 할 경우 리더는 그 원인을 파악해서 직원이 취해야 할 행동을 지시하는 것이 좋다. 그 원인을 파악하지 않거나 중요성을 판단하지 않으면 동일한 행동이 다음 회의에서도 반복될 우려가 있다. 이러한 상황이 반복된다면 다른 직원들도 그러한 행동을 하게 될 우려가 있다. 이래서야 어디 리더는 회의를 제대로 진행할 수 있겠는가?

• 참석자들이 업무시간을 조정하도록 사전에 회의 개최 통지를 한다.

가능하면 최대한의 시간을 주어서 회의에 참석하는 직원들이 충분히 준비를 하고 업무를 조정하도록 한다. 이렇게 하였는데도 직원들이 잘 적응하지 못하면 정확한 피드백을 주도록 한다.

• 참석자들의 업무 상황을 파악한 후 회의를 개최하거나 조정을 한다.

리더는 급박한 사안이 아니라면 회의소집을 무분별하게 하지 않는 것이 좋다. 그리고 리더는 늘 직원들이 진행하는 업무에 대해서는 파악을 하고 있어야 한다. 회의에서 중요한 역할을 할 직원에 대해서는 개별적으로 가능한 시간을 파악하고 역할수행의 내용을 준비하도록 커뮤니케이션을 한다.

• 이러한 상황은 대부분 갑작스러운 회의를 개최할 경우 발생한다.

따라서 어젠다를 작성하면서 회의 개최여부를 검토하도록 한다. 리더는 회의를 소집하기 전 꼭 회의를 개최해야 하는지 스스로 물어보도록 한다. 한두 명의 직원에게 보고나 피드백을 받아서 해결할 수 있는 사안도 있을 것이다. 또는 리더 스스로 결정해야 하는 사안도 있을 것이고, 직원과의 개별 접촉을 통해 해결할 수 있는 사안도 있을 것이다. 이러한 사안을 갖고 회의를 개최하지 않도록 한다.

• 회의 목적달성에 도움이 되지 않는 사람은 참석을 시키지 않는다.

회의 의제와 목적달성에 기여하지 못하는 직원 또는 참석이 요구되지 않는 직원의 회의 참석을 엄격히 제한한다. 이들은 회의의 도움자가 아니라 방해자가 되어 부정적인 영향을 미칠 가능성이 높다. 엄격하게 회의 참석자를 제한한다. 때로는 회의 의제에 대한 현재의 상황을 보고해야 하는 직원의 경우에도 보고가 끝나면 회의장을 벗어나도록 하는 것이 좋다. 회의에 빠지는 것에 대해 직원들이 부정적인 생각을 할 우려가 있다. 리더는 사전에 어젠다 통지를 통해 그리고 평소 대화를 통해 직원들이 회의문화를 명확히 인식하도록 훈련시킨다. 회의 후 관련 직원에게는 반드시 회의의 결과를 알리도록 한다. 부서 전체가 알아야 할 사항이 있으면 게시판에 공지하도록 한다. 회의 후에라도 불참자가 좋은 의견이나 아이디어를 개진할 수 있도록 시스템과 방법을 구축한다.

출처 : 노진경, 유능한 리더의 회의운영 노하우, 이담북스, 2010 수정보완

CHAPTER 07

회의를 살리는 참석자 되기

CHAPTER

07 회의를 살리는 참석자 되기

회의가 조직구성원에게 주는 가장 큰 기회는 자신의 업무에 관련된 지식과 아이디어, 정보수집과 분석, 창의성, 문제해결능력을 보여주면서, 다른 참석자들과의 소통능력, 설득능력, 토론기술 등을 보여줄 수 있는 최고의 시간과 공간이라는 것이다. 게다가 회의에 참석하였거나, 회의를 이끄는 리더가 고위직의 임원이나 CEO라면 그들 앞에서 자신의 모든 역량을 보여줄 수 있는 기회가 된다.

더욱이 자신이 회의에서 일정한 역할을 수행하게 되었다면 이를 제대로 수행함으로써 자신의 능력을 입증할 수 있는 기회가 된다. 이번 장에서는 회의 참석자들의 바람직한 역할수행에 대해 알아본다.

회의 참석자의 역할

회의 참석자의 역할은 서기, 발표자, 회의 준비자, 시간관리자 및 의견개진자로 크게 구분된다. 이 중 대부분의 회의에서 서기는 반드시 필요한 역할이다. 물론 회의 참석자로서의 역할(의견개진, 토론 참여 등) 역시 핵심이다.

① 서기

회의 진행자 및 리더의 회의 진행을 도와주면서 회의장에서 나오는 모든 의견을 정리하고, 회의록을 작성하는 역할을 한다. 서기는 회의에서 의견개진을 하지 않는 것을 원칙으로 하지만 리더의 허락을 받아 의견을 개진할 수도 있다. 회의 서기는 다음의 역할을 수행한다.

- 회의장에서 나오는 모든 의견을 정리하고 기록한다.
- 참석자들의 의견을 기록할 때는 자신의 판단으로 해석하거나 걸러내지 않는다.
- 의견이 있을 때는 리더의 허락을 받고 의견을 개진한다.
- 기타 회의 리더의 요구에 따른 회의 준비와 진행을 지원한다.
- 회의 종료 후 작성 · 승인 · 배부한다.

② 발표, 보고자

발표 또는 보고자는 회의 진행을 원활하게 하기 위해 회의 목적, 회의 안건과 관련된 정보, 업무수행과정 등에 대해 본격적인 논의나 토론을 하기 전 발표하는 역할을 한다. 따라서 발표자 · 보고자의 발표수준은 회의 성과와 참석자들의 논의수준에도 영향을 미치기 때문에 이 역할을 수행하는 참석자는 다음의 사항을 잘 지켜야 한다.

- 회의 과정과 목적에 필요한 정보를 공식적으로 브리핑 또는 프레젠테이션한다.
- 주어진 시간 내에 효율적인 발표를 한다.
- 참석자들에게 필요한 정보를 제공한다.
- 필요시 사전에 회의 리더와 발표 내용을 검토한다.
- 중요한 참석자 등이 있을 경우에는 사전 리허설을 통해 발표를 점검한다.
- 발표자는 자신의 의견을 첨가하지 않고 사실 위주로 발표를 한다.

③ 의견개진자

이 역할은 회의 참석자 모두가 수행해야 하는 역할이다. 이 의견개진자의 역할수행수준과 능력은 곧 회의 성과에 직결된다. 적절하지 않은 의견개진은 회의시간을 낭비하게 할 뿐 아니라, 회의에 대한 평가를 부정적으로 만드는 원인이다. 따라서 의견을 개진할 때는 다음 사항을 준수해야 한다.

- 회의 참석자로서 회의 목적달성을 위한 의견, 아이디어를 적극 개진한다.
- 자신의 의견에 반대하는 이견을 갈등 또는 논쟁으로 만들지 않는다.
- 다른 참석자들의 의견을 경청한다.
- 다른 참석자들의 의견을 기반으로 아이디어를 확산한다.
- 다른 참석자들의 발표를 방해하지 않는다.
- 필요시 질문으로 궁금증을 해소하고 발표 내용의 이면을 파악

한다.

- 회의 주제, 안건에서 벗어나지 않는다.
- 회의 규칙을 준수한다.

④ 시간관리자

실제적으로 이 역할은 특정한 참석자를 지명하지는 않는다. 하지만 시간관리가 잘 안 되는 회의문화를 가진 조직은 이 역할을 반드시 수행하도록 함으로써 회의시간을 지킬 수 있을 것이다. 시간관리자는 다음의 역할을 수행한다.

- 회의시간(시작시간, 종료시간)을 준수하고 모든 참석자들이 지키도록 한다.
- 회의 참석자들의 의견이나 아이디어 개진시간을 관리한다.
- 발표자의 발표시간을 관리한다.
- 회의 진행 흐름에 따라 필요시 회의시간의 흐름을 알린다.
- 회의가 진행 시나리오를 벗어나지 않도록 한다.

⑤ 회의 준비자

회의 개최자를 도와서 회의가 원활하게 진행되도록 준비하는 역할을 한다.

- 회의 자료를 사전에 준비한다.
- 회의실을 정리하고, 자리배치를 하며, 회의에 필요한 장비를 점검하여 사전에 완벽하게 준비한다.
- 필요시 음료수 또는 다과를 준비한다.
- 사전에 참석자들의 참석여부를 확인한다. 특히 중요한 참석자

를 확인해 회의에서 문제가 발생하지 않도록 한다.

회의 참석자 준수사항

유능한 회의 참석자가 되기 위해 지켜야 할 일반적인 사항들은 다음과 같다.

- 회의시간을 준수한다. 시작시간과 회의 중 발표 또는 의견개진시간을 준수한다.
- 불참을 하거나 준비가 부족할 때는 회의 리더에게 사전에 보고 후 조치를 취한다.
- 참석이 어렵지만 회의 목적과 의제와 관련되어 완수한 과제는 회의 리더에게 사전에 보고한다.
- 필요시 자신을 대신할 사람에게 역할을 위임한다. 보고, 자료준비 브리핑 또는 발표를 한다.
- 다른 참석자들의 의견을 끝까지 듣고 비난, 비평하지 않는다.
- 이견이 있을 때는 질문을 통해 내용을 보충한다.
- 이해하지 못하는 내용은 질문을 활용해 이해한다. 이해를 위해 다른 참석자들과 속삭이는 등의 행동으로 회의를 방해하지 않는다.
- 의견을 개진할 때는 시간을 준수하고, 다른 참석자들이 쉽게 이해하는 용어를 사용한다.
- 사례와 근거 자료를 활용해 의견의 논리성과 타당성을 강화하고 구체화한다.

- 합의된 사항은 의견이 다르더라도 반대하지 않고 적극적으로 수용하고 책임을 수행한다. 합의가 끝난 안건을 다시 주장하지 않는다.
- 토의와 의사결정에 소극적인 참석자가 있다면 적극적인 참여를 하도록 도와준다.
- 논쟁이나 개인적인 비난으로 갈등을 초래하지 않는다.

유능한 회의 참석자가 되기 위해서는 다음 사항을 스스로 점검하는 것이 좋다.

① 회의 시작 전

- 회의 목적과 안건을 검토한다.
- 자신의 의견을 준비하고, 필요한 자료, 사례, 근거를 구비한다.
- 일정과 업무를 조정한다.
- 브리핑이나 프레젠테이션을 할 경우에는 준비를 철저하게 한다.
- 주요 안건에 대한 정보를 수집한다.
- 회의 불참 시 자신의 과제수행 정도와 결과를 회의 리더에게 보고한다.
- 회의 중 회의장을 떠나야 할 때는 시전에 리더에게 알린다.
- 불참을 할 경우에도 사전에 리더에게 알리고 대책을 마련한다.

② 회의 중

- 회의 시작 전 회의장에 입장하고 회의를 준비한다.
- 모든 의견을 경청한다.
- 적절한 질문으로 의문을 해소하고, 이견을 조율한다.
- 의견, 아이디어를 발표할 때는 명확하고 구체적으로 짧게 한다.
- 원론적인 이야기를 반복하거나 주제에서 벗어나지 않는다.
- 다른 참석자의 참여를 지원한다.
- 회의가 정상궤도를 유지하고, 회의 목적을 달성하도록 지원한다.
- 다른 참석자들을 존중한다.
- 갈등이 발생하면 감정을 자제하고, 갈등 해소에 노력한다.

③ 회의 후

- 회의결과 중 실천의제를 실행한다.
- 공통 현안이나 문제에 대해 다른 팀원들과 의논한다.
- 필요시 혹은 요구가 있을 때는 회의 리더에게 회의 진행과 관련된 의견을 피드백한다.
  - 회의시간과 참석자 선정
  - 회의 분위기와 목적달성여부
  - 리더의 리더십 유연성 등
- 회의가 끝난 후에도 주어진 역할을 성실히 수행한다.
  - 서기 : 회의록 작성 및 배부
  - 회의 준비자 : 회의장 정리 및 자료 정리 등

- 부여된 역할책임의 수행
- 회의결과 실행

회의 참석자의 의견발표 요령

의견발표의 목적

회의 참석자의 적극적이고 다양한 의견, 생각, 아이디어 발표는 회의 생산성과 분위기 및 다른 참석자들의 몰입을 끌어내는 최적의 방법이다. 회의에서 의견 발표의 목적은 다음과 같다.

- ■ 회의 목적달성에 기여하는 아이디어나 의견 발표
  - 자신의 의견이 검토되도록
  - 자신의 의견이 채택 또는 수용되도록
  - 필요시 모든 참석자들에게 유용한 정보를 제공하고 정보활용도를 올리기 위해
- ■ 자신의 전문성 확인
- ■ 자신의 회의 준비 검증과 피드백

의견발표 목적달성에 실패하는 요인

회의실에서 발표한 자신의 의견이나 아이디어가 수용, 검토, 채택되는 것은 정말로 기쁜 일이지만 그렇지 않은 경우에는 동기가 떨어지고, 회의에 대한 부정적인 행동이나 태도를 가지게 된다. 특정 의견이나 아이디어가 다른 참석자들에게 수용 · 검토 · 채택되

지 않는 것은 결국 의견개진자 또는 발표자가 충분한 설득력을 갖추지 못하였기 때문이다.

- 설득력 부족
  - 사례 또는 근거의 부족으로 의견의 논리성과 신뢰성이 낮음
  - 너무나 일반적인 의견
  - 원론적인 의견
  - 대안이 없는 의견
  - 참석자들이 이해하지 못하는 용어 사용 등으로 인하여 낮은 설득력
- 리더와 다른 참석자들의 궁금증 해소에 실패
- 자기 중심의 의견개진으로 다른 참석자들의 공감을 얻지 못함
- 주제에서 벗어난 의견
- 타인의 입장과 의견을 무시한 독선적인 의견
- 다른 참석자들의 질문을 무시하거나 적절한 대답을 하지 못함

의견발표를 위한 준비

회의에서 의견을 개진해 회의 리더 또는 다른 참석자들을 설득하기 위해서는 의견개진을 위한 준비를 해야 한다. 즉 다른 참석자들의 궁금증을 해소하고, 의견의 타당성과 채택에 대한 정당성이 갖추어지지 않으면 의견 채택을 위한 설득이 어렵다. 따라서 회의에서 의견을 개진하고자 할 때는 다음의 준비를 해야 한다.

- Why, What, How to 등을 의식한 발표를 한다. 이는 논리적인 의견을 개진하는 데 핵심이다.

- ■ 자신의 의견에 대한 신뢰를 올릴 수 있는 준비를 한다. 주장, 의견과 관련된 데이터, 자료를 준비한다.
    - 출처의 신뢰성
    - 정보의 최신성
    - 자료의 충분성
- ■ 주장과 근거, 사례를 연결한다.
    - 주장
    - 정보, 증거, 자료
    - 합리적인 이유

회의 참석자가 회의에서 자신의 의견을 발표할 때는 다음의 원칙을 고려해야 한다.

- ■ 쉬운 용어를 사용한다.
- ■ 사례를 든다.
- ■ 내용을 조직한다.
- ■ 집중한다. 메시지에서 이탈하지 않는다.
- ■ 요약한다. 발표 혹은 브리핑 등 긴 이야기를 할 때는 중간 중간 요약한다.
- ■ 확인한다. 다른 참석자들의 이해수준을 확인한 다음 주제로 넘어간다.

회의에서 의견개진하기

회의에서 의견을 개진할 때는 의견의 논리성, 신뢰성, 공감성을 갖추어야 한다. 또한 의견을 말할 때는 이야기의 순서가 중요하다.

① 회의 중 의견을 개진하려 할 때 : 의견개진 준비

- 아이디어, 의견 또는 결론
- 이유, 배경, 필요성
- 구체적인 방법
- 예상결과
- 근거, 사례
- 행동 요구 또는 필요한 조치

② 의견을 말할 때

- 의견 또는 결론
  - "저는 ______한 의견이 있습니다."
  - "저는 ______한 조치가 필요하다고 생각합니다."
- 이유, 배경, 필요성
  - "왜냐하면 최근에 …."
  - "그 이유는 …."
- 구체적인 방법
  - "따라서 우리가 취해야 하는 조치로, 첫째 …"
  - "이에 대한 우리의 대응책으로는, 우선 …"
- 예상결과
  - "이러한 조치로 예상되는 성과는 …."
  - "그 결과로 기대할 수 있는 것은 …."
- 근거, 사례

- "구체적인 사례로 이미 다른 선진기업들이 ⋯."
- "제가 ______을 실행해 본 결과 ⋯."

■ 행동요구, 필요한 조치 : 앞의 의견 또는 결과와 비슷

- "우리가 가장 우선으로 해야 할 일은 ⋯."
- "이 성과를 위해 우리가 가장 먼저 할 일은 ⋯."

유능한 참석자의 회의 참석 요령

① 회의 중 다른 참석자의 의견을 경청할 때

■ 구조화하면서 듣는다.

■ 사실과 의견을 구분한다.

- 개인의 의견 : 고객 클레임 수가 많다.
- 사실 : 지난달에 고객 클레임이 10% 늘었다.

■ 질문으로 불명확한 부분을 명확하게 하기

- 그것은 어떤 의미인지요?
- 그 원인은 무엇입니까?
- 어떤 사례가 있는지요?
- 근거가 있습니까?
- 우리가 무엇을 어떻게 하기를 원하나요?

② 다른 참석자의 의견에 반론을 제기할 때

■ 상대를 비판하지 않고 인정한다.

- 인정하는 사실만 확인한다.
- 감성적, 인간적인 부분은 건드리지 않는다.

- 찬성하는 부분과 찬성하지 않는 부분을 구분한다.
- 반대이유를 밝힌다.
- 상대 의견을 요약하고, 자신의 의견을 제시한다.
- 사례와 근거로 의견을 보완한다.

회의 참석자의 소통방법

- 자신이 말하고자 하는 바를 정확히 이해한다.
- 발언을 위한 적절한 타이밍을 생각하고, 상황에 따라 발언한다.
- 어떻게 말할 것인가를 정한다.
- 간략하고 구체적으로 발언한다.
- 언어와 비언어적인 방법을 모두 활용한다.
- 다른 참석자들의 반응을 살피면서 발언한다.
- 이해하기 쉬운 단어나 표현(비유법) 등을 사용한다.
- 주기적으로 요약한다.
- 다른 참석자들의 이해여부를 확인한다.
- 다른 참석자가 발언을 할 때는 끼어들지 않고 경청한다.
- 궁금한 부분이 있으면 질문한다.

바람직하지 않은 소통방법

- 다른 참석자의 의견에 성급하게 결론을 내리고 발언을 방해한다.
- 장황하게 발언을 한다.

- 주제를 건너뛰거나 이것 저것으로 반복한다.
- 발언 내용을 바꾸거나 다른 참석자들의 반응을 무시한다.
- 다른 참석자들의 말을 듣지 않고 자기가 할 말만 생각한다.
- 핵심을 놓치고 사소한 것에 목숨을 건다.
- 다른 사람의 발언이나 의견을 깎아내린다.
- 이해가 안 되거나 궁금한 부분을 확인하지 않고 넘어간다.
- 다른 참석자의 발언에 대해 이해하는 척 한다.
- 회의와 관련이 없는 주제로 불평불만을 이야기한다.

회의에서 발표하기 : 프레젠테이션

① 브리핑을 할 때 : 조사결과 보고, 업무추진사항 보고 등

- 사실만을 있는 그대로 발표한다.
- 구체적인 숫자와 통계 자료를 활용한다.
- 관련된 다양한 정보를 수집 · 보고한다.
- 자신의 의견을 첨가하지 않는다.
- 자신의 해석도 추가하지 않는다.

② 브리핑을 잘하는 요령

- 항상 서두를 힘차게 시작한다.
- 발표 중 일화, 예화, 사례, 증거를 많이 활용한다.
- 구어체를 쓴다. 대화하듯이 자연스럽다.
- 시각적으로 묘사한다. 상상력을 자극해 설득력을 높인다.
- 가치 중심의 스토리텔링을 활용한다.

- ■기쁘게 그리고 편안하게 말한다.
- ■긍정적인 표현을 쓴다.
- ■활기차게 말한다.
- ■진지하게 말한다.
- ■자신 있게 말한다.

③ 회의에서 프레젠테이션을 할 때

■프레젠테이션 성공요소

- 주인공은 회의 참석자들이다.
- 목표를 정하라.
- 목표달성을 위한 주제 · 요지를 잘 알고 준비하라.
- 주제 · 요지를 하나씩 설명하라.
- 대화하듯이 부드럽게 진행하라.
- 예시와 예화, 자료, 통계를 적절하게 활용하라.
- 연습하라.
- 중요한 요지, 메시지는 강조하고 반복하라.

■슬라이드 준비

- 단순화하라.
- 슬라이드 수를 제한하라.
- 글자크기, 머리글 등을 통일하라.
- 제목은 주의를 끄는 것으로 하라.
- 중요한 단어, 개념을 강조하고 서명하라.

■발표 전

- 자료를 확인하고 준비하라.

- 일찍 도착하라.
- 결과를 상상하라.

■ 발표를 할 때

- 효과적인 제스처를 활용하라.
- 시선처리를 효과적으로 하라.
  - 자신감(침착하게 항상 누군가를 본다)을 보여준다.
  - 1:1로 이야기하듯이 하는 것이 효과적이다(그룹 전체에게 이야기하지 않는다).
  - 'Look/보고' – 'Smile/미소 짓고' – 'Talk/이야기'한다.
  - 중요한 메시지를 전할 때는 키맨(Key man)을 공략한다(바라본다).
  - '지그재그 시선법' : 좌에서 우로, 우에서 좌로, 뒤에서 앞으로, 앞에서 뒤로 본다.
  - 'One Sentence, One Person' : 하나의 문장을 말할 때 한 사람을 봐야 한다.
- 주제에 열정을 보여라.
- 시간을 지켜라.
- 서론 – 본론 – 마무리를 명확하게 구분하라.
- 마지막을 장식하라.
  - 서두르지 마라.
  - 결론을 명확하게 재강조하라.

■ 질의응답

- 질문을 요청하라.
- 질문을 반복하라.

- 질문에 답을 하라.
- 확인하라.
- 비판적 질문에 대하여
  - 어떤 질문도 무시하지 마라.
  - 질문에 따라 개인적인 만남을 제안하라.
  - 간결하게 답을 하라.
  - 질문에는 질문으로 승부하라.
  - 숨겨진 의도를 파악하라.

■ 질의응답 요령

- 질문을 받는다.

질문을 받으면 인정해 준다. 이는 고객의 말을 경청하고 있음을 알리는 방법이다. 어떠한 질문이라도 놓치지 마라. 비록 개인적인 질문이거나 발표 내용과는 상관이 없는 질문이라도 질문을 받고 인정해 주는 것이 좋다.

"참 좋은 질문입니다."

"훌륭한 질문입니다."

"핵심을 강조하는 질문입니다."

- 질문을 반복한다.

"지금 _____한 질문이 나왔습니다."

"지금 질문은 _____이 궁금하다는 것이지요?"

질문을 반복하는 이유는 질문을 다른 참석자들과 공유함으로써 동일 질문이 다시 나오는 것을 방지한다. 질문을 잘 이해하였는지 확인이 가능하다. 질문의 내용에 따라 참석자들의 주의 집중을 끌어낼 수 있다. 고객의 질문에 대한 답을 찾는 데 여유를 가질 수 있다. 고객의 질문을 잘 듣고 있다는 것을 확인시켜 주면서 고객을 존중함을 보여준다.

- 질문에 답변한다.

"지금 질문에 대한 답으로 …."

"그럼 답변을 하겠습니다. 저희는 …."

"그 질문에 대한 답은 앞의 ______부분에서 강조하였으므로 다른 질문으로 …." 혹은 "제가 배부해드린 자료의 ______ 페이지를 보시면 …."

회의 참석자의 갈등해소 요령

갈등의 원인과 영향

① 회의에서 갈등의 원인

- 안건 · 의제에 대한 시각 차이
- 의사결정에 대한 시각 차이 : 현안과 해결책에 대한 해석 차이
- 회의 목적에 대한 이해의 차이
- 문제해결 방향에 대한 견해 차이
- 우선순위의 차이
- 중요도의 차이
- 추진과정과 방법의 차이
- 역할과 기대의 차이

② 적절한 갈등의 영향

- 의견개진을 활발하게 한다.
- 문제와 상황을 다양한 시각으로 볼 수 있다.
- 집단사고를 방지해 준다.
- 회의의 역동성을 강화시켜 준다.

갈등해결기술

회의에서 발생하는 갈등을 해결하기 위해서는 다음 방법을 활용하는 것이 좋다.

- 공동의 목표를 강조하라.
- 대안을 열린 마음으로 경청하라.
  필요시 질문으로 부족한 부분을 강화, 보완하라.
- 옳고 그름의 흑백논리 또는 논쟁을 피하라.
- 인신공격을 삼가라.
- 상대의 인신공격에 맞대응하지 말고 현안에 집중하라.
- 합의사항은 반드시 지켜라.
- 필요하다면 회의 전후에 개인적인 대화의 기회를 마련하라.
- 자신의 의견을 설득력 있게 전달하라.
  - 근거, 사례를 활용하라.
  - 논리성을 확보하라.

회의에서 자신의 의견을 개진하자 다른 참석자가 나의 의견에 대하여 반론을 제기하거나 공격을 할 때가 있다. 이때 역시 감정적인 대응보다는 다음의 방법을 활용하면 좋은 결과로 이어질 것이다.

- 상대의 주장을 정확하게 이해한다.
  반복, 확인질문을 한다. "______하는 의견입니까?" "그렇다면 ______한 조치가 필요하다는 것입니까?"
- 상대방의 의견을 인정해서 마음을 부드럽게 한다. "충분히 이해합니다." "좋은 지적입니다."
- 논의의 범위를 좁힌다. "우선 제 의견의 근거로 …." "다음으로 인용할 자료는 …."
- 대안을 제시한다. "그럼 ______한 방법은 어떻게 생각하시는지요?"

회의에서 논쟁이 벌어지거나 공격적인 주장이 오고 가는 것을 적절하게 관리하지 못하면 회의 성과뿐 아니라 조직의 팀워크까지 부정적인 영향을 받을 수 있다. 따라서 회의를 이끄는 리더는 이러한 갈등을 적절하게 해결할 수 있어야 하며, 참석자 역시 갈등해결 기술을 활용해 갈등이 부정적인 영향을 미치지 않도록 해야 한다. 특히 상대의 반론이나 주장이 옳을 때는 깨끗이 인정하고 승복하는 것도 성숙한 회의 참여자의 모습이다.

Tip 회의 사례와 해결책

- 리더 : 차유나 대리! 1분기 품질향상을 위해 노력해 온 결과에 대한 발표를 하지!
- 차유나 대리 : 자료 준비를 못했습니다!
- 리더 : 또? 내가 며칠 전부터 오늘 회의에서 그 결과를 발표해 달라고 했는데 … 왜 준비를 하지 못했나?
- 차유나 대리 : 죄송합니다. 깜빡 잊었습니다 ….
- 리더 : …. 어쩔 수 없군. 오늘 회의 의제는 품질향상 노력의 결과를 확인하고 더 나은 아이디어를 찾기 위한 것이니까, 모두들 품질향상에 대한 좋은 아이디어가 있으리라 생각합니다. 먼저 김민기 대리부터 아이디어를 내보지.
- 김민기 대리 : 우리가 열심히 노력한 결과 품질에 대한 불평들이 많이 줄어든 것 같습니다. 앞으로도 이렇게 노력을 하면 좋을 것 같습니다.
- 리더 : 그것은 모두 잘 알고 있는 내용이고, 우리가 시도해 볼 좋은 아이디어는 없는가?
- 김민기 대리 : 글쎄요!!!
- 리더 : 다른 사람들은?
- 참석자 : !!!

■ 발생원인

• 회의 개최 어젠다(회의 통지서)를 제대로 읽지 않고 참석하였다.

회의를 이끄는 리더의 입장에서 가장 곤란하고 힘들게 하는 것은 회의 참석자들이 의제에 대한 준비가 없을 때이다. 참석자들은 준비가 되어 있지 않기 때문에 리더의 요청에 효과적인 아이디어 또는 의견을 개진하지 못한다. 이는 회의 참석자들이 사전에 배부된 회의 어젠다(회의 통지서)를 충분히 읽어보지 않았거나 검토를 하지 않고 회의에 참석한 결과이다. 이러한 상황은 대부분의 조직에서 늘 발생하는 현상이다. 이러한 상황이 반복된다면 리더도 참석자들도 회의를 개최하는 것에 대한 의미를 가지지 못하게 되고 회의에 대한 불만이 쌓인다.

• 급하게 회의에 참석하였다.

리더가 직원들에게 준비할 시간적인 여유를 주지 않고 급하게 개최를 한 회의의 경우 참석자들은 회의의 목적을 모르거나, 사전에 회의가 통지되었다 하더라도 생각을 정리할 수 있는 시간을 갖지 못하게 된다. 직원들 대부분은 자신의 업무처리를 하다가 회의시간에 맞추어 참석을 하게 되는 경우가 일상적이다. 이는 회의의 중요성을 몰라서 발생하기도 한다.

• 회의에서 자신의 역할을 모르거나 역할의 중요성을 모른다.

자신이 회의에 왜 참석하고 있는지, 회의에서 자신이 해야 하는 일이 무엇인지, 회의의 목적이 무엇인지를 모르는 참석자는 리더가 기대하는 답을 하지 못한다. 또한 사전에 통지된 어젠다를 통해 자신이 특정 의제에 대한 발표 또는 보고를 해야 하는 것의 중요성을 모르는 경우 이러한 일이 발생한다. 단순한 참석자든, 회의의 원활한 진행을 위한 발표자든 자신이 회의에 참석한다면 자신이 회의시간에 해야 할 역할이 중요하다는 생각을 가지는 것이 필요하다.

• 늘 준비 없이 회의에 참석했다.

이제까지 늘 준비 없이 회의에 참석을 해온 직원은 자신에게 특정한 역할이 주어지더라도 그 중요성을 모를 수 있다. 그리고 이전에도 준비 없이 참석한 것에 대한 개인적인 피드백이 없었거나 부족했기 때문에 회의 준비의 중요성을 모르고 있을 경우 이러한 일이 발생한다. 그리고 이러한 상황에 대한 리더의 적절한 피드백이 없어 직원들의 태도변화가 일어나지 않았다.

• 자신의 업무와 의제가 관련성이 적거나 없다.

회의 주제와 목적에 관련이 없는 참석자는 당연히 아이디어가 없거나 부족하다. 이는 참석자 선정의 문제일 수도 있다. 특히 리더와 참석자들 사이의 회의 목적과 의제에 대한 중요도 차이가 이러한 상황이 일어나는 원인이 된다.

• 이전 회의에서 아이디어를 개진하였으나 인정을 받지 못했거나 채택되지 않았다.

발표자의 역할은 하지 않더라도 회의 의제에 대한 너무나 평범한 그리고 모두가 알고 있는 사실을 이야기하는 것은 회의 진행에 도움이 되지 않는다. 그리고 과거의 경험을 돌이켜볼 때 자신이 개진한 의견이나 아이디어에 대해 리더가 격려를 하지 않거나, 인정을 받지 못한 경험을 한 경우 참석자들은 회의 참석에 의의만 둔다. 즉 꾸어다 놓은 보릿자루의 역할에 만족하게 된다.

■ **부작용**

- 회의 목적달성의 실패
- 시간낭비
- 업무의 흐름과 진행사항을 공유하는 데 실패
- 리더의 강압적인 진행(지시나 명령)이 나올 우려가 있음. 이는 직원들의 동기를 떨어뜨릴 우려가 있고 리더의 리더십에 큰 상처가 될 수도 있음.
- 참석자 간 서로 책임을 넘기거나 관계가 악화될 우려
- 이후의 회의 역시 큰 차이가 없을 것임

■ **대책**

- 리더는 회의 발표자의 준비를 확인한다.

리더는 회의의 원활한 진행을 위해 또는 다른 직원들의 적극적인 참여를 끌어내기 위해 회의 중 특정 의제에 대한 발표(보고서, 조사결과 등)를 직원에게 맡겼다면 회의 전 반드시 준비사항을 확인하여야 한다. 시간적인 여유가 있다면 자료를 준비하는 데 리더가 지원을 해 주거나 준비사항에 대해 회의 목적과 관련해 피드백을 주는 것도 좋은 방법이다. 직원이 알아서 준비를 잘할 것이라는 믿음 때문에 사전에 확인을 하지 않았는데 그 직원이 준비가 되어 있지 않다면 리더에게나 그 직원 그리고 다른 참석자들에게도 피해를 주게 된다. 이러한 믿음을 갖는 것과 사전에 확인하는 것은 별개의 문제이다.

- 회의에서 발표해야 하는 사람은 준비를 철저하게 한다.

직원의 경우 자신이 회의시간에 특정한 의제에 대해 상황 발표 또는 브리핑, 보고를 하는 역할을 맡았다면 충실히 그 역할을 수행하여야 한다. 이는 자신의 성장을 위해서뿐만 아니라 조직 또는 부서의 성과를 올리는 데도 아주 필요하고 중요한 업무이다. 그 어떤 이유도 자신에게 주어진 역할을 제대로 수행하지 못한 것에 대한 변명이 될 수 없음을 알아야 한다. 자신의 충실한 준비와 보고 또는 발표는 다른 참석자들에게 동기를 부여하고, 부서원들의 의견과 생각을 하나로 모을 수 있는 중요한 요소이다. 이러한 역할을 성실하게 수행할 때 다른 중요한 역할도 주어질 수 있을 것이다. 그리고 발표자는 자신의 발표를 조직의 공식적 자리에서 공식적인 커뮤니케이션(이때는 발표 또는 보고)을 통해 자신의 능력(발표력, 보고서 작성능력, 설득력, 자료 준비능력 등)을 보여줄 수 있는 가장 좋은 기회라고 생각하여 적극 활용할 수 있어야 한다. 필요하다면 회의 리

더의 피드백 또는 지원을 요청하는 적극적이고 주도적인 태도를 갖는 것도 좋다.

• 다른 사람의 협조를 구한다.

발표 역할을 맡은 직원은 다른 업무로 준비할 시간이 부족하거나 정보수집에 어려움을 겪는다면 다른 직원들의 도움 또는 지원을 받아야 한다. 이러한 지원을 받는 것은 결코 자신의 무능을 드러내는 것이 아니다. 오히려 자신의 인간적인 매력과 영향력을 확인할 수 있는 기회이다. 절대로 다른 직원의 도움과 지원을 자신의 능력 부족이라고 생각하지 말고, 그들의 지원을 얻는 능력도 중요하다는 것을 알아야 한다. 조직이 있는 이유는 조직원들의 상호협력과 지원 그리고 팀워크에 의해 시너지를 기대하기 때문이다. 이를 위해 평소 다른 조직구성원들과의 관계를 돈독하게 하는 데 게으름을 피우지 않는다.

• 평소 아이디어들을 잘 정리해 놓는다.

조직이나 부서에서 이루어지는 회의는 대부분 구성원들의 업무와 직접적 또는 간접적으로 관련이 있다. 따라서 일상업무를 하면서 떠오르는 새로운 생각이나 이이디어가 있다면 이를 정리해 놓도록 한다. 이러한 메모가 회의에 참석해 아이디어를 개진하는 데 유용하게 활용될 수 있다. 이러한 준비가 되어 있는 직원은 자신이 발표를 하든, 의제와 관련된 생각 또는 아이디어를 개진하든 회의의 목적을 달성하고 리더의 기대를 충족시켜 줄 것이다.

• 회의 참석자는 회의가 가진 기회를 최대한 유리하게 활용하려는 노력을 한다.

앞에서도 강조하였듯이 회의는 조직의 공식적인 커뮤니케이션 공간이고 시간이다. 그리고 자신의 모든 능력을 보여주고, 인정받을 수 있는 최상의 기회이다. 조직구성원들은 이 사실을 가볍게 생각해서는 안 된다. 평소에는 서로 자신의 업무를 진행하느라 원활한 커뮤니케이션이 어렵고 또 특정 의제 또는 업무에 대한 자신의 생각을 공유할 기회가 부족할 수 있다. 따라서 조직구성원들은 회의라는 공식적인 커뮤니케이션 기회를 놓쳐서는 안 된다.

• 다양한 아이디어 창출기법을 활용한다.

브레인스토밍, 브레인라이팅, 명목집단기법 등을 활용해 회의 참석자들의 다양한 아이디어를 끌어내는 것도 리더의 능력이다. 이러한 기술은 즉석에서 편리하게 활용할 수 있는 아이디어를 끌어내는 기술들이다. 리더는 회의 참석자들을 잘 동기부여하고 다양한 기법으로 의견 또는 아이디어를 끌어내는 방법을 배우거나 익혀 활용하여야 한다.

• 의제와 관련이 있는 사람만 참석을 시킨다.

회의 의제와 관련이 없는 참석자는 회의에 몰입하지 못한다. 이들에게 회의 주제와 관련된 아이디어를 계속 요청한다면 이들은 자신의 존재이유(회의 참석)를 알리기 위해 회의 주제와 관련이 없는 의견 또는 아이디어를 개진할 수 있다. 그리고 의제가 자신과 직접적인 관련이 없기 때문에 회의의 진행을 도움을 주기보다는 방해가 되는 행동을 하기도 한다. 따라서 리더는 회의 참석자를 선정할 때 신중하게 고려해야 한다.

출처 : 노진경, 유능한 리더의 회의운영 노하우, 이담북스, 2010 수정보완

CHAPTER 08

회사를 살리는 회의 종류와 회의 실행하기

CHAPTER

08 회사를 살리는 회의 종류와 회의 실행하기

문제해결회의

문제해결회의는 의사결정회의와 함께 조직에서 가장 자주 많이 개최되는 회의 중 하나로 회의결과는 조직의 성과향상, 업무추진 등과 직결된다. 일반적으로 문제해결회의의 목적은 다음과 같다.

- 업무목표 미달의 원인 파악과 해결책 모색
- 대 고객 문제해결
- 업무조정 실패로 인한 부서 내 갈등문제해결
- 추진 중인 프로젝트에서 발생한 문제해결
- 업무성과와 관련해 현재 성과수준과 원하는 성과수준 사이의 차이해결 등

문제해결회의를 진행할 때 리더는 다음의 주의사항을 지켜야 한다.

① 문제를 정리하여 분석을 한다

- 문제파악과 공유
- 문제를 무엇으로 인식할 것인가? 어느 정도의 문제인가를 합의한다.
- 문제의 초점을 모아야 한다.

② 해결책을 세운다

- 문제를 맥락별로 정리하여 인과관계를 알기 쉽게 정리한다.
- 문제를 구성하는 항목의 연관관계와 우선순위를 알기 쉽게 정리한다.
- 문제를 근본적으로 해결할 것인지, 임시방편으로 해결할 것인지를 정한다.

③ 실행계획을 세운다

- 맥락별 정리법에 근거해 누구나 납득할 수 있는 절차를 고려한다.
- 절차마다 마감날짜를 정한다.
- 진행절차에 문제가 없는지 점검할 시점과 내용을 정한다.
- 성공하지 못하였을 때를 대비해 대안을 마련해 둔다.

문제해결회의 프로세스

문제해결회의 기본 프로세스는 다음 그림과 같다.

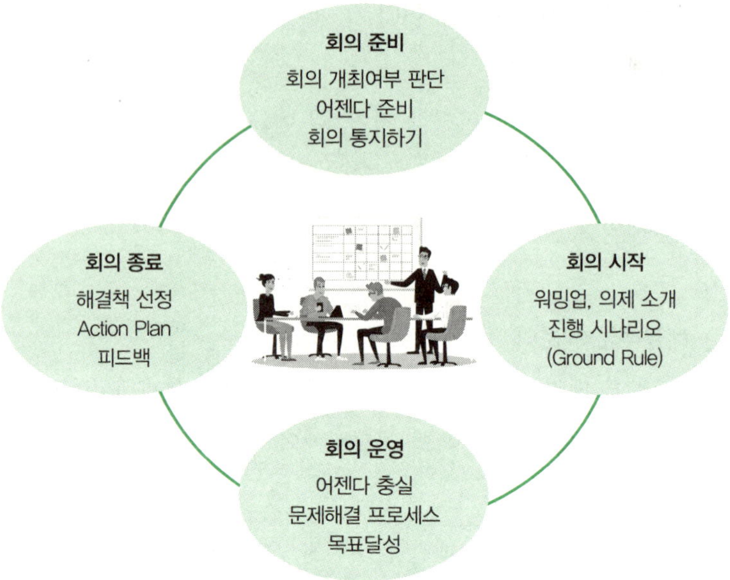

문제해결회의 프로세스

문제해결회의 준비와 회의통지서

문제해결회의는 참석자 선정, 참석자들의 준비가 매우 중요하다. 특히 문제해결회의는 문제와 의제 및 해결책 실행과 관련된 참석자들이 반드시 참석해야 한다. 따라서 문제해결회의를 개최하고자 하는 리더 또는 진행자는 사전에 회의통지서를 반드시 작성해 배부해야 한다. 참석자들 역시 받은 회의통지서를 기반으로 업무 일정 조정, 자료 준비, 아이디어 도출 등을 준비하는 데 만전을 기해야 한다. 문제해결회의 통지는 다음의 회의통지서를 활용하면 좋다. 문제해결회의를 원활하게 진행하기 위해 필요하다면 회의 진행자 또는 리더는 회의 참석자의 참석가능여부를 확인하고, 회의 준비사항도 사전에 확인하는 것이 좋다.

받는 사람			
보내는 사람			
제목			
목적			
장소 및 시간			
참석자			
사전준비	참석자	역할과 준비사항	
진행 시나리오	시간	주요 내용	세부 내용
유의사항			

문제의 배경, 상황

문제해결의 구체적인 수준

문제해결 프로세스 중심
• 문제정의, 원인해결책, 실행계획 등

문제해결회의 통지서 양식

문제해결회의 진행

① 오프닝, 시작

문제해결회의를 시작할 때는 사전에 배포되거나 준비된 어젠다를 중심으로 다음 내용을 회의 참석자 전원에게 알리고 필요하다면 회의 진행에 대한 추가적인 합의를 해야 한다. 문제해결회의의 진행자는 다음과 같이 문제해결회의를 시작한다.

- 회의 목적과 상황 소개
- 회의 안건과 진행 순서 소개
- 참석자의 역할
- 회의 참여 규칙과 참여방법 소개 또는 새롭게 정하기
- 본격적인 논의에 앞서 간단한 워밍업 실시

② 진행

문제해결회의를 진행하는 리더는 준비된 진행 시나리오 또는 회의 어젠다를 충실하게 지켜야 한다. 특히 문제해결회의는 주제에서 벗어나거나 문제와 원인 그리고 해결책들이 동시다발적으로 개진될 가능성이 있기 때문에 이를 적절하게 규제하거나 조절하는 데 실패하면 원활한 회의 진행에 방해를 받을 수 있고, 문제해결을 위한 최선의 해결책을 찾는 데 어려움을 겪을 수도 있다. 문제해결회의 진행가이드는 다음과 같다.

- 상황과 문제를 명확하게 정의하면서 시작한다.
- 필요하다면 부연설명과 정보, 자료 등을 제공한다.
- 주제 · 안건에서 이탈한 의견이라도 인정을 하고 질문("새로운 관점이다. 좀 더 세부적으로 …")을 활용해 구체화시키거나 회의 목적과의 연관성을 확인한다.
- 개진되는 아이디어나 의견을 회의 주제와 연결시키고 긍정적인 반응을 보인다.
- 의견개진을 풍부하게 하고 발전시킨다. 이를 위해 다음의 표현을 사용하면 도움이 된다.
  - "지금 의견에 추가로 덧붙일 수 있다면 어떤 방법이 …"

- "좋은 의견입니다. 그 의견을 다른 관점에서 본다면 …"

■ 회의 리더는 최종결정이 나기 전까지 중립을 유지하고, 객관적인 시각을 유지해야 한다.

■ 회의 리더는 다양한 관점으로 문제를 보고, 해결책을 찾도록 격려한다.

문제해결회의를 이끄는 리더는 다음 문제해결 프로세스를 쫓아서 회의를 진행한다.

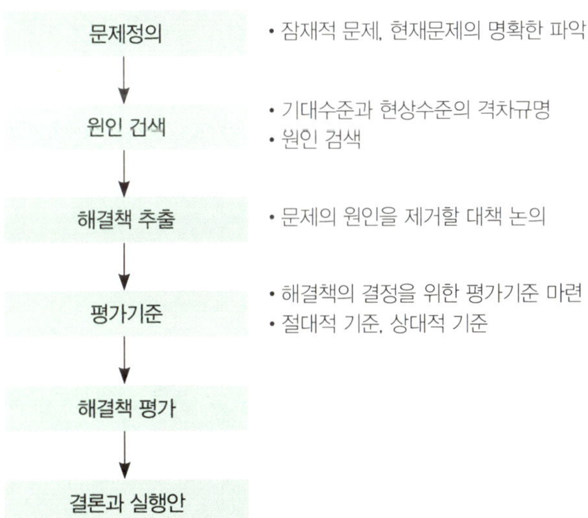

문제해결회의 진행방법

③ 마무리

모든 회의와 마찬가지로 문제해결회의 마무리 역시 잘해야 한다. 결론이 없거나 결론수행의 책임소재를 명확하게 하지 않고 회의를 종료하는 실수를 막기 위해서 회의 리더는 다음 사항을 점검하고 지켜야 한다.

- 회의에서 나온 해결책을 재검토한다.
- 회의결과를 공유한다. 이를 위해서 회의록을 작성하고 관련된 모든 사람들에게 배부해야 한다.
- 회의를 평가한다.
  - 회의시간 준수, 회의 분위기, 참여자들의 몰입수준, 결론의 적합성 등
- 회의결과의 실행계획과 책임자를 분명하게 정한다.
- 사후조치를 협의한다.
  - 실행계획 보고 및 실행지원사항
  - 다음 회의 어젠다
- 회의가 논쟁이 되거나 개진한 의견으로 부정적인 피드백을 받은 참석자가 있으면 개인적인 접촉을 활용해 부정적인 감정을 해소한다.

④ 리더의 점검사항

문제해결회의를 진행한 후 회의 리더는 다음 사항을 점검해야 한다.

- 문제를 객관적으로 파악하고 정의하였는가?
- 문제 내용을 분석적으로 정리하였는가?

- 해결책을 위한 진행절차는 적절하였는가?
- 모두가 적극적으로 참여하였는가?

문제해결회의 진행기술과 기법

① 리더가 알아야 하는 문제 특성들

문제해결회의를 개최하기 전 리더는 문제의 특성을 파악해 회의 개최와 진행에 참고해야 한다. 리더가 알아야 하는 문제의 특성은 다음과 같다.

- 업무난이도 : 문제의 복잡성, 목표달성을 위해 필요한 지식, 노력, 기술
- 해결책의 다양성 : 문제해결을 위해 생각할 수 있고 실행가능한 대안의 수
- 내재적 관심 : 과제(문제해결)에 대해 구성원들이 관심이 있고, 의욕을 느끼며 흥미를 갖는 정도
  관심도가 높으면 각자의 의견과 느낌표현을 잘한다.
- 협력요구사항 : 통합조정 노력이 만족스러운 과업완수에 필수적인 정도
  높은 복잡도 : 구성원들은 서로의 의견을 나누고 정보를 공유하며, 협력을 위한 소통을 더 많이 한다.
- 구성원 숙련도 : 구성원들이 문제와 해결책에 대해 지니고 있는 지식과 경험의 수준
- 수용도 요구수준 : 제안된 해결책이 그것에 영향을 받는 사람들에게 수용되어야 하는 정도

- 해결책의 기술적 요구사항 : 기술적으로 실행이 가능하거나 기술 우수성의 측면에서 어떤 표준에 부합해야 하는가의 정도
- 그룹 · 팀의 재량 범위 : 그룹 · 팀에 주어진 권한의 정도
  권한은 한 그룹의 책임으로 암시 또는 명시되어야 한다.
- 책임 : 권한이 있는 상위조직이나 개인이 하위그룹에 부여하는 과제 등

이러한 내용을 기준으로 문제 특성에 따라 문제해결회의를 진행하는 리더는 아래 표에 정리된 문제해결절차 조정을 적절하게 활용해야 한다.

문제 특성과 조정절차

문제의 특징	문제해결절차 조정
내재적 관심도가 높다.	체계적인 문제해결 전에 자유토의시간을 갖는다.
업무 난이도가 높다.	상세한 문제파악, 다수의 하위질문 또는 연결질문을 한다.
해결책 다양성이 높다.	브레인스토밍, 브레인라이팅 등을 활용한다.
협력요구사항이 높다.	기준단계, 명시적인 기준 작성 및 우선순위를 결정한다.
높은 수준의 수용도가 필요하다.	선택사항을 평가할 경우 영향을 받는 사람들의 이해관계에 집중한다.
높은 수준의 기술이 필요하다.	아이디어 평가, 비판적인 사고에 집중하고, 필요한 경우 그룹의 외부전문가를 초빙한다.
구성원의 숙련도가 높다.	여러 가지 선택사항의 기준과 작성에 집중한다.
단 하나 또는 몇 단계의 문제해결과정이 필요하다.	필요한 단계로 절차를 압축한다.

② 문제해결회의에서 논리적 사고 끌어내기

문제해결회의에서 리더는 다양한 도구와 기술들을 활용해 참석자들의 참여를 끌어냄과 동시에 의견이나 아이디어를 적절한 방법으로 정리해야 한다. 몇 가지 방법을 정리하면 다음과 같다.

- 솔루션 트리 : 최우선과제를 중요과제와 과제로 세분해 나가면서 해결책을 찾는 방법이다.

솔루션 트리

- 액션 트리 : 최우선과제를 해결하기 위한 구체적인 행동을 찾아낸다.

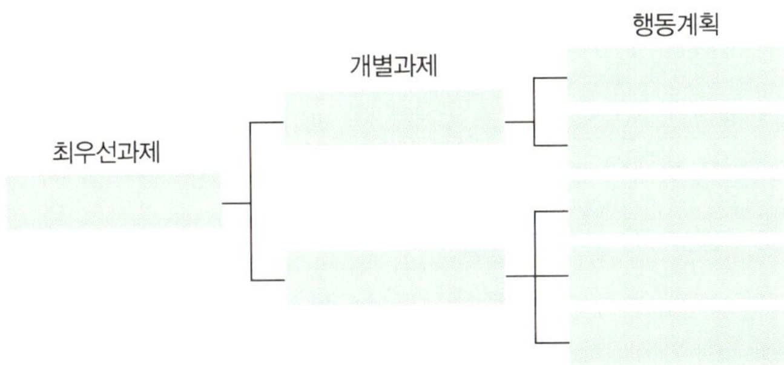

액션 트리

③ 문제를 발견하고 정의하기

문제해결의 출발은 문제를 명확하게 정의하는 것이다, 명확한 문제정의는 절반의 해결이다. 즉 잘 된 문제정의는 해결책 발굴이 그만큼 쉬워진다는 것을 의미한다. 문제를 발견하는 방법에는 다음의 것이 있다.

A. 문제발견

- ■ 문제인식
- ■ 상황파악과 분석
  - 지금 무슨 일이 발생하고 있는가?
  - 그 이유는 무엇인가?
- ■ 문제정의
  - 우리는 무엇을 하고자 하는가?
  - 우리가 도달하고자 하는 모습은 어떤 모습인가?

B. 문제진술법

- ■ 현재의 상태를 있는 그대로 기술한다.
  고객들이 서비스 콜에 대해 불만을 토로한다.
- ■ 문제해결수준을 결정한다.
  불만고객의 25%가 24시간 이내에 답을 원한다.
- ■ 바람직한 상태를 기술한다.
  고객불만에 대한 모든 응답을 24시간 내에 완료한다.

C. 5Why법

- 현상의 정의 및 기술
  - 배송차가 도착하였을 때 제품이 제대로 준비되어 있지 않다.
- 지속적인 Why를 활용해 문제를 구체화한다.
  - Why : 마지막 조립을 제시간에 마치지 못하기 때문이다.
  - Why : 부품 B가 지속적으로 부족하기 때문이다.
  - Why : H라인에서 계속 그 부품을 통보 없이 가져가기 때문이다.
  - Why : H라인에 부품이 부족하기 때문이다.
  - Why : H라인에서 필요한 부품조달에 문제가 있다.

④ 해결책 찾기

문제를 명확하게 정의한 후 다음으로는 원인과 해결책을 찾는다. 이때 활용할 수 있는 기법들은 다음과 같다.

A. 브레인스토밍

몇 사람이 모여서 어떤 주제나 문제에 대해 다양한 많은 의견이나 아이디어를 내도록 하는 기법으로 이미 많은 조직과 사람들이 활용하고 있는 기법이다. 브레인스토밍을 할 때는 다음에 주의한다.

- 상대방의 아이디어에 대한 평가나 비판을 하지 않는다.
- 자유분방하게 아이디어를 표현한다.
- 질보다 양이다.
- 결합, 분리, 개선하기를 한다.

■ 한 번에 하나씩 발언한다.
■ 리더나 진행자는 중간중간 나온 아이디어들을 요약해 준다.
■ 표현되는 아이디어는 모두 기록한다.
■ 리더가 권한을 갖고 있거나 고위직일 경우 아이디어는 맨 나중에 발언한다.
■ 아이디어 확장하기 : 타인의 아이디어 편승하기 등의 원칙을 지켜야 한다.

B. 브레인라이팅

브레인스토밍이 가진 한계(민감한 의제에 대한 의견표출 어려움, 상사의 영향력 등)를 벗어나 다양한 아이디어를 끌어내는 방법으로 다음 상황에 적합하다.

■ 의제와 안건이 민감한 사안일 때
■ 공개된 소통에 어려움이 있을 때
■ 소극적인 참석자가 있을 때
■ 조직의 상사가 있어 의견개진에 부담을 가질 때
■ 논쟁이 자주 발생하는 회의문화가 있는 조직

브레인라이팅을 하는 방법은 다음과 같다.

■ 각자가 주어진 종이에 자신의 의견이나 아이디어를 정해진 시간 동안 기록한다. 이때는 절대로 말을 하지 않는다.
■ 약속한 시간이 지나면 기록한 종이를 모아 아이디어를 정리한다.
■ 약속한 시간이 지나면 각자 기록한 종이를 시계 방향으로 이

동시킨다.

- 옆 사람은 받은 종이에 적힌 내용을 읽고 자신의 의견이나 아이디어를 추가한다. 이때 절대로 앞 사람의 의견이나 아이디어를 평가하거나 비난하지 않는다.
- 이러한 방법으로 한 바퀴를 다 돌면 리더는 종이를 모아 의견이나 아이디어를 공유하면서 정리한다.

C. 친화도법

브레인스토밍이나 브레인라이팅기법으로 발굴한 아이디어를 정리하는 방법으로 다음 그림의 순서로 진행한다.

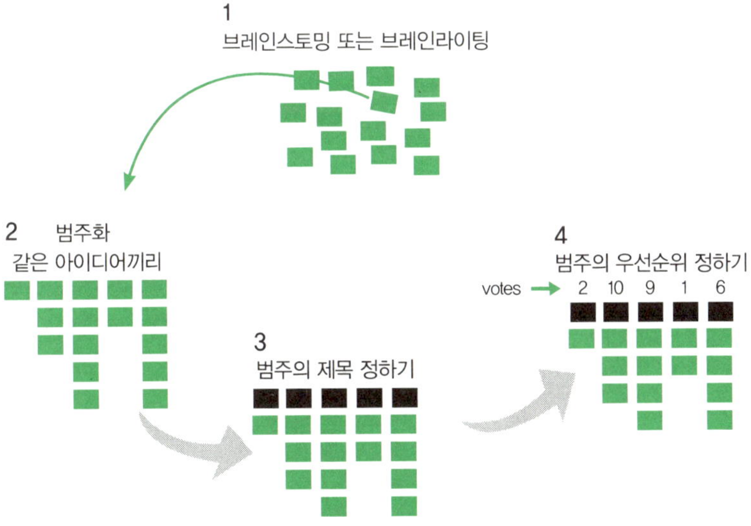

아이디어 모으기와 분류하기

D. 오스본 체크리스트법

아이디어를 발굴하는 데 실마리가 되는 유용한 기법으로 새로운 아이디어를 내는 체크 포인트를 준비해 두고 질문을 통해 하나씩 찾아가는 기법이다. 이때 사용할 수 있는 질문들은 다음과 같다.

- 무엇인가 달리 사용할 수는 없을까? 달리 사용할 곳은 없는가?

  볼펜을 필기할 때 말고 다른 데 사용할 수는 없을까?
- 다른 데서 아이디어를 빌려 올 수 없을까? 다른 것에서 착상을 빌려 올 수는 없을까? 모방할 것은 없는가?

  스키를 보고 수상스키를 고안해 낸 것
- 다르게 변경할 수 없을까?(소리, 냄새, 동작 등) 비틀거나 바꾸어 보면 어떨까?

  업무를 재배치하면 어떤 효과가 있을까?
- 더 크게(무겁게, 길게, 넓게, 두껍게) 하면 어떨까? 확대해 보면 어떨까?

  환자뿐 아니라 누구에게나 필요한 비타민제를 만들면 어떨까?
- 더 작게(가볍게, 짧게, 좁게, 얇게) 하면 어떨까? 축소해 보면 어떨까?

  타깃을 30대(代)로만 정하면 어떨까?
- 교체하면 어떨까? 대용이나 대체하면 어떨까?

  못 대신 나사를 써보면 어떨까?
- 바꾸어 보면 어떻게 될까?

  순서, 일정, 배열을 바꾸면 어떨까?
- 거꾸로 하면 어떨까? 반대로 하면 어떨까?

동물원에서 동물이 돌아다니고 인간이 우리 속에 들어가 구경하는 것은 어떨까?

- 결합시켜 보면 어떨까? 조합하거나 연결해 보면 어떨까? 아이디어를 합치면 어떨까?
  TV에서 인터넷까지 할 수는 없을까?

⑤ 해결책 평가 및 결정하기

브레인스토밍 등의 방법으로 발굴한 다양한 해결책 중 최적의 해결책을 선택해야 하는 단계이다. 이때 가장 많이 활용하는 것이 다음의 방법이다.

- 준거기준법 : 해결안의 가장 중요한 요소(실행가능성, 비용, 효과 등)들을 기준으로 발굴한 해결책을 평가하는 방법으로 다음 표를 활용한다.

	절대적 요소							
Ideas								

절대적 요소와 아이디어

- 다음으로는 절대적인 기준이 아닌 바람직한 기준(없어도 괜찮지만 있으면 좋은)으로 해결책을 평가한다. 이때에는 각 요소가 문제해결, 비용, 시간 등에 미치는 영향을 기준으로 가중치를 주는 것이 좋다.

		바람직한 요소							
Ideas	가중치 (원할 경우)	1	3	2	1	3	2		

바람직한 요소와 아이디어

⑥ 실행계획 수립

이 단계에서 리더는 문제해결회의에서 도출된 해결책이 실행되어 회의의 성과가 가시화되도록 구체적인 계획과 책임자 등을 정해야 한다. 만일 회의시간에 이 실행계획을 수립할 수 없다면 회의를 마친 후 책임자에게 실행계획을 수립해 보고하도록 해야 한다. 실행계획의 구조는 다음과 같다.

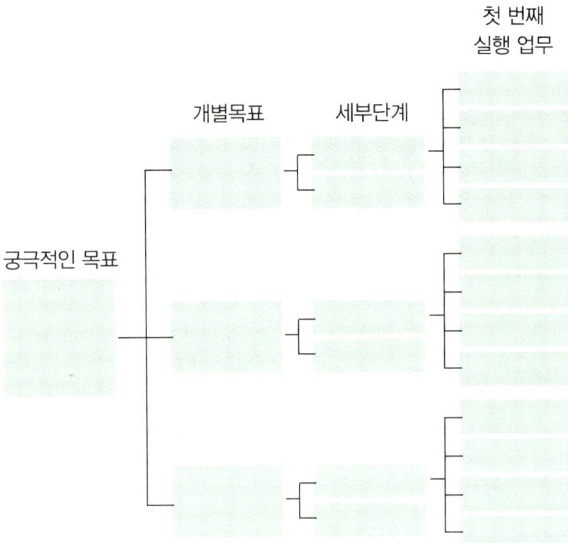

실행계획구조

구체적인 책임자와 실행을 위한 순서 또는 일정 등은 다음과 같다.

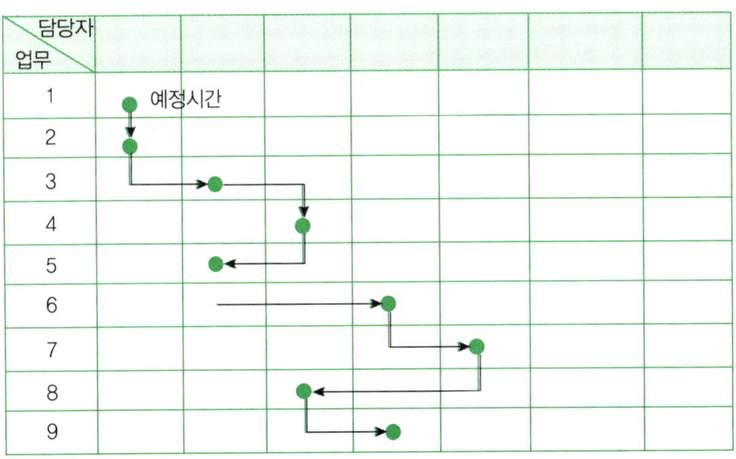

실행 프로세스

곤란한 상황 극복하기

문제해결회의를 진행할 때 회의 리더는 참석자들이 내용과 관련해 특히 문제의 원인에 대한 책임으로 감정적이 되거나 창의적이 되지 못하는 상황이 발생한다. 이때는 회의 리더는 다음의 방법을 활용해 회의를 정상화시켜야 한다.

① 참석자들이 감정적이 될 때

- 무엇인가를 변경한다.
  - 장소를 변경한다.
  - 휴식시간을 갖는다.
  - 회의 의제를 바꾼다.
  - 의견을 발표하는 방법, 순서를 바꾼다.
- 회의를 계속해야 하는 이유를 찾는다.
  - 지금까지 진행사항을 정리한다.
  - 공동의 목표를 강조하고 재확인한다.
- 개별적인 접촉으로 원인을 찾고 해결한다.
  - 어떻게 전개되기를 바라는가?
  - 어떤 것을 하고 싶은가?
  - 어떻게 하면 이 상황을 개선할 수 있을까?
  - 문제를 재논의하기 전에 분명하게 해두고 싶은 것이 있는가?
- 성급하게 회의 결론을 내리려 조급해하지 않는다.
  - 이견들을 모두 찾는 데 집중한다.
  - WHY, WHEN, WHO, HOW TO 기법으로 의견을 논리적

으로 정리한다.

- 지나친 감정을 계속 유지하면 다음 회의로 연기한다.

② 참석자들이 창의적이 되지 않을 때

■ 대체하기

- 무엇을 대체할 것인가? 어떻게 대체할 수 있는가?

■ 결합하기

- 무엇을 결합할 것인가? 어떤 것과 결합할 것인가?
- 어떻게 결합할 것인가?

■ 적용하기

- 그 밖에 그 무엇과 유사한가?
- 어떤 아이디어와 통합될 수 있는가?
- 누가 모방할 수 있는가?

■ 확대하기

- 무엇을 크게, 증가하게, 확대되게, 확장시킬 수 있는가?

■ 수정하기

- 무엇을 바꿀 수 있는가?

■ 다른 용도로 사용하기

- 그 밖에 다른 용도는? 현재 용도는? 수정한다면?

■ 제거 혹은 축소하기

- 무엇을 제거, 축소, 감소할 수 있는가?
- 여러 부분으로 나눌 수 있는 것은 무엇인가?
- 불필요한 것은 무엇인가?

■ 재배열하기

- 배열, 배치, 순서, 일정 등을 재배치하면 더 유용해지는 것은 무엇인가?

■ 반전시키기

- 거꾸로 뒤집거나 전환시킬 수 있는 것은 무엇인가?
- 정반대되는 것은 무엇인가?

③ 참석자 중 한 명이 독점을 할 때

■ 그 사람이 업무 또는 문제와 관련된 전문가이다.

- 의견에 감사를 표하면서 관점, 시각을 전환한다.
- 전체의 합의가 필요함을 강조한다.
- 다른 참석자들에게 결정을 내려도 되는지 묻는다.

■ 그 사람이 인기가 있거나 카리스마가 있거나 오피니언 리더이다.

- 카드 혹은 종이를 나눠주고 의견이나 아이디어를 메모하게 한다.
- 카드를 모아 의견과 아이디어를 리더가 읽고 서기가 기록한다.
- 좋은 의견에 감사하고 다른 사람의 의견도 듣는 것이 가치 있음을 강조한다.

■ 그 사람이 회의 분위기를 지루하게 하거나 주제에서 이탈을 가져온다.

- 직접 지적을 해 회의에 집중하게 한다.
- 어젠다를 강조한다.
- 발표 규칙을 지키도록 한다.
- 발표시간, 발표방법 등을 확인시킨다.

■ 그 사람에게 의견이 회의 목적과 어떤 관련이 있는지 묻는다.

Tip 회의 사례와 해결책

- 리더 : 자! 오늘 회의에서 난 결정사항과 실행으로 옮기기로 한 업무들은 잘 이해했죠. 정해진 시간에 맞추어 주기 바랍니다.
- 참석자 1 : (리더에게) 좀 더 구체적으로 업무를 분담해야 하는 것 아닙니까? 책임소재가 좀 애매하고 중복되는 업무도 있는 것 같은데 ….
- 리더 : 늘 이렇게 해 왔는데 새삼스레 …. 그리고 이제껏 별문제 없었잖아요.
- 참석자 1 : 지난번 회의에서 다룬 문제를 오늘도 다루었는데 그 책임이….
- 리더 : (끼어들며) 그렇게 급하고 중요한 문제가 아니니까 너무 걱정하지 마세요. 자, 회의를 마치도록 합시다.

그 후 일주일 사이에 회의에서 다룬 문제에 대한 급한 일이 생겨서 처리를 하는데, 회의 후 진척된 내용이 없어 부서 전체가 발칵 뒤집어지는 일이 생겼다.

■ **발생원인**

- 리더는 회의의 결론을 실행하는 데 참여자 전원이 자신의 역할과 책임을 이해하고 있으리라 생각한다.

리더가 지나치게 직원들의 자발성을 믿는다. 즉 회의를 진행하면서 리더는 참석자들이 자신들의 업무와 관련된 사안들을 잘 정리하고 스스로에게 요구되는 행동과 수행할 업무를 진행할 것이라고 생각한다.

- 리더는 자발적으로 참석자들이 각자가 해야 하는 행동을 하리라 생각한다.

대부분의 직원들은 회의결과가 자신의 업무와 어떤 연관성이 있고 자신이 어떤 행동을 하여야 하는지를 이해한다. 하지만 이러한 자발성이 부족한 직원이 있을 경우 위의 문제가 발생할 가능성이 있다는 것을 간과하고 있다.

- 참석자들은 자신 외 누군가가 그 일을 처리하리라고 생각한다.

회의에서의 결론이 자신의 업무와 직접적인 관련성이 적은 사안일 경우에는 서로 그 실행을 미루거나 다른 사람이 할 것이라는 안일한 생각을 가지게 된다. 따라서 업무수행이 되지 않아 문제가 발생할 때까지 그 내용을 모른다.

• 참석자들은 회의의 결론에 대한 책임소재의 불명확성으로 업무의 중요성을 낮게 평가하고 있다.

회의결과와 자신의 업무와는 다른 것이라고 생각한다. 회의 결론에 대한 명확한 책임소재와 실행계획이 없으므로 자신의 업무에만 집중한다.

■ **부작용**

• 회의 결론이 실행되지 않는다.
• 중요한 업무수행에 지장이 생긴다.
• 서로 책임을 전가하는 일이 생긴다.
• 회의에 대한 중요성을 낮게 평가한다.
• 회의의 몰입도가 떨어진다.

■ **대책**

• 리더는 결론에 대하여 명확한 실행 책임자와 지원자를 결정한다.

회의의 최종적인 성과는 회의결과의 실행에 있다. 실행되지 않은 회의결과는 오히려 참석자들의 의욕을 떨어뜨린다. 리더는 회의를 마치면서 다음 사항을 따른다.

① 회의를 요약한다.
② 회의의 목적달성과 성과를 확인한다.
③ 참석자들의 기여(좋은 아이디어, 건설적인 토론 등)에 감사한다.
④ 회의결과를 언급하고 책임소재와 실행계획을 확인한다.
⑤ 담당자에게 요구되는 행동(계획수립 및 보고 등)을 구체적으로 알린다.
⑥ 모두에게 감사한다.

• 구체적인 실행계획을 세운 후 회의를 마친다.

회의를 마치면서 회의결과를 실행하기 위한 구체적인 계획과 책임자를 회의시간에 확정 짓는다. 필요하면 그 책임자는 자신의 실행계획을 준비해서 리더에게 개인적인 보고를 하도록 한다.

• 리더 혹은 참석자들은 스스로 자신의 역할과 책임을 떠맡는다.

회의 내용은 자신이 이끌거나 소속된 부서의 업무이다. 그 업무는 자신에게 부과된 다른 업무와 관련성이 있는 것이 대부분일 것이다. 따라서 참석자들은 자신이 도전하고 싶은 업무이거나 발전에 도움이 될 것이라고 생각하는 회의 결과에 대해 자발적인 책임을 지겠다는 생각과 태도를 갖는 것이 좋다. 이를 통해 자신의 능력을 보여주는 기회를 잡을 수도 있다.

• 참석자 중 한 명이 회의록을 기록하는 서기 역할을 한다.

서기는 회의를 마칠 때 회의결과를 정리하고 각자에게 부과될 책임을 강조한다. 이 내용이 없으면 서기는 리더에게 요청을 해 결과를 정리하고 분명한 책임자를 정하도록 한다. 그리고 회의를 마친 후 서기는 회의 내용을 정리해서 리더의 확인을 받은 후 회의록을 관련자에게 배부한다.

회의록에는 회의 목표와 의제, 참석자, 시간, 장소, 결론, 책임자, 보조자, 시간계획 등을 기록한다. 리더는 어떠한 회의이든 반드시 회의를 마친 후 24시간 이내에 회의록을 관련자에게 배부하도록 하여야 한다. 회의록의 기록은 서기 책임이지만 배부와 회의결과의 실행은 리더의 책임이다.

• 회의 중 책임자를 결정하지 못하였다면, 리더는 회의 후 회의록을 정리하고 배부하면서 책임자를 명확하게 정해서 통지하거나 회의록 배부를 통해 명확하게 업무를 알린다. 필요하다면 리더는 업무위임을 받을 직원과 개별적인 미팅을 한다. 업무의 목표와 시한 그리고 필요한 지원, 계획 등을 합의한다.

출처 : 노진경, 유능한 리더의 회의운영 노하우, 이담북스, 2010 수정보완

의사결정회의

의사결정회의는 문제해결회의만큼 자주 열리면서 중요한 회의이다. 의사결정회의는 팀 · 부서 업무조정, 팀 · 부서의 새로운 프로젝트 선택 또는 거부, 팀 · 부서 예산집행 그리고 기존 프로젝트의 진행 결정여부 등의 상황에서 최선의 방법을 결정하기 위해 개최된다. 이러한 의사결정회의에서 의사결정의 수준을 결정하는 것은 다섯 가지가 있다.

- 구성원의 능력
- 과제의 종류
- 팀이 가진 결과물에 대한 기준과 수준 그리고 규범을 실행할 수 있는 결속력 소유여부
- 팀의 문제해결절차의 체계성과 조직성
- 팀구성원이 견실한 증거를 기반으로 유효한 결론에 도달하는 과정에서 기술과 결단력을 제대로 확보하였는가 여부

의사결정회의 기본 프로세스

의사결정회의의 기본 프로세스는 다음과 같다. 이 회의 역시 회의 개최여부를 판단하는 것에서 시작이 된다. 회의 개최가 결정되면 의사결정회의 리더 · 진행자는 회의 목적을 명확하게 정해야 한다. 이 회의의 결과인 의사결정의 수준은 곧 기업 · 부서의 역량과 관련이 있다.

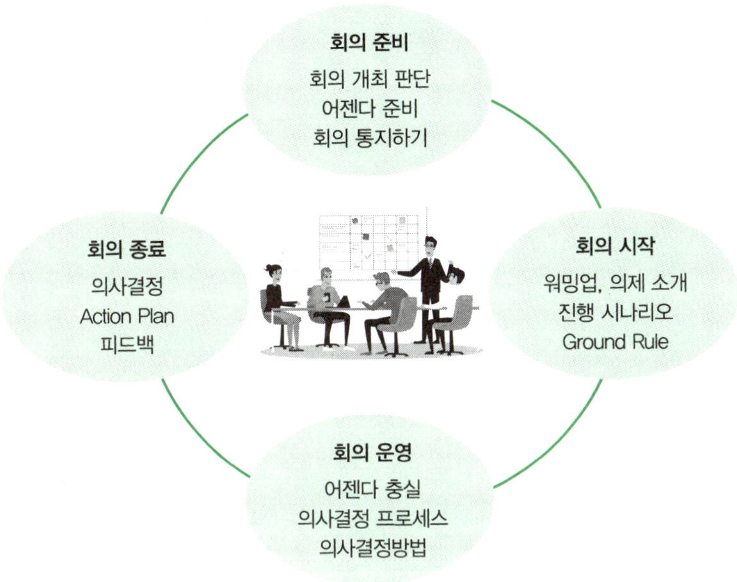

의사결정회의 프로세스

의사결정과 몰입의 수준

의사결정회의는 참석자들이 의사결과정과 결과에 얼마나 몰입하는가 회의 성과를 결정한다. 조직의 리더 혹은 관리자가 회의를 통해서 내리는 의사결정의 유형은 다음 그림과 같이 통보형에서 위임형으로 일곱 가지가 있으며 각각의 의사결정에 따른 몰입의 수준 역시 다르다. 각 유형의 장단점에 대해서는 뒤에서 자세히 설명해 놓았다.

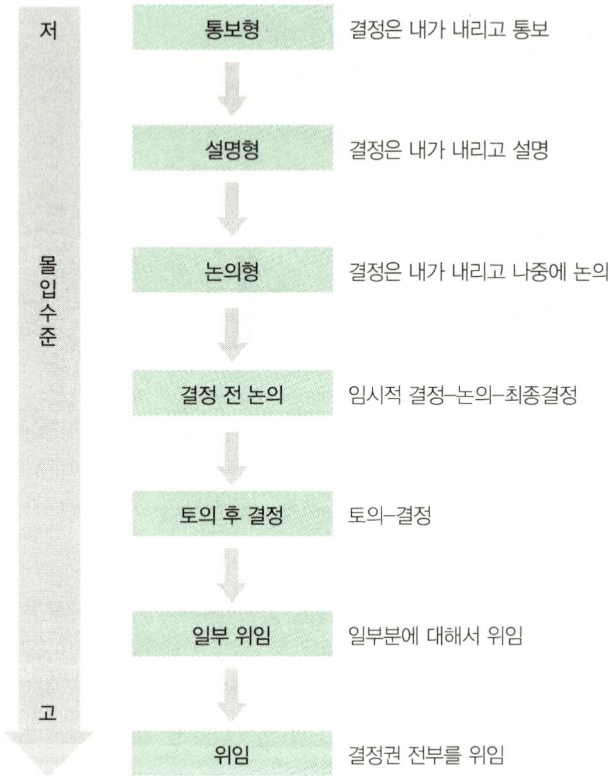
저
몰입수준
고
통보형
결정은 내가 내리고 통보
설명형
결정은 내가 내리고 설명
논의형
결정은 내가 내리고 나중에 논의
결정 전 논의
임시적 결정–논의–최종결정
토의 후 결정
토의–결정
일부 위임
일부분에 대해서 위임
위임
결정권 전부를 위임

의사결정 유형

의사결정회의 통지서

의사결정을 위해 회의를 개최하려는 리더, 관리자는 의사결정 내용의 수준을 올리고 참석자들이 제대로 된 준비를 한 상태에서 회의에 참석하도록 하기 의해 사전에 충분한 시간적 여유를 두고 회의 개최를 알려야 한다. 의사결정회의 통지서는 다음과 같다.

<table>
<tr><td>받는 사람</td><td colspan="3"></td></tr>
<tr><td>보내는 사람</td><td colspan="3"></td></tr>
<tr><td>제목</td><td colspan="3"></td></tr>
<tr><td>목적</td><td colspan="3"></td></tr>
<tr><td>장소 및 시간</td><td colspan="3"></td></tr>
<tr><td>참석자</td><td colspan="3"></td></tr>
<tr><td rowspan="2">발표자 및 준비</td><td>참석자</td><td colspan="2">역할과 준비사항</td></tr>
<tr><td></td><td colspan="2"></td></tr>
<tr><td rowspan="2">일정</td><td>시간</td><td>주요 내용</td><td>세부 내용</td></tr>
<tr><td></td><td></td><td></td></tr>
<tr><td>유의사항</td><td colspan="3"></td></tr>
</table>

— 의사결정이 필요한 상황 (제목)

— 구체적인 의사결정 수준, 결과 (목적)

의사결정회의 통지서 양식

의사결정회의 진행방법

의사결정회의의 진행과정은 다음과 같다.

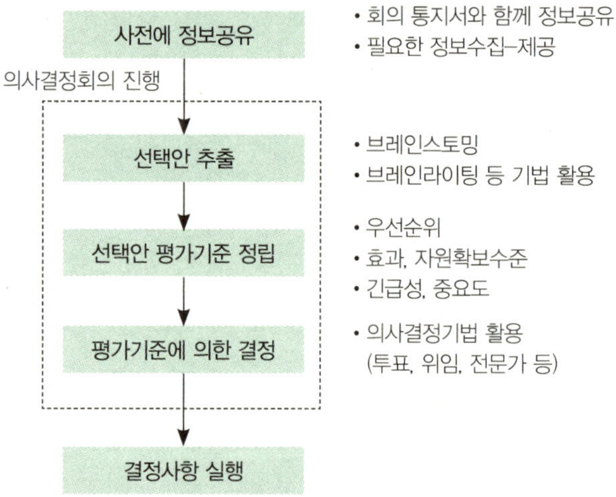

의사결정회의 진행방법

① 의사결정회의 시작 : 오프닝

- 회의 상황소개
- 의사결정의 내용, 가치, 영향
- 역할과 회의 참여 규칙
- 참여방법 및 의사결정방법
- 워밍업 또는 아이스브레이킹

② 의사결정회의 진행원칙

- 모든 참석자에게 참여기회를 제공한다.

- 모든 참석자가 의사결정방법을 이해하고 합의한다.
- 현안을 다양한 시각으로 보도록 유도한다.
- 열린 마음으로 반대의견을 수용하는 분위기를 만든다.
- 의사결정을 상위 목표, 전략과 연결시킨다.
- 결정안에 대해서는 모든 참석자가 기꺼이 수행하도록 한다.

③ 의사결정회의 마무리

- 의사결정의 내용에 따라 효과적인 의사결정기법을 활용한다. 이 기법에 대해서는 뒤에서 알아본다.
- 의사결정 내용에 대한 참석자 전원의 이해와 동의여부를 확인한다.
- 각자 실행할 사인을 정리하고 확인, 공유한다.
- 회의록을 작성하고 배부한다.
- 회의를 평가한다.

의사결정을 지원하는 논리적인 사고

최선의 의사결정을 위해서는 몇 가지 기법과 도구들을 의사결정 내용과 상황에 따라 적절하게 활용할 수 있어야 한다. 여기에 의사결정을 지원하는 논리적인 사고를 위한 도구를 정리해 놓았다.

① Why 트리

의사결정을 위한 문제의 원인을 정리하고 분석할 때 활용한다.

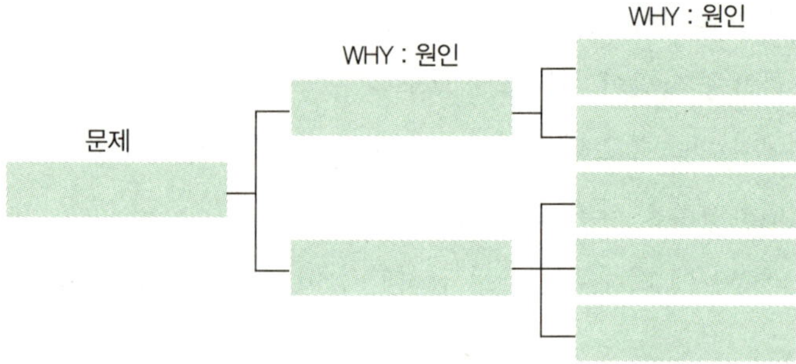

원인 발견하기

② How 트리

과제해결을 위한 대책을 정리하고 우선순위를 부여할 필요가 있을 때 활용한다.

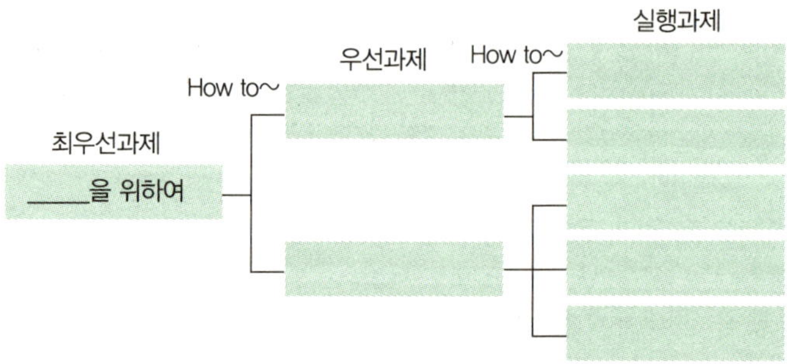

우선순위 결정하기

③ 전략 트리

기본전략, 행동까지 세분화할 필요가 있을 때 활용한다.

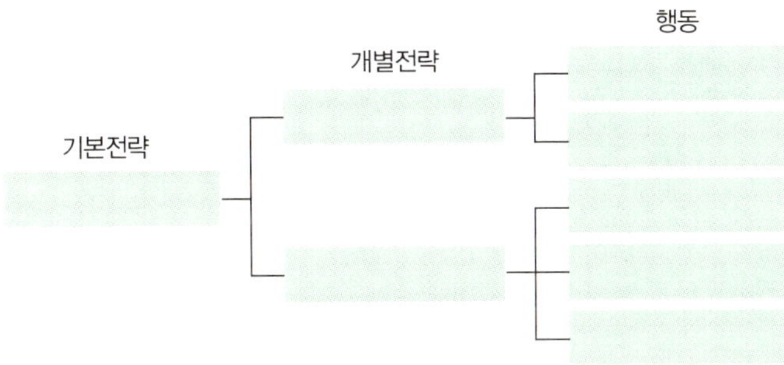

전략 세우기

7가지 의사결정기법

의사결정회의에서 합의도출을 위해서는 다음의 몇 가지 원칙들을 지켜야 한다.

- 해결해야 하는 문제나 결정사안 또는 목표를 구체적으로 말한다.
- 의사결정방법을 분명히 밝힌다.
- 합의에 따른 의사결정 규정을 팀에게 신속하게 알린다.
- 대안에 대한 장단점을 다시 정리하면서 시작한다.
- 적절한 시기에 합의가 가능한지 시험해 본다.
- 결정사안이 매우 중요하다면 관련자를 개별관리한다.
- 각자가 실천할 내용을 정리하면서 마무리한다.

이상의 원칙을 기반으로 회의 리더가 의사결정회의에서 의사결정을 할 때 사용할 수 있는 의사결정기법과 각 기법을 사용할 때 고려사항들을 정리한 것이 다음 표이다.

의사결정 유형과 장단점

의사결정기법	필요할 때	잠재된 문제	표현하기
참여하기 : 의견을 구하고 수렴하기	• 팀원들이 필요한 안목과 경험을 갖추었을 때 • 리더에게 팀원의 의견, 정보 등이 필요할 때 • 의사결정사안에 대해 팀원이 중요한 직원일 때 • 리더의 열린 마음, 리더십 • 팀원들의 적극적인 협력이 나타날 때 • 최종책임이 리더에게 있을 때	• 의견을 요청하고 들어주지 않으면 동기 저하 • 리더가 질문하지 않으면 의견제시 의욕감소	"3/4분기까지 SDF제품의 출시를 미루었을 때의 불이익에 대해 의견 준비를 부탁했습니다. 의견을 말씀해 주시기 바랍니다." "이 일에 대한 책임은 전적으로 내게 있지만 최종적인 결정을 위해 의견을 듣고 싶습니다."
혼자 결정하기	• 팀원들이 이 분야에 경험이 적을 때 • 의견을 요청해도 진전이 없을 때 • 긴급 상황 : 신속한 결정 • 고위층에서 결정을 요구할 때 • 회사방침에 따라 해결책이 유일할 때 • 팀원들이 리더에게 모든 것을 맡길 때 • 리더의 결정에 이견이 없을 때	• 결정에 필요한 정보가 제한 또는 질 저하 • 의사결정의 실행에 소극적 반발 우려 • 자신들의 역할에 대한 자부심 저하 • 팀원들의 내적인 저항 • 리더의 결정이 모두에게 통보되지 않을 우려	혼자 결정할 수밖에 없었던 상황을 설명한다. "마감시간이 임박했기 때문에 어제 상사에게 업무계획을 보고하였음을 알려 드립니다."

표결하기	• 어떤 문제에 대해 팀원들의 입장을 기록해 놓아야 할 때 • 신속하게 효율적인 의사결정이 필요할 때 • 팀원의 과반수 이상의 지원에 확신이 필요할 때	• 중요한 의견의 제안을 방해, 원천봉쇄 • 찬반에 의한 갈등 발생 • 다수의견 동조 우려 • 반대자들이 실행안 거부	"현재 논의 중인 프로젝트를 우리가 지속할지 아니면 다른 부서의 협력을 해야 할지를 결정해야 합니다. 우리가 그대로 하는 것이 좋다고 생각하는 분은 몇 명입니까? 아니면 다른 부서의 협력을 얻어야 하는 분은 몇 분이신지?"
몇몇이서 결정할 때 : 전문가	• 팀 내 전문적 소견을 갖춘 팀원이 있을 때 • 다른 팀원들이 그 전문가를 인정할 때 • 팀원들이 자신들의 무지를 인정할 때 • 신속하고 효과적인 결정이 필요할 때	• 결정과정에서 팀원들이 소외감을 가질 우려 • 팀원들이 전문가의 소견을 의심 • 팀원들이 주제에 대해 배울 기회 상실	"이 안건은 생산부가 결정할 사안인 것 같습니다. 왜냐하면 우리는 이 주제에 대해 잘 모르기 때문에…." "상황을 보니 오늘 결정을 내리는 것이 무리가…. 그래서 전문가인 장기설 과장이 우리 의견을 수렴해 결정을 내리도록 하는 것이 좋겠습니다."
타협하기 : 평균	• 확실한 대안이 몇 가지 있을 때 • 외부 이해관계자나 고객이 타협안을 기꺼이 받아들일 때 • 팀원들이 새로운 대안을 위해 기꺼이 제안을 포기할 때 • 의견차를 절충하거나 타협안을 모색할 수 있는 대안이 나왔을 때	• 누군가 불만을 가질 수 있음 • 타협할 수 없는 결정안을 타협하면 그 효과가 거의 없음	"참석자 절반 정도는 예산을 7% 늘리자고 하고, 나머지 분들은 4%만 늘리자고 하고… 그러면 5.5%가 어떨까요?" "이 사안에 대해서는 조순민 대리와 손창길 과장이 서로의 제안을 절충하는 것이 어떻겠습니까?"

대충 넘어가기	• 의사결정이 흐지부지됨 • 다른 안건에 밀려남 • 의견은 난무하나 결정이 되지 않음 • 감정이 나오기도 함	• 중요한 문제가 해결되지 않음 • 회의결과나 결정사안에 대한 이해가 다름 • 귀중한 시간 낭비 • 기타 회의비용 낭비	"계속 진행하기 전에 우리가 당면 문제에 대해 결정한 바를 분명히 짚고 넘어갑시다." "우리가 갑자가 다른 안건으로 넘어간 것 같은데… 이전에 결정한 것이 분명하지 않은 것 같군요. 한 분이 결정된 내용을 말씀해 주시겠습니까?"
합의	• 회의실에 전문가가 없거나 스케줄이 맞지 않을 때 • 결정사안이 팀에 매우 중요할 때 • 충분한 시간이 필요할 때 • 분명한 해답을 찾지 못할 때 • 굳이 특정 결정을 내릴 필요가 없을 때	• 시간적 여유가 없을 때 • 합의과정에 실수 • 열린 커뮤니케이션이 되지 않아 의견개진이 자유롭지 못하면 진정한 합의가 아님 • 침묵이 합의에 동의한 것으로 오인 • 너무 많은 참석자로 모두 참여가 불가능함	"매우 중요한 안건이기 때문에 팀원 전체의 의견을 들어 봐야겠습니다." "몇몇은 의견을 자제하였고, 다른 몇 분은 이 방안이 모든 필요를 충족시킬 수 없다고 하셨습니다. 그러나 모두의 합의로 결정이 내려졌기 때문에 모두 결정한 사안에 열심히 노력해야 한다고 생각합니다. 어떻게 생각하시는지요?"

의사결정 방해요소 및 제거하기

의사결정회의에서 의사결정을 방해하는 요소는 크게 여섯 가지가 있다. 탐욕, 수렁, 모호, 점프, 채찍 그리고 방해이다. 각 요소들을 제거하지 않으면 의사결정을 내리지 못하거나, 의사결정수준이 낮다. 각 방해요소들을 제거하는 방법은 다음과 같다.

① 탐욕

너무 많은 말을 하는 참석자가 의사결정수준까지 영향을 미친다.

- 발언의 순서를 정한다.
- 발언시간을 정하고 철저하게 지킨다.
- 말을 많이 하는 참석자가 있을 때 의견을 개진하는 방법을 바꾼다.
- 탐욕자가 말을 마치면 의견발표에 감사를 표하면서 다른 참석자들의 의견도 소중하고 필요하다는 것을 강조한다.

② 수렁

한 가지 주제를 오랜 시간 동안 물고 늘어지는 참석자에 대해서는 다음을 따른다.

- 중요한 사안이 포함되어 있을 수 있기 때문에 '왜?'라는 질문을 활용해 이면을 파악하거나 이유를 파악한다.
- 이미 결정된 사안이라는 것을 강조하면서 재확인한다.
- 현재 주제에 집중하자고 한다.

■ 지금의 주제와 어떤 연관이 있는지 물어본다.

③ 모호

논의 중인 주제에 대한 언급을 피하고 모호한 말만 하는 참석자에 대해서는 다음을 따른다.

■ 질문을 통해 모호함을 극복한다.

■ 회의 목적과 주제를 강조하면서 집중하도록 한다.

■ 회의에 적절한 역할을 주어 집중하게 한다.

■ 발언 내용을 인정하면서 주제와의 연관성을 묻는다.

④ 점프

한 가지 주제를 말하다가 다른 주제로 넘어가는 참석자에 대해서는 다음을 따른다.

■ 한 가지 주제를 마무리하고 다음 주제로 넘어간다.

■ 현재 주제를 강조한다.

■ 어젠다를 강조하고 규칙을 재확인한다.

■ '왜?'라고 묻는다.

⑤ 채찍

다른 사람의 참여를 격려하기보다는 공격하는 참석자에 대해서는 다음을 따른다.

■ 다양성과 이견이 중요하다고 강조한다.

■ 자신의 의견만 말하도록 한다.

■ 지나치게 공격을 할 때는 의견개진방법을 바꾸어 본다.

- 회의장을 벗어나게 한다.

⑥ 방해

결정에 도달하는 것을 방해하면서 회의 분위기를 저해하는 참석자에 대해서는 다음을 따른다.

- '왜?' 그러한 행동을 하는가 묻는다.
- 사전에 회의에서 역할을 부여한다.
- 의사결정 지연이 미치는 영향을 강조한다.
- 이탈시킨다. 회의장을 벗어나게 한다.

잘못된 의사결정을 막는 방법

잘못된 의사결정은 개인, 팀, 조직의 성과에 치명적으로 부정적인 영향을 미친다. 하지만 의외로 잘못된 의사결정이 빈번하게 발생한다. 내부에서 최선의 의사결정이라는 것이 시장에서 전혀 엉뚱한 결과(뉴코크의 실패, 분무식 치약의 실패 등)를 가져오기도 한다. 다음의 내용들을 지킨다면 잘못된 의사결정을 막을 수 있을 것이다.

- 외부전문가가 의견을 개진할 때는 이를 인정하고 내용을 검토한다.
- 의견의 이면 또는 반대되는 부분을 질문을 통해 확인한다.
- 참석자들이 합리화의 실수를 하려는 시도를 공격한다.
- 만장일치를 추구하지 않는다.
- 서로의 느낌이나 감정을 표현할 기회를 준다.

- 다양한 대안을 도출한다.
- 이견에 대해 토론하고 이유를 물으면서 논의의 수준을 올린다.
- 다양한 정보를 수집하고 활용한다.
- 이견을 개진하는 사람을 부정적으로 평가하지 않는다.
- 즉흥적인 결정이나 계획을 세우지 않는다.
- 작은 팀으로 나누어 회의를 진행하고, 결과를 취합하는 회의를 한다.
- 질문, 반론을 제기하는 분위기를 만든다.
- 필요하면 외부전문가를 회의에 참석시킨다.
- 집단사고의 유혹에서 벗어나는 다양한 조치를 취한다.

Tip 회의 사례와 해결책

〈집단사고〉

1961년 4월 17일 새벽의 어둠 속에서 8척의 상륙정 등이 쿠바 남부의 한 해안으로 접근하고 있었다. 상륙정에 탄 1,400명은 미 중앙정보국에 의해 모집되고, 무장되고, 훈련되어 전투지역으로 이동했다. 그들은 카스트로에 반대하는 쿠바 난민들로서 무장봉기를 통해서 새로운 정부를 세우려 하였다. 이들의 수는 적지만 피그만에 교두보를 확보, 방어를 하면 미 공군이 공습하여 쿠바군을 무력화시키고, 이것이 쿠바 대중의 전면봉기를 유도하여 카스트로의 군대는 망명군으로 도망갈 것이라고 판단하였다. 불행히도 이 계획은 예정대로 이루어지지 않았다. 해안에 접근 중 알려지지 않았던 산호초에 상륙정이 좌초되었다. CIA에서는 Giron이란 작은 마을에는 카스트로에게 미국의 침공소식을 타전할 아무런 통신시설도 없다고 안심시켰으나 실제 침공군이 도착하자마자 침공사실은 카스트로에게 즉시 연락되었다.

더욱이 미 공군의 공격은 이미 날이 새어 취소되었다. 도리어 카스트로의 공군이 상륙군과 보급선을 벌집 쑤시듯이 공격하였다. 침공군에 대한 공중엄호가 시작되었으나 낡은 B-26은 쿠바 전투기와 상대가 되지 못하여 다수가 공중격추되고 말았다.

카스트로는 결정타로 탱크, 장갑차, 로켓 발사대를 정비한 정예부대를 침공군의 상륙지점인 Giron으로 급파하였다. 침공군은 그들이 타고 온 함정들이 모두 파괴된 뒤라서 후퇴할 수도 없었고, 늪지로 둘러싸인 곳으로 도주하는 수밖에 없었다.

결국 1,200명에 가까운 사람들이 일부는 굶주려 죽거나, 쿠바군에 의해 체포되었고 미국은 몸값으로 5,000만 달러의 식량과 의료품을 지불해야 했다.

출처 : 집단심리, 서울대사회과학 연구실, 요약

위의 상황에서 의사결정 개입을 위해 참석한 자들은 당시 미국을 이끄는 백악관의 대통령과 참모, CIA국장, 국방장관 등이었다. 이들의 결정이 미친 영향은 상상하기 힘들 만큼의 참혹한 결과를 가져왔다. 어느 조직이나 이러한 결정이 이루어질 가능성이 있다. 이에 대해 하나씩 알아보도록 한다.

■ **발생원인**

높은 동조압력이 회의에 참석한 사람들 사이에 발생을 하면 대부분의 의견과 다른 의견을 개진하는 것은 조직에 대한 불성실한 모습을 보이게 된다는 생각을 가지게 된다. 따라서 다소 다른 의견이 있더라도 그 의견이 가져올 논쟁을 피하기 위해 의견을 말하지 않는다.

회의에 참석한 사람들이 자신들의 지식과 능력을 지나치게 믿으면 자신들이 내리는 의사결정이 완전무결하다는 착각에 빠진다. 따라서 충분한 고려와 다양한 시각으로 상황을 분석하기 전에 자신들이 내린 결정을 고수하려 하고 바꾸거나 변경을 하는 데 부정적인 반응을 보이게 된다.

만장일치로 의사결정이 이루어졌다는 것은 조직구성원들이 이견이 없는 완전한 합의를 하였다는 것과 조직력이 튼튼하게 구축되었다는 것을 의미한다. 이 때문에 의사결정에 만장일치를 추구하게 된다. 이면에는 다양한 관점에 대한 검토와 분석이 부족하다는 것이 숨겨져 있다. 그리고 만장일치가 어렵고 불가능하다는 사실을 인정하지 않으려 한다.

반대의견의 자체 검열로 자신들이 내린 의사결정에 아무런 문제가 없다는 믿음을 갖는다. 때로 다른 구성원(회의에 참석을 하지 않은 보조자)이 검토를 해야 할 사안이나 조직의 의사결정에 반대의견을 개진하더라도 그 의견이 회의실에서는 언급조차 되지 않는다.

도덕성의 착각(자신의 행동은 항상 옳고 선을 향한다)으로 자신들이 소속된 조직의 비전과 성장에 도움이 되고, 조직에 반대하는 조직을 처벌한다는 것에 자가당착적인 정당성을 갖는다. 자신들의 조직에 반대하는 다른 조직은 비합리적이며 바람직하지 않은 존재라는 시각을 가지게 된다. 따라서 자신들이 소속된 조직이 내린 결정은 항상 옳다는 믿음을 가지게 된다.

외부집단에 대한 편향적인 시각은 다른 집단에 대한 부정적인 평가를 하게 되고 부정적인 방법을 사용해서라도 그 집단을 파괴하려는 마음을 갖게 된다. 외부집단의 능력을 과소평가하고 자신들의 힘으로 그들을 굴복시키는 것이 당연하고 정당한 것이라는 생각을 갖는다.

리더십 스타일이 강제적이거나 자신의 의견을 어떠한 일이 있더라도 관철시키려는 리더가 이끄는 회의는 리더의 결정이 잘못되었더라도 반대의견을 말하기가 어렵다. 이러한 경우 참석자들은 리더가 모든 책임을 질 것이라는 생각으로 토의와 검토를 위한 이견을 숨기거나 말하지 않고 리더의 결정에 동조한다.

■ **부작용**

- 비합리적인 의사결정이 발생
- 반대의견에 대한 토론과 검토가 없음
- 바람직한 문제해결과는 다른 결과(많은 비용이 지출되는)를 초래
- 책임전가
- 현장의 정보가 단절

■ **대책**

의사결정을 위한 모든 정보를 공유하고 다양한 사람들을 참여시켜 그들의 견해와 의견을 듣는다. 특히 의사결정의 결과가 많은 사람들에게 영향을 미치게 되는 중대한 사안인 경우 공개적인 논의가 반드시 필요하다.

리더는 자신의 리더십 스타일을 항상 점검해야 한다.

과거의 회의에서 어떻게 의사결정이 내려졌고, 회의에 참석한 사람들이 회의에 몰입하고 참여하는 정도를 잘 파악해서 자신의 스타일 때문에 잘못된 의사결정이 내려지게 해서는 안 된다. 자신이 가진 회의 진행 스타일을 바꾸기가 어렵다면 다른 사람을 회의 진행자로 임명해 회의를 진행하게 하고 자신은 그 결과를 보고받거나 참관자의 자격으로 회의에 참석을 하는 것도 고려해볼 수 있는 방법이다.

같은 상황을 두고 의사결정을 내려야 할 때, 그 결과의 영향력이 클 때 리더는 복수의 집단에게 회의를 진행하도록 하거나, 복수의 집단을 소집해서 회의를 진행한다.

리더는 회의 참석자들이 순응의 압력에 빠질 우려가 있을 경우, 또는 과거의 회의에서 참석자들이 리더 또는 다른 권위 있는 참석자의 의견에 동의만을 하는 경우 트집 잡기(반대, 이유 묻기 등)를 하도록 참석자 한 명을 선정해서 회의에서 나오는 의견에 대해 부정적이거나 반대의 경우를 이야기하도록 한다. 이는 토의의 질을 올릴 수 있는 좋은 방법이다.

조직은 자신들이 내리는 의사결정이 완전무결하고 자신들은 필요한 모든 정보를 파악하였으며 충분한 지식과 경험이 있는 전문가집단이므로 잘못된 의사결정은 있을 수 없다는 믿음보다는 자신들이 가진 한계와 부족한 부분에 대해 인정을 해야 한다. 지식이든 경험이든 감정적인 부분이든 자신들에게도 한계가 있다는 것을 인정할 때 다른 의견들을 수용할 수 있고 새로운 시각을 가질 수

있다.

한 번의 회의로 최종적인 결정을 내리기 전 시간적인 여유를 가질 필요가 있다. 그 사이 새로운 정보의 수집과 이견의 수용 또는 고려를 통해 충분한 검토를 거친 후 2차 회의를 진행한다. 여기서 말하는 2차 회의는 단순하게 회의를 한 번 더 하는 것이 아니라 가능한 범위 내에서 여러 차례 소회의를 할 필요가 있다는 것이다.

출처 : 노진경, 유능한 리더의 회의운영 노하우, 이담북스, 2010 수정보완

기타 회의 종류와 진행하기

이해조정회의

이해조정회의는 개인이나 조직 간의 이해득실이 다른 데서 발생하는 알력이나 충돌 또는 문제를 조정하기 위해 개최되는 회의이다. 즉 부서 간의 견해차이와 이견의 해결, 업무수행과정에서 발생하는 이견(우선순위, 중요도, 수행방법, 역할과 책임)을 해결하기 위해 참석자가 가진 해결안을 조정하는 회의이다.

문제해결회의, 의사결정회의만큼 자주 열리는 회의는 아니지만 몇 가지 주의할 부분이 있다.

하나는 회의의 논의를 냉정하게 진행해야 한다는 것이다. 참석자들이 평소보다 많은 말을 하도록 기회를 주고, 상대가 미루어 짐작할 것이라는 애매한 표현은 오해가 발생하지 않도록 확인해 주어야 한다. 둘째, 이야기의 논점을 정리하고 서로의 논점을 대조하면서 타협점을 찾아내야 한다.

① 이해조정회의의 기본 프로세스

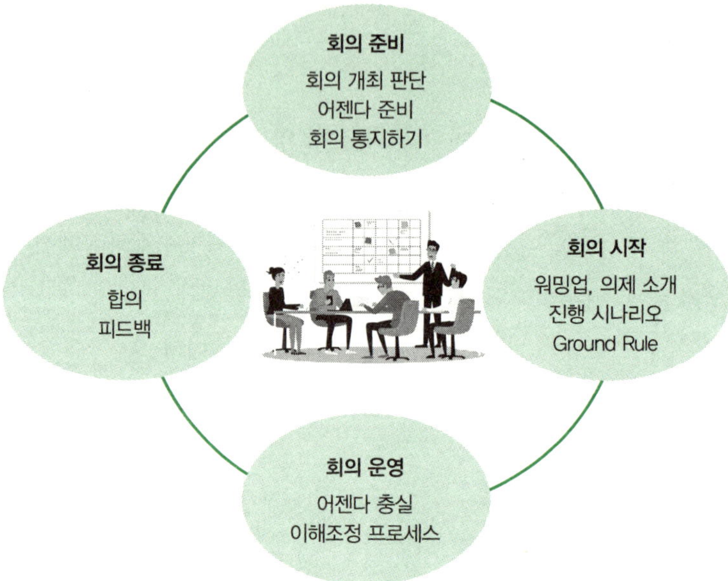

이해조정회의 프로세스

② 이해조정회의 통지서

<table>
<tr><td>받는 사람</td><td colspan="3"></td><td></td></tr>
<tr><td>보내는 사람</td><td colspan="3"></td><td></td></tr>
<tr><td>제목</td><td colspan="3"></td><td>조직 차원, 최종결과</td></tr>
<tr><td>목적</td><td colspan="3"></td><td>업무 차원, 회의결과</td></tr>
<tr><td>장소 및 시간</td><td colspan="3"></td><td></td></tr>
<tr><td>참석자</td><td colspan="3"></td><td></td></tr>
<tr><td rowspan="2">참석자 및 준비</td><td>참석자</td><td>준비사항</td><td>역할</td><td rowspan="2">올바른 참석자
준비사항, 역할 확인</td></tr>
<tr><td></td><td></td><td></td></tr>
<tr><td rowspan="2">일정</td><td>시간</td><td>토의 내용</td><td>세부 내용</td><td></td></tr>
<tr><td></td><td></td><td></td><td></td></tr>
<tr><td>유의사항</td><td colspan="3"></td><td></td></tr>
</table>

이해조정회의 통지서 양식

③ 이해조정회의 진행원칙과 진행방법

■ 진행원칙

- 냉정하게 진행한다.
- 평소보다 두 배 이상 말을 하도록 이끈다.
- 상대가 미루어 짐작할 것이라는 기대를 버리고 오해가 발생하지 않도록 한다.
- 상대의 이야기와 연관 지어 말한다.

- 이해를 확인한다.
- 논리적인 자료, 사례를 요구한다.
- 타협점을 찾는다.
- 이야기의 논점을 정리한다.
- 서로의 논점을 대조해 본다.
- 서로의 주장이 맞물리지 않도록 조정작업을 한다.
- 참여를 유도한다.
- 타인의 의견을 경청하도록 유도한다.

■ 이해 조정회의 진행방법

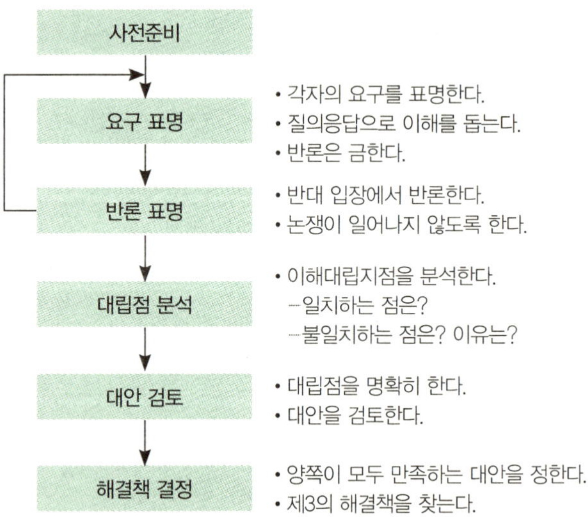

이해조정회의 진행방법

④ 리더의 점검사항

- 참석자들이 충분히 이야기하고 있는가?
- 상대의 이야기와 관련시켜 의견을 개진하는가?
- 논점이 명확하고 정리가 되었는가?
- 맞물리지 않는 요구점을 정리하고 있는가?

정보공유회의

정보공유회의는 지식이나 식견을 넓히면서, 업무수행이나 문제해결, 의사결정 등에 필요한 사람이 모여서 필요한 정보를 공유하는 것이다.

① 정보공유회의 시 주의할 사항

- 이야기의 내용을 객관화시켜야 한다.
  - 전달하고자 하는 내용을 듣는 사람이 어떻게 받아들이고 이해할 것인가를 고려한다.
  - 자신이 말하고자 하는 바에 대해 제3자가 얼마나 흥미를 갖고 있는지, 이해할 수 있는 내용과 수준 등으로 고려해야 한다.
- 이야기의 초점을 좁혀야 한다.
  - 이야기의 내용을 한정하거나 우선순위를 매긴다.
  - 중요한 것부터 말하도록 한다.
  - 내가 말하고 싶은 것을 크게 나누면 몇 개나 되는지, 어떤 내용이며 그 안에 들어있는 정보가 무엇인지 생각한다.

■ 알기 쉬운 것부터 이야기한다.

- 자신의 이해순서와 듣는 사람의 이해순서를 대조해 본다.
- 듣는 사람의 반응에 항상 주의를 기울인다.
- 같은 내용이더라도 순서를 바꾸어 말하는 연습을 되풀이한다.

② 정보공유회의 통지서 및 진행방법

<table>
<tr><td>받는 사람</td><td colspan="3"></td></tr>
<tr><td>보내는 사람</td><td colspan="3"></td></tr>
<tr><td>제목</td><td colspan="3"></td></tr>
<tr><td>목적</td><td colspan="3"></td></tr>
<tr><td>장소 및 시간</td><td colspan="3"></td></tr>
<tr><td>참석자</td><td colspan="3"></td></tr>
<tr><td rowspan="2">발표자 및 준비</td><td>참석자</td><td colspan="2">준비사항</td></tr>
<tr><td></td><td colspan="2"></td></tr>
<tr><td rowspan="2">일정</td><td>시간</td><td>토의 내용</td><td>책임자</td></tr>
<tr><td></td><td></td><td></td></tr>
<tr><td>유의사항</td><td colspan="3"></td></tr>
</table>

- 정확한 목적
- 객관적인 내용
- 정확한 초점

- 발표내용의 논리적 구성
- 쉬운 것부터

정보공유회의 통지서 양식

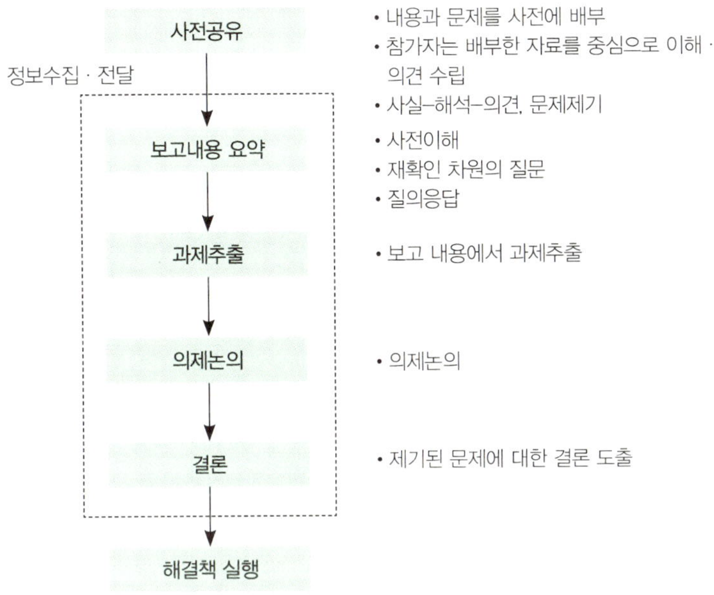

정보공유회의 진행방법

③ 정보공유회의 진행(정보평가) : 정확성, 신뢰성, 그룹 결정과의 관련성

■ 사실과 추론의 구분

- 사실은 참 · 거짓으로 확인가능하고 구체적이고 객관적인 사실을 말한다. 사실은 단순한 사실의 나열이며, 관찰 후에만 가능하고, 정확성을 확인할 수 있으며 제한된 수의 사실만 존재한다.
- 추론은 실제 관찰한 것을 넘어서는 의견으로 사실에서 그 사실을 근거로 하는 결론으로 도약하게 만드는 것이다. 이는 직접 관찰한 바를 뛰어넘고, 관찰과 관계없이 언제든 할 수

있으며, 어느 정도의 확률, 추론, 위험 또는 불확실성을 수반한다. 하지만 어떤 것에 관해서는 무제한으로 추론이 가능하다.

■ 조사 및 통계 데이터

통계조사 : 조사를 위임받은 사람은 따로 있다.

■ 의견의 출처와 함의 평가

- 의견제공자는 누구인가?
- 의견에 함유된 내용은 무엇인가?

■ 추론 평가

비판적인 사고를 위해서는 결론이 완벽한 증거와 분명하면서도 유효한 추론에 근거한다.

④ 정보공유회의 리더의 점검사항

■ 듣는 사람들은 들을 준비가 되었는가?

■ 듣는 사람이 이해하기 쉬운 용어인가?

■ 이야기 순서는 적절한가?

■ 논리 전개에 비약은 없는가?

■ 쌍방향 소통을 하고 있는가?

■ 목적과 관련성이 있는가?

통지형 회의

통지형 회의는 필요한 정보를 필요한 대상 또는 관련자에게 알리는 회의로 다음의 몇 가지 주의사항이 있다.

① 주의사항

- 실시 타이밍을 잡는다.
  - 회의 직전에 통지할 것인지 여유를 두고 통지할 것인지를 정한다.
  - 직접 통지형은 참가자가 수동적으로 안건을 대하는 것이 좋거나, 변경이나 개선을 위한 노력을 필요로 하지 않는 경우이다.
  - 여유를 둔 통지방법은 전달된 내용을 실천하는 데 참석자의 주체적인 대응이 필요할 때 실시한다.
- 참석자를 선택한다. 직접 통지할 대상과 간접적으로 통지할 대상으로 구분한다.
- 말에서 문지로 통지한다.
  - 자세하게 알리기보다는 전체적인 관점에서 파악한다.
  - 담을 내용을 가능한 한 한정한다.
  - 전할 이야기를 간결하게 한다.

② 통지형 회의 통지서

받는 사람				
보내는 사람				
제목				
목적				
장소 및 시간				
참석자				
일정, 발표 내용과 순서	시간	주요 내용	세부 내용	진행자
유의사항				

— 통지의 필요성, 가치

— 구체적인 통지 내용과 참석자들의 이해수준

통지형 회의 통지서 양식

③ 리더의 점검

- 회의 개최시간은 적절한가?
- 내용을 충분히 숙지하였는가?
- 참가자를 한정하였는가?
- 문서와 자료는 정리되어 있는가?

계획입안회의

계획입안회의는 연간 업무 추진계획 수립, 비즈니스 행사(전시회, 설명회, 신제품 발표회 등)의 계획이나 일정을 짜고 혼재된 업무들을 정리하는 회의이다.

① 계획입안회의 시 주의사항

- 구체적인 성과를 추구하고 공동의 목표를 공유한다.
- 공통의 언어를 사용해 오해를 없앤다.
- 업무들을 연속적으로 정리한다. 내용을 완전히 파악하고 업무 사이이 연결고리와 누락사항을 찾아낸다.
- 업무의 우선순위를 매긴다. 전체를 파악할 수 있도록 조감도를 상상한다.
- 전체 업무계획을 보고 일정 타당성과 변경가능성 등을 정리해 마감을 지킨다.

② 계획입안회의 기본 프로세스

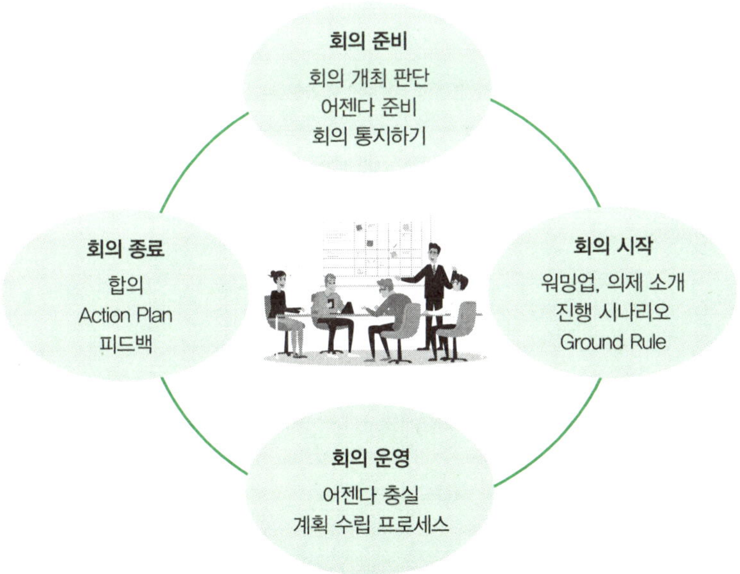

계획입안회의 프로세스

③ 계획입안회의 어젠다 및 통지서

<table>
<tr><td>받는 사람</td><td colspan="3"></td></tr>
<tr><td>보내는 사람</td><td colspan="3"></td></tr>
<tr><td>제목</td><td colspan="3"></td></tr>
<tr><td>목적</td><td colspan="3"></td></tr>
<tr><td>장소 및 시간</td><td colspan="3"></td></tr>
<tr><td>필요성</td><td colspan="3"></td></tr>
<tr><td rowspan="2">참석자 및
사전준비</td><td>참석자</td><td colspan="2">준비사항</td></tr>
<tr><td></td><td colspan="2"></td></tr>
<tr><td rowspan="2">일정</td><td>시간</td><td>토의 내용 · 순서</td><td>세부 내용</td></tr>
<tr><td></td><td></td><td></td></tr>
<tr><td>유의사항</td><td colspan="3"></td></tr>
</table>

- 제목 — 상황, 배경, 필요성
- 목적 — 구체적인 결과
- 일정 — 계획의 논리와 시계열적 정리, 진행

계획입안회의 통지서 양식

④ 계획입안회의 진행방법

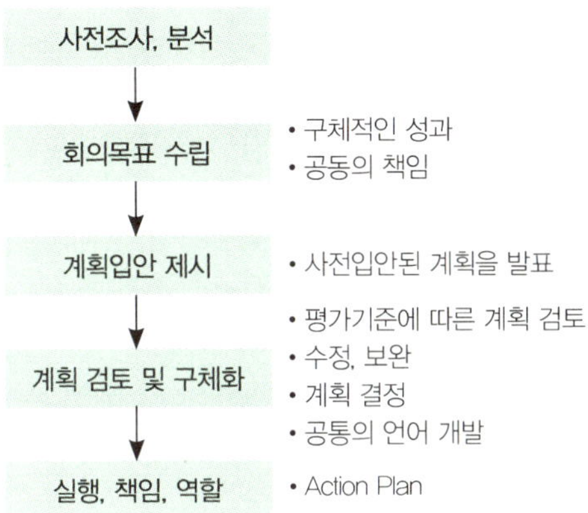

계획입안회의 진행방법

⑤ 리더의 점검사항

- 모든 의제, 안건과 행동항목을 연속적으로 정리하고 있는가?
- 각 의제와 안건 그리고 행동항목에 우선순위를 정하고 있는가?
- 마감을 정하고 기일 내에 끝낼 계획을 수립하고 있는가?

● 재검토회의

재검토회의는 과거에 결정된 내용을 다시 검토해 새로운 결정을 내리거나 새로운 방향을 모색하기 위한 회의로 업무목표의 수정, 업무추진 전략수정, 기존 업무 프로세스 재검토 등이 주요 안건이다.

① 주의할 점

- 재검토의 필요성을 확인한다.

- 치밀한 사전준비를 통해 안건에 관계된 사람이나 현장의 소리를 집약하여 재검토의 필요성이 개인적 의견이 아니라는 것을 밝혀야 한다.
- 관계자도 재검토의 필요성을 염두에 두게 해야 한다.

■ 변경 방향을 결정한다.

- 문제점을 명확하게 집약하고 인과관계를 파악한다.
- 논의순서에 신경을 쓴다.
- 근본적인 재검토와 임시적인 재검토를 잘 구분한다.

② 재검토회의 어젠다 및 통지서

<table>
<tr><td>받는 사람</td><td colspan="3"></td></tr>
<tr><td>보내는 사람</td><td colspan="3"></td></tr>
<tr><td>제목</td><td colspan="3"></td></tr>
<tr><td>목적</td><td colspan="3"></td></tr>
<tr><td>장소 및 시간</td><td colspan="3"></td></tr>
<tr><td>필요성</td><td colspan="3"></td></tr>
<tr><td rowspan="2">사전준비</td><td>참석자</td><td colspan="2">준비사항</td></tr>
<tr><td></td><td colspan="2"></td></tr>
<tr><td rowspan="2">일정</td><td>시간</td><td>주요 내용</td><td>세부 내용</td></tr>
<tr><td></td><td></td><td></td></tr>
<tr><td>유의사항</td><td colspan="3"></td></tr>
</table>

— 상황, 배경, 필요성

— 구체적인 검토사항과 결과

— 논의의 순서 원인, 대응방안

재검토회의 통지서

③ 재검토회의 진행방법

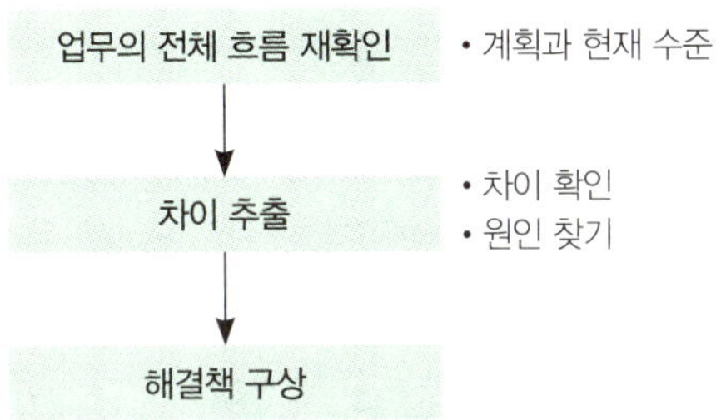

재검토회의 진행방법

④ 리더의 검토사항

- 재검토는 정말로 필요한가?
- 재검토의 필요성은 널리 인지되고 있는가?
- 재검토의 초점은 한정되어 있는가?
- 논의순서는 적당한가?
- 재검토 자세는 타당한가?

갈등처리

갈등은 개인, 팀, 부서 또는 조직의 내부 또는 조직 간 양립할 수 없는 목적 사고, 또는 감정의 불일치에서 야기되는 대립현상이다. 이러한 갈등은 나와 타인 및 조직 사이에 발생할 수 있다. 갈등발생의 가장 큰 원인은 목적과 방법 및 사고의 차이다. 이러한 부분에 대한 감정적이고 논리적인 불일치가 발생해 대립 상황이 해결되지 않으면 갈등으로 발전한다.

① 갈등발생의 일반적 원인

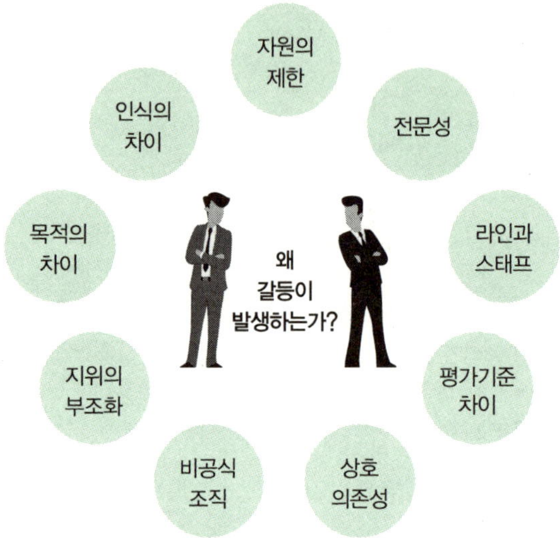

갈등원인

② 갈등의 수준과 성과 · 효과

일반적으로 갈등이 관계나 업무에 부정적인 영향을 미친다고 하지만 실제로 어느 정도의 갈등은 오히려 성과에 도움이 된다. 회의에서도 참석자들 간의 적당한 갈등은 회의 분위기나 논의결과에 긍정적인 영향을 미친다. 다음 그림이 이를 나타낸다.

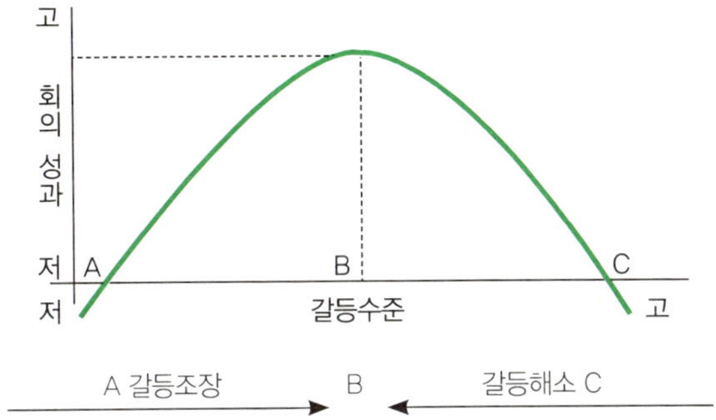

상황	갈등수준	갈등 유형	조직 내의 특성	조직효과
A	저, 없음	역기능적	냉담함, 무관심, 정체됨, 부진함, 변혁에의 무반응, 아이디어 결여	낮음
B	최적	기능적	생동적, 자기비판적, 혁신적	높음
C	높음	역기능적	파괴적, 암흑적, 비협동적	낮음

갈등수준과 성과

③ 갈등해결전략

갈등을 해결하려는 전략은 크게 다섯 가지가 있다. 다음 그림에서 보듯이 갈등이 발생하여 갈등을 해결하려 할 때 상대방과의 관계를 고려하는가와 자신에게 유리한 결과를 얻기 위해 노력하는가를 기준으로 경쟁 · 강압, 절충 · 타협, 회피 · 철수, 순응 · 유연 그리고 통합 · 문제해결의 전략이 있다.

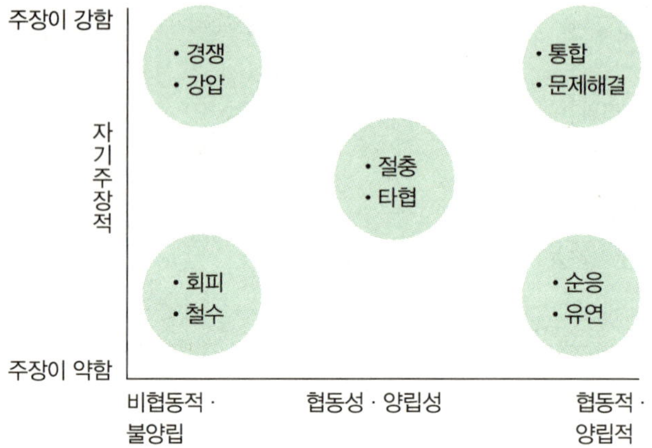

갈등해결전략

각 전략의 의미는 아래 표와 같다.

갈등해결전략의 의미

회피	• 갈등을 무시하고 자연스럽게 사라지기를 기대함 • 문제를 고려 내지는 파악되지 못하도록 덮어 둠 • 갈등이 표출되지 못하도록 절차를 지연시킴 • 대면 접촉을 회피하기 위해 비밀의 사용 • 갈등해소의 한 수단으로서 관료제적 규칙에 호소
타협	• 협상 • 주고받기식의 거래나 교환을 해 나감 • 만족스럽고 수용가능한 해결책을 강구
강압 · 경쟁	• 누군가 이기고 지는 상황을 만들어 감 • 라이벌관계의 설정과 활용 • 목적달성을 위해 권력게임을 활용 • 굴복과 항복의 강요
순응 · 유연	• 양보 • 승복과 순종

협력	• 문제를 해결해 나가려는 적극적인 입장 • 차이점을 인정하고 생각과 정보를 공유 • 통합적인 해결책의 강구 • 모두가 승리할 수 있는 해결책을 찾음 • 문제와 갈등을 긍정적인 도전으로 인식함

A. 강압 · 경쟁

■ 유효한 상황

• 신속하고 결정적인 행동이 필요할 때

• 인기 없는 대안이지만 관철시키는 것이 필요한 중대한 사안일 경우

• 조직 전체에 영향이 있는 긴요한 사안일 경우

■ 부정적 결과

• 리더가 예스맨에 둘러싸일 수 있다.

• 리더가 자신의 오류, 실수를 인정하지 않는다.

• 의사소통이 감소한다. 직원의 접근이 사라진다.

• 다른 사람들의 참여, 몰입이 떨어진다.

B. 회피

■ 유효한 상황

• 원하는 바를 이룰 수 있는 기회가 전혀 없을 때

• 대결에서 얻을 손실이 해결에서 얻는 이익보다 클 때

• 냉각기를 가지고 긴장을 감소시키고 평정을 되찾을 필요가 있을 때

■ 부정적 결과

- 문제가 해결되지 않는다.
- 창의적인 의견과 개선이 부족하다.
- 리더 또는 참석자가 아웃사이더가 될 가능성이 있다.
- 조직에 대한 개인의 기여가 감소한다.

C. 순응 · 유연

■ 유효한 상황

- 자신이 실수를 하였거나 잘못되었음을 인식한 경우
- 더 중요한 사안을 위해 신뢰를 축적할 필요가 있을 때
- 조화의 유지와 논쟁에서 벗어날 필요가 있을 때

■ 부정적 결과

- 지나친 자기 주장 또는 입장의 포기로 영향력, 존경심, 인정의 상실 우려가 있다.
- 기강이 해이해진다.
- 욕구불만이 생긴다
- 최선책을 찾는 데 실패한다.

D. 타협

■ 유효한 상황

- 동등한 힘을 가지고 있는 두 대립자가 상호 배타적인 목표를 강력하게 고집할 경우
- 복잡한 사안에 대한 잠정적인 해결이 필요한 경우
- 문제해결에 실패해서 대체안이 필요할 때

■ 부정적 결과

- 아무도 완전히 만족하지 못한다.
- 단기적 · 일시적 해결에 불과하다.
- 실리를 추구함으로써 더 큰 가치 등을 망각할 우려가 있다.

E. 협력 · 문제해결

■ 유효한 상황

- 두 주장이 너무나 중요해서 타협할 일이 아닐 때
- 문제에 대한 상이한 시각을 갖고 있을 때
- 사람들의 견해를 통합시킬 필요가 있을 때
- 양자의 참여나 합의가 절대적으로 필요할 경우

■ 부정적 결과

- 별로 중요하지 않은 일에 시간과 비용을 낭비한다.
- 상황을 잘 모르는 사람들의 의견을 받아들임으로써 비효율적인 결정이 내려질 수 있다.

④ 갈등이 발생하였을 때

A. 갈등해결을 위해 가져야 하는 전제조건

■ 당사자 사이의 의사소통

■ 합의의 필요성 인식

■ 합의에 대한 열린 마음

■ 협의를 존중하는 마음

■ 자발적인 해결

B. 갈등을 해결하기 위한 준비

- 감정을 정리하고 자제한다.
- 모두에게 유리한 해결방안을 추구한다.
- 타인의 감정을 이해한다.
- 사람이 아닌 문제에 집중한다.
- 우리와 그들의 편가르기 사고를 피한다.
- 심사숙고한다.
- 기대를 설정하고 대화로 해결하려는 마음가짐을 갖는다.

C. 갈등해결을 잘하면

- 결정을 수행하려는 욕구(참여 · 책임)가 발생한다.
- 보다 양질의 의사결정이 가능하다.
- 보다 우호적인 관계가 형성된다.
- 보다 신속한 해결이 가능하다.
- 결정을 판매(설득)하는 에너지 소비가 불필요하다.

⑤ 갈등해결 프로세스

회의 중 갈등이 발생하였을 때, 즉 적정수준 이상의 갈등이 발생하여 정상적인 회의 진행이 어렵거나, 감정적 반응, 토론이 아닌 논쟁, 각 부서 혹은 개인 간의 이기적인 행동과 반응 등이 발생하면 회의 리더는 다음의 순서로 갈등을 해결해야 한다.

1. 갈등의 파악
- 감정을 자제
- 대화를 통한 해결 다짐
- 문제를 확인

2. 갈등 상황의 파악
- 비난, 비평금지
- 토의를 통해 문제 정의
  - I message 활용
  - 질문
  - 경청
  - 상대의 감정 이해

3. 해결안 검토
- 아이디어 검토
- 스스로 결정하도록
- 실행가능성 중심
- 공정한 해결안인가?
- 리더, 조직의 지원

4. 의사결정
- 누가, 언제, 무엇을
- 어떻게
- 자발적인 결정
- 실행계획과 피드백

갈등해결 프로세스

가상(화상)회의

가상회의 이해

가상회의는 물리적 공간 또는 같은 시간에 존재하지 않는 한 명 이상의 사람들이 의사소통을 하고 협력하는 회의 형식으로 네트워크를 활용해 사람이 사무실이나 자리에 그대로 앉아 회의를 하는 것과 최근의 비디오 컨퍼런스, 화상회의도 포함되는 회의 형식이다.

① 가상회의의 장점

■ 장소의 필요성으로부터 해방

- 시간을 정하는 것에서 해방
- 문서와 이미지 등을 활용하여 시각적 커뮤니케이션이 가능
- 단어와 소리를 통한 청각적 커뮤니케이션도 가능
- 비용절감
- 시간절감
- 기회비용 절감 : 업무연속성 강화
- 다양한 지역의 사람들, 다수와 동시에 협력이 가능
- 객관성 강화

② 가상회의의 단점

- 인간적 교류기회 감소
- 많은 참가자가 있을 때 한계
- 기술활용수준의 차이 : 원활한 진행의 방해물 등의 단점이 있다. 그래서 가상회의를 고려할 때는 다음의 사항을 고려해야 한다.
  - 도구와 기술이 주는 자유와 이익은 무엇인가?
  - 자유와 이익을 위해 희생되는 것과 가치는 무엇인가?
  - 희생에 대해 보상을 받는 방법은 무엇인가?

원격회의 이해와 활용

원격회의는 전화, 스피커폰 혹은 인터넷 전화로 다수의 사람이 다른 장소에서 연결해 진행하는 회의로 통신회의, 오디오 · 음성회의라고도 한다.

① 장점

- 장비설치가 간편하다.
- 비용이 저렴하다.
- 높은 기술수준을 요구하지 않으나 누구나 쉽게 활용할 수 있다.
- 시각적인 자료공유가 필요 없는 회의이다.
- 사전에 공유된 자료가 있을 때 효과적이다.

② 준비

- 안건 자료를 미리 공유한다.
- 참가자들에게 시간 준수를 강조한다.
- 소음이나 방해물을 제거한다.
- 장비의 상태를 미리 확인한다.

③ 리더의 역할

- 회의 전 참석자들에게 안건, 자료, 정보를 보낸다.
- 회의장의 시설, 장비의 상태를 점검하고, 방해물을 제거한다.
- 회의가 시작되면 먼저 개인 소개를 한다.
- 여유가 되면 추가 질문을 통해 목소리를 확인한다(이때는 가벼운 소재를 사용한다.).
- 회의 목표와 안건을 다시 강조한다.
- 회의 규칙도 재강조하거나 만들고 공유한다.
- 발언을 하기 전에 항상 자신을 소개한 후 발언을 하도록 한다.
- 의견을 들어야 할 사람은 호명을 해 의견을 묻는다.

- 사담이나 집중도가 떨어질 우려가 있으므로 한 사람씩 발언을 하게 하고, 발언이 끝나기 전에 끼어드는 사람은 제동을 건다.
- 결정사안이나 실행사안에 대해서 브리핑을 한다.
- 이견으로 논쟁이 되는 것을 사전에 방지한다(질문하고 정리한다.).
- 마무리할 때는 주요 결정사안을 요약하고, 회의에 대한 참석자들의 평가를 주문한다.

④ 참석자의 역할

- 회의시간을 준수하고 적절한 준비를 한다.
- 이동 중 휴대폰을 사용할 때는 통화품질이 좋은 곳에서 멈춰서 참여를 한다.
- 스피커폰이나 탁상 전화를 사용할 때는 가까이 대고 발언을 한다.
- 타인의 발언이 끝난 후 자신의 의견을 말한다.
- 궁금한 부분은 반드시 확인하고 넘어간다.
- 비언어적 신호를 파악하기 어렵기 때문에 적극적인 경청으로 이것의 한계를 극복하고, 오해의 소지를 없앤다.
- 사전에 배부된 자료가 있으면 그 자료를 보면서 자신의 발언을 듣도록 한다.
- 회의 중 멀티태스킹(다른 업무)을 하지 않는다.
- 회의 중 자리를 뜰 때는 반드시 모두에게 알린다.
- 자리를 벗어났다가 돌아왔다면 이 사실도 알린다.

⑤ 회의 후 사후관리

- 회의 후 팩스나 이메일을 활용해 구체적인 사항을 배포한다.
- 필요시 개별적인 커뮤니케이션을 통해 회의결과의 이해수준을 확인하고 실행사항을 점검한다.
- 중요한 회의나 민감한 회의일 경우에는 오디오나 비디오테이프로 녹음 · 녹화를 한다.

전자회의 이해와 활용

전자회의는 컴퓨터를 활용한 회의로 이메일을 주요 커뮤니케이션 도구로 활용한다.

① 장점

- 참가자들이 정보, 제안사항 등을 일정기간이 지나서도 교환할 수 있어 연속적인 회의가 가능하다.
- 이메일 토론은 생각하고 자료를 참고할 수 있는 시간을 준다. 특히 최근의 구글이 제공하는 구글 드라이브에서는 동시에 의견을 기록하고 논의할 수 있는 서비스를 제공해 전자회의에 유용하게 활용할 수 있다.
- 실시간으로 자료를 공유할 수 있다.
- 빠르고 거의 실시간으로 소통이 가능하다.
- 저렴하고 비밀보장이 가능하다.
- 대면 소통이 아니기 때문에 내향적이고 소극적인 사람에게 유용하다.

- 의견을 저장하고 복사가 가능하다.

② 단점

- 기술과 활용수준의 차이로 실수가 발생할 수 있다.
- 컴퓨터 접속여부를 확인하기 어렵다.
- 이메일을 확인하는 습관의 차이로 과도한 지연이 발생할 수 있다. 이를 극복하기 위해 전화나 SNS를 동시에 활용해야 한다.
- 수동적인 참여가 일어날 수 있다.
- 이메일을 작성할 때 너무 긴 문장과 많은 내용으로 이해에 어려움이 초래될 수 있다.

③ 원칙

- 전화 또는 SNS 등 통신수단을 활용해 회의를 알리고 확인한다.
- 너무 많은 내용을 다루려는 욕심을 버린다.
- 한 번에 하나의 이슈를 다룬다.
- 메시지를 쓸 때는 반드시 제목을 단다.
- 의견이나 아이디어를 보낼 때는 자신의 이름을 밝힌다.
- 짧은 문장으로 읽기 쉽게 작성한다.
- 응답하는 데 너무 많은 시간을 소요하지 않는다.
- 필요할 때는 첨부파일로 의견을 보충한다.
- 때로는 전화 혹은 SNS 등 소통수단을 동시에 동시에 활용한다.

화상회의 이해와 활용

화상회의는 비디오와 오디오를 결합해 둘 이상의 지역에 있는 사람들과 동시에 접속해 화상으로 얼굴을 보면서 진행하는 회의이다. 최근의 4차 산업혁명의 기술들은 화상회의의 활용가능성을 높여주고 있다.

① 필요한 때

- 여러 장소에 분산되어 있는 사업장의 직원들과 회의를 할 때
- 전화, 이메일, SNS를 활용한 업무수행에 어려움이 있을 때
- 출장이 잦을 때
- 많은 자료공유가 필요하지만 공유가 어려울 때
- 신속한 의사결정이 지연되고 있을 때
- 동일 자료를 동시에 보면서 업무 진행에 무리가 있을 때

② 장점

- 정확한 정보전달 및 컨퍼런스 감각 유지
- 시간, 비용절감
- 정확한 자료공유가 가능
- 실시간 협업이 가능
- 실시간 의사결정이 가능
- 최근 스마트폰의 화상통화기능을 활용한 회의가 가능하지만 이는 소수의 인원만 참석한 회의만 가능

③ 단점

- 정보의 곡해 또는 판단력 결여
- 기대 이상의 비용과 시간이 소요될 가능성
- 출장 중 자료의 손실 또는 훼손되거나 자료를 찾을 수 없을 가능성
- 의사결정의 질에 대한 우려
- 계속되는 출장으로 업무 비효율성이 발생

④ 기대이익

- 스마트하고 데이터기반의 신속한 회의
- 고화질 데이터와 영상 표출
- 신속한 의사결정
- 적시(Just Time)한 커뮤니케이션
- 여러 지점을 연결해 동시에 소통이 가능

⑤ 극복할 사항들

- 화상회의 문화를 형성하는 것
- 특정인을 위한 전유물이 되는 것을 방지
- 초기의 과도한 투자
- IT 솔루션 장비에 대한 맹신 극복
- 솔루션 및 장비 선택의 실수 극복
- 화상회의에 대한 일반적인 불신 극복

⑥ 화상회의 준비

- 참가자 수를 제한한다
- 시간을 짧게 하고, 회의 안건의 수와 내용을 좁게 한다.
- 사전에 필요한 자료를 공유하고 준비시킨다.
- 가능하면 회의실의 분위기를 만든다.
- 회의 장비를 사전에 철저하게 확인한다.

⑦ 리더의 역할

- 일찍 도착하여 장비를 확인하고 회의실을 점검한다.
- 참석자를 확인(호명한다)하고 환영한다.
- 데이터 전송에 시간이 소요될 때는 이를 알리고 적응하도록 한다.
- 안건과 의제를 간략하게 소개한다.
- 타인이 발언 중에 끼어들지 않도록 한다.
- 화상회의와 시스템 활용의 모델이 된다.
- 한 참석자의 발언이 장황하면 적절하게 개입한다.
- 일반 회의보다 집중력을 더 많이 요구하기 때문에 적절하게 시간관리를 하고 필요할 때는 휴식을 취한다.
- 다른 참석자들의 비언어적 커뮤니케이션에 주의한다.
- 화면상의 제스처는 과장될 수 있으므로 주의한다.

⑧ 참석자의 역할

- 마이크 사용에 주의한다.
- 사담을 하지 않는다.

- 마이크 가까이에서 서류를 정리하거나 펜으로 책상 등을 두드리지 않는다.
- 다른 사람이 발언할 때는 무음 버튼을 눌러 소음이 전달되지 않도록 한다.
- 질문할 때는 간략하게 핵심만 질문하고, 조용히 답변을 기다린다.
- 제스처에 주의한다. 화면상의 행동은 과장되므로 다른 사람들이 오해를 할 수 있다.
- 몸을 너무 많이 움직이거나 자리를 옮기지 않는다.

⑨ 사후관리

- 회의 후 회의결과나 실행사항 등을 이메일이나 팩스로 공유한다.
- 필요시 회의과정을 녹음한다.

Tip 회의 사례와 해결책

- 참석자 1 : (참석자 2에게) 그런 터무니 없는 의견이 어디 있습니까? 도대체 업무 내용을 알고 있는 겁니까?
- 참석자 2 : (목소리를 높이며) 무슨 소리입니까? 그럼 내가 내용도 모르고 있다는 것입니까? 생각해 보세요. 참석자 1이 낸 의견도 실현가능성이 있다고 생각합니까?

(참석자 1과 참석자 2가 서로의 의견에 대해 비난과 불평을 한다. 이때 리더가)

- 리더 : 두 분 다 조용히 하세요. 좋은 결과를 얻기 위한 회의를 하는데 왜 서로 비난을 하는 겁니까? 그리고 두 분 다 자신들의 의견에 대해 생각을 해 보세요. 내가 볼 때는 둘 다 의견이 너무 황당해요. 어떻게 업무를 그렇게 파악을 하지 못하고 있는 것입니까?

(리더의 말에 참석자들은 입을 닫고 고개를 숙인다.)

- 리더 : 다시 생각해 봅시다. 각자 자신의 업무에 대해 제대로 파악을 하고 있어야지요. (참석자 3에게) 당신은 왜 의견을 말하지 않습니까? 그러려면 왜 참석을 했지요?
- 참석자들 : ….

■ 발생원인

- 참석자들은 서로의 의견에 대해 존중하는 마음이 부족하다.

다른 사람이 나와 항상 같은 의견이나 아이디어가 있다고 생각하는 것은 자기 중심적인 생각이다. 경험과 지식 그리고 업무를 바라보는 관점은 사람마다 다르다. 이 때문에 소통이 필요한 것이다. 다양한 사람들이 모여 협력을 하고 시너지효과를 얻고자 하는 조직에서 나와 다른 의견을 갖고 있다고 다른 사람을 비난하거나, 모든 사람들이 나의 의견에 동의를 해야 하고 반대나 반론이 없어야 한다는 생각을 가진 사람은 조직 시너지 창출과 팀워크 형성에 결코 바람직한 영향을 주지 못한다.

- 참석자들은 평소 관계가 원만하지 않다.

개인 사이에는 다양한 의견차이와 관점의 차이가 있다. 다른 사람과의 관계가 원만해지지 않는 것도 이런 차이에 대한 해석의 문제이다. 성숙되지 않은 사람은 평소 업무를 하면서 생긴 갈등을 회의에서 자신도 모르게 표출하는 경향이 있다. 즉 나와 관점이 다른 사람 또는 나의 의견과 업무 진행방법 등에 비난이나 불평을 말하는 사람에 대한 감정이 쌓여서 공식적인 자리인 회의에 그 감정이 나오는 것이다.

• 리더 또한 참석자들에 대한 부정적인 시각을 갖고 있다.

자신이 이끄는 조직의 구성원들 사이에 갈등이나 의견차이가 없기를 바라는 리더는 시너지효과를 극대화하지 못한다. 시너지효과는 차이를 잘 융합하고 조화롭게 만들 때 발생하는 것이기 때문이다. 그리고 직원들 간의 의견차이와 갈등이 리더의 역할수행에 방해가 되어서는 안 된다고 생각을 한다. 따라서 리더 앞에서 서로의 반감이나 갈등을 표현하는 직원들에 대해 좋은 감정을 갖지 않게 되고 그들의 태도를 비난하게 되는 것이다. 이 또한 리더의 성숙도의 문제이다. 성숙한 리더는 직원들 간의 다양한 의견차이가 오히려 조직의 성과 향상과 달성에 긍정적인 영향을 미친다는 생각을 한다. 그리고 직원들 간의 갈등을 자신의 리더십으로 제거하거나 완화시킬 수 있어야 한다.

• 회의 시 토론에 대한 규칙이 없거나 토론의 방법을 모른다.

사람은 누구나 자신의 의견이 무시되거나 인정을 받지 못하게 되면 상대를 비난하게 되고 상대의 의견에 대해서도 부정적인 반응을 보이게 된다. 따라서 건설적인 토의로 시작한 회의가 논쟁으로 바뀌고 급기야는 서로를 비난하는 말싸움으로 바뀐다. 그리고 회의를 시작하기 전 이러한 상황에 대한 적절한 규칙을 정하지 않았거나 정하였더라도 건설적인 토론방법을 참석자들이 모를 때 이러한 상황이 발생할 수 있다.

■ **부작용**

• 팀워크에 부정적인 영향을 미친다.
• 상호작용의 효과(시너지)가 떨어진다.
• 회의 후에도 그 여파가 남는다.
• 일상적인 업무에서 갈등이 발생할 우려가 커진다.
• 다음 회의에 부정적인 영향을 미친다.

■ **대책**

• 회의는 또 하나의 인간관계 형성 장소이다.

따라서 자신이 가진 인간적인 매력(인정, 존중, 수용, 메시지와 피드백)을 보여주고 다른 사람들의 마음을 얻을 수 있는 기회이다. 회의에서 다른 참석자들과 논쟁을 하거나 그들의 태도, 지식 그리고 업무능력에 대해 비난을 한다는 것은 그 사람과의 인간적인 관계를 포기하는 것이다. 자신이 조직구성원들에게 필요한 사람이고 조직의 성과달성에 기여한다는 것을 보여주려면 다른 참석자들을 인정하고 그들의 의견 또는 생각에 대해 유연한 태도를 갖는 것이 좋다. 평소의 좋은 관계가 회의를 통해 망치게 되는 것은 이러한 사실을 잘 모르고 회의에 참석해 하지 말아야 하는 행동 또는 말을 하기 때문이다.

• 회의는 공식적인 커뮤니케이션 공간이다.

자신이 하는 말(비난, 불인정)과 비언어적인 메시지(고개 좌우로 흔들기, 얼굴 찡그리기, 먼산 바라보기 등)는 다른 참석자들에게 나의 태도와 생각 그리고 조직과 다른 구성원들에 대한 나의 반응을 보여주는 것이다. 공식적인 커뮤니케이션에서 다른 사람을 비난이나 질책하는 것은 공개적으로 그 사람을 비난하는 것이고 나의 부정적인 태도와 생각을 표출하는 것이 된다. 그래서는 우호적이고 상호 지지적인 조직이 될 수 없다. 반대로 나와 의견이 다른 사람의 의견을 존중해 주고 인정해 주며 그 사람과 협력하려는 나의 메시지를 전한다면 스스로의 영향력이 강화될 것이다.

• 상호 인격을 존중하고 의견을 존중할 때 상호작용이 발생한다.

나의 생각과 다른 사람들의 생각이 일치하기를 바라거나, 다른 사람들이 나의 생각에 동의해 주기를 바라는 것은 자가당착적인 생각이다. 다양한 사람들이 모인 조직은 이 다양성으로 인해 더 큰 성과를 올린다. 나의 생각이 완벽하다고 믿거나 다른 사람의 생각이 나와 다르다고 그 생각이 잘못되었다고 생각하고 판단해서는 안 된다. 이러한 다양성을 인정하는 것이 조직에서 자신의 역할과 가치를 강화할 수 있는 요소이다.

• 리더는 회의 규칙으로 서로의 의견을 비난 또는 비평하지 않도록 한다.

회의 참석자 간의 상호 비난이나 비평을 방관하는 리더는 회의의 역학관계를 모르고 있거나, 부정적인 상호 피드백이 어떤 결과를 초래하는지를 모르거나, 심지어는 직원들 간의 관계에 관심이 없음을 보여주는 것이다. 이러한 태도가 회의가 자신의 의도대로 진행되지 않음을 참석자들에게 그 책임을 전가하는 원인이 되기도 한다. 리더는 회의 참석자들의 상호 부정적인 피드백을 원천 봉쇄하여야 한다. 사전에 회의 규칙을 정하거나 부정적인 피드백이 나오면 즉시 개입을 해서 막아야 한다.

• 리더는 어떠한 경우라도 참석자들의 감정과 기분을 건드리는 말을 해서는 안 된다.

리더 또한 자신이 회의 참석자들의 의견과 분위기에 대해서 부정적인 피드백을 주어서는 안 된다. 리더는 회의 참석자들의 의견이 서로 다른 것이 오히려 좋다는 생각을 하여야 한다. 서로가 생각하지 못한 부분이나 고려하지 못한 요소를 다른 참석자들이 언급함으로써 중요한 정보가 될 수 있을 뿐 아니라 더 나은 결과를 얻을 수 있다는 확신을 가져야 한다. 리더의 부정적인 피드백은 참석자들의 의욕을 떨어뜨릴 뿐 아니라 그들 상호 간의 부정적인 피드백을 조장할 우려도 있다. 현명한 리더는 시너지효과를 위해 직원들 간의 갈등을 조장(토론, 아이디어 공방전 등)하면서도 그것을 지혜롭게 통제하고 관리하는 기술을 갖고 있다.

• 평소 비난이나 비평이 많이 일어나면 회의진행방법을 바꾸어 본다. 브레인라이팅기법을 활용하거나 발언자의 순서와 시간을 정해놓음으로써 즉각적인 부정적 반응 또는 피드백이 나오는 것을 막는다. 평소 부정적인 시각으로 다른 참석자들이 의견에 사사건건 부정적인 반응을 보이는 참석자를 서기로 임명하거나, 중요한 사안의 발표자로 임명한다. 그래서 그들의 역할이 회의의 성공적인 진행에 기여하도록 한다. 민감한 사안에 대해서는 내외부의 회의전문가에게 회의 진행을 의뢰하거나 회의 참관을 해서 코칭 또는 조언을 부탁한다. 부정적인 말이 나오면 즉시 Stop을 외치는 경고자를 지명하는 등의 다양한 기법을 활용해 회의를 진행한다.

출처 : 노진경, 유능한 리더의 회의운영 노하우, 이담북스, 2010 수정보완

글로벌회의

글로벌회의의 이해와 활용

글로벌회의는 다양한 문화, 습관, 비즈니스 스타일 언어를 가진 다국적 기업의 구성원들과 비즈니스 현안을 두고 의견을 교환, 토론, 의사결정을 하고 문제를 해결해 가는 회의다. 글로벌회의가 중요한 회의로 대두된 배경은 글로벌 기업의 확대, 인적자원의 국제적 이동, 기업의 국제경영, 글로벌 제휴, 글로벌 공급사, 글로벌 고객 등의 활성화이다.

특히 오늘날 4차 산업혁명 기술들은 시간과 공간 및 비용의 한계를 극복하고 글로벌 비즈니스의 확장을 촉진하고 있다. 따라서 기업의 중요한 의사결정, 정보공유, 문제해결 등의 수단인 회의 역시 글로벌 인재가 참여하는 것으로 확장되었다. 하지만 글로벌회의는 각 참석자의 문화차이를 고려해야 하는 어려움을 가지고 있다. 국가별로 회의를 시작하는 문화적 차이를 간단히 살펴보면 다음과 같다.

- 독일 : 공식적 소개 – 착석 – 시작
- 핀란드 : 공식적 소개 – 커피 한 잔 – 착석 – 시작
- 미국 : 비공식적 소개 – 커피 한 잔 – 유머 – 시작
- 영국 : 공식적 소개 – 차와 다과 – 10분 정도의 여담 – 시작
- 프랑스 : 공식적 소개 – 15분 여담 – 시작
- 일본 : 공식적 소개 – 자리 배치 – 엽차 – 15~20분 여담 – 상급자의 지시 – 시작

- 스페인, 이탈리아 : 다른 사람들이 도착하는 20~30분 여담 – 모두 도착하면 시작

글로벌회의 준비

① 준비

- 회의 참석자의 문화차이를 파악한다.
- 언어차이를 극복하는 준비를 한다.
- 문화의 다양성을 인정한다.
- 문화차이에 대해서는 호기심을 갖고 보고 듣고 배운다.
- 문화차이가 의견차이의 원인이 될 수 있으므로 상황을 잘 파악한다.
- 자신의 자아를 지킨다.
- 사전에 배부된 자료나 문서를 검토해 자신의 의견을 정리해 둔다. 확인이 필요한 부분은 메모한다.
- 때로는 주장을 강하게 할 필요가 있다.
- 침묵은 타인의 의견에 동의하는 것으로 받아들여질 우려가 있으므로 적극적인 발언을 한다.
- 상대방 언어로 인사함으로써 협조적이고 긍정적인 분위기를 만든다.
- 상대방이 발언을 할 때는 방해하지 않는다.

② 회의 후 점검

- 참석자들이 실행하는 데 동의하였는지, 아니면 예의상 반대를

하지 않았는지 확인한다.

- 양 당사자가 무엇에 동의하였는지 확인한다.
- 이견을 가진 당사자가 결정사항을 지킬 의지가 있는지 확인한다.
- 실행과정을 부담 없이 관리할 수 있는 방법을 합의한다.
- 회의 후에는 반드시 문서로 회의 내용과 결과를 정리해 공유하고 보관한다.

③ 리더의 역할

- 참석자가 구어적 표현을 사용하거나 잘 쓰지 않는 용어 또는 속어를 사용하면 확인을 하거나 제동을 건다.
- 회의 중 가끔씩 주요 합의사안이나 실천의제를 브리핑 또는 요약한다. 다음의 표현을 사용하면 좋다.
  - "OOO가" 중요한 현안을 많이 정리해 주었습니다 이것에 대해 의견이 있나요?"
  - "여기서 잠깐 회의 진행을 중단하고 우리 계획의 핵심을 다시 정리해 봅시다. 그럼 이 제안에 대해 어떻게들 생각하십니까?"
  - "이 보고서는 복잡하고 새로운 정보가 많군요. 더 진행하기 전에 어떤 내용을 되짚어 볼까요?"
- 발언이 길어지면 핵심 사항만 정리해 준다.
- 단순히 "이해했습니까?"라고 묻는 대신 이해하기 쉬운 말로 바꾸어 설명한다.
- 이해하지 못하는 제스처를 보이는 참석자를 주의하여 살핀다.

- 문화적인 차이로 소통에 문제가 있다면 이를 극복하는 방안에 대해 먼저 논의하는 것이 좋다.

④ **발언 및 경청방법 : 참석 요령**

- 천천히 또박또박 말을 한다.
- 흐리멍덩한 시선이나 표정을 보이지 않는다.
- 시선을 효과적으로 처리한다.
- 상대의 발언에 대해 추측하지 말고 질문으로 확인한다.
- 장황하고 복잡한 발언은 피한다.
- 상대의 '예'라는 답을 그대로 믿지 말고 어떻게 이해하고 있는지 확인한다.
- 농담은 삼간다.
- 한 번에 한 가지씩, 한번에 한 문장씩 말을 한다.
- 적극적인 경청기술을 활용한다.
    - 타인의 발언이 끝난 뒤 발언한다.
    - 발언을 할 때 잠깐 발언을 멈추고 다른 참석자들이 방금 마친 발언에 대해 생각을 하거나, 정리할 여유를 준다.
    - 타인의 발언을 다른 말로 정리하고 요약한다.
    - 이해가 필요할 때는 질문으로 확인하고, 반대를 할 때는 해명을 요청한다.
- 다양한 방법과 도구를 활용해 이해수준을 동일하게 한다.
- 커뮤니케이션 문화의 차이를 가능하면 많이 알아둔다.

Tip 글로벌 문화차이 이해

최근의 거의 모든 비즈니스는 글로벌화되었다. 따라서 회의 역시 글로벌회의가 빈번하게 발생하고 있으며, 이때 상대방의 문화, 특히 소통과 업무수행과 관련된 문화를 이해하지 못하면 오해, 갈등이 발생해 바람직한 회의 성과를 올리지 못할 수 있다. 따라서 글로벌회의를 이끌거나, 글로벌회의에 참석할 경우에는 참석자들 간의 문화차이를 이해하는 것이 중요하다.

문화와 커뮤니케이션 간의 차이를 연구한 에드워드 홀(E. T. Hall)에 따르면 나라 간의 문화(고맥락–저맥락, 대화 지향–데이터 지향 등)에 따라 소통, 즉 커뮤니케이션의 방법이 다름을 이해해야 커뮤니케이션의 장애를 극복할 수 있다.

다음 그림은 대화 지향–데이터 지향과 고맥락–저맥락으로 구분해 각 나라의 위치를 나타낸다.

대화 지향–데이터 지향

1. 남미
2. 이탈리아, 스페인, 포르투갈, 프랑스
3. 아랍, 아프리카
4. 인도, 파키스탄
5. 칠레
6. 헝가리, 루마니아
7. 슬라브
8. 베네룩스
9. 영국, 오스트리아
10. 스칸디나비아
11. 북미
12. 뉴질랜드, 남아프리카
13. 독일, 스위스

고맥락–저맥락

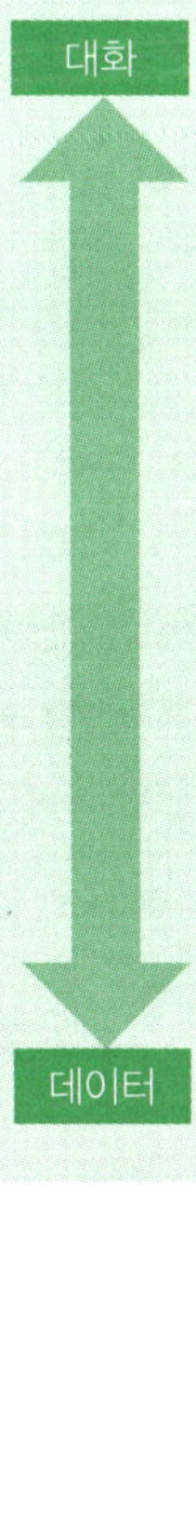

- 정보 : 개인적으로 충분히 습득
- 비즈니스 : 상황
- 인간적인 시각

구분	고맥락	저맥락
특성	• 경험, 정보네트워크 : 동질적 • 전통과 역사 : 변화 느림 • 메시지와 반응이 획일적 • 메시지에 적은 정보 • 갈등 : 간접적 처리 • 사람과 동일시	• 이질적 • 대인접촉 구획화 • 상세한 배경정보 요구 • 메시지에 대부분의 정보 • 갈등 : 직접적 처리 • 사람과 분리
국가	한국, 일본, 중국, 대만	독일, 스위스,미국
커뮤니케이션	• 배경과 환경에 민감 • 언어 · 비언어적 • 간접적 • 함축적 • 침묵도 가치 있음	• 직접적 • 명확한 표현 • 단어에 가치를 둠 • 긍정적인 태도 • 데이터, 요점 중시

글로벌 회의를 이끌거나 참석을 해 의견개진을 할 때에는 이러한 문화의 차이를 이해하고 회의를 이끌거나, 참석을 하면 회의의 비용을 절감하고 효과적인 회의가 될 것이다.

*맥락 : 커뮤니케이션이 발생되는 물리적 · 사회적 환경 상황에 대한 의미부여 정도로 사람들이 주목하는 것, 무시하는 것에 대한 통찰력을 이해할 수 있다.

**미국의 인류학자 에드워드 홀(E. T. Hall)은 의사소통의 이론을 정리하면서 "고맥락(high-context) 문화와 저맥락(low-context) 문화가 존재한다"라고 주장하였다. 고맥락 문화는 별도로 명시된 바 없이 같은 문화권 내에서 그것이 자명한 것이라고 암묵적으로 인정되고 있는 부분이 많으며, 비언어적이고 상황 중심적인 메시지가 많은 비중을 차지한다. 반면 저맥락 문화는 모든 전달되어야 할 메시지들이 언어로 또는 서면으로 확실히 정리되어 있어야 한다.

출처 : https://namu.wiki/w/

출처 : 노진경, 유능한 리더의 회의운영 노하우, 이담북스, 2010 수정보완

CHAPTER 09

죽은 회의를 살리는 회의기술

CHAPTER

09 죽은 회의를 살리는 회의기술

회의를 제대로 하고 빨리 끝내라

장시간 회의를 방지하는 방법

① 발생원인

- 리더의 회의 준비가 부족하다.
- 불필요한 참석자가 참석한다.
- 회의는 나(리더)의 중요한 업무이다. 따라서 나의 계획대로 진행하면 된다.
- 회의시간과 의제가 불균형하다.
- 참석자들의 준비가 부족하다.

② 부작용 : 초래되는 비용

- 중요한 업무를 놓칠 수 있다.
- 리더의 리더십에 대해 의심한다.
- 회의를 업무 지연의 핑곗거리로 사용한다.

- 참석자들의 동기가 저하된다.
- 참석자들 간의 갈등, 불화를 가져온다.
- 외부에 나쁜 이미지를 준다.

③ 효과적인 대응책

- 리더는 회의 준비를 철저하게 한다.
  - 어젠다
  - 회의 통지서
  - 회의 진행 시나리오 등
- 회의 만능주의에서 탈피한다.
- 회의시간과 의제 수의 균형을 맞춘다.
- 회의비용을 고려한다.
  - 물리적 비용
  - 경제적 비용
  - 심리적 비용
  - 기회비용
  - 리더십비용
  - 인간관계비용 등
- 타임키퍼(Time Keeper)를 두거나 회의 종료시간을 무조건 지킨다.
- 다양한 회의 도구를 활용한다.
  - 모래시계, 스탠딩미팅 등

결론이 없는 회의 하지 않기

① 발생원인

- 회의 목적이 불명확하다.
- 서둘러 회의를 마치려고 한다.
- 리더의 개인적인 만족이 곧 회의의 결론이라고 생각한다.
- 무조건 시간을 지키려고 한다.
- 참석자들이 집중하지 못해서이다.
- 결론을 내리기 싫어서이다.
- 결론에 대한 부담감 때문이다.
- 참석자들이 알아서 자신의 역할을 다 할 것이라는 기대 때문이다.
- 중요한 정보를 가진 구성원이 불참한다.

② 부작용 : 초래되는 비용

- 회의의 가치가 떨어진다.
- 결론이 나지 않아 업무수행에 지장이 있다.
- 참석자들의 의견개진과 적극적인 참여의지를 꺾는다.
- 참석자들의 조직과 업무 몰입도가 저하된다.
- 다음 회의를 회피하거나 기대하지 않는다.
- 회의 주제, 안건에 대한 책임감이 사라진다.

③ 효과적인 대응책

- 회의의 목적과 목표를 분명하게 수립한다.

- 회의시간과 의제의 수를 조화시킨다.
- 참석자들이 사전에 충분한 준비를 하도록 한다.
- 조직과 업무에 필요한 아이디어 혹은 의견이 나오면 결론을 내린다.
- 결론을 내리지 않았을 때의 비용을 예상한다.
- 중요한 정보를 가진 구성원을 참여시킨다.
- 불참할 경우에는 필요한 자료를 준비해 배부한다.

의제가 모호한 회의

① 발생원인

- 회의를 리더의 권한 발휘의 기회로 본다.
- 정기적인 이유로 무조건 진행한다.
- 리더가 회의를 자신의 업무로 생각하고 회의를 통해 팀, 부서의 업무를 파악한다.
- 리더가 회의 만능주의에 빠져서 일단 회의를 개최한다.

② 부작용 : 초래되는 비용

- 시간낭비를 가져온다.
- 기회비용이 증가한다.
- 참석자들의 불평이 업무수행에까지 부정적 영향을 줄 우려가 있다.
- 참석자들 간의 이견으로 불화가 발생한다.
- 충분한 정보공유가 부족하다.

- 리더의 일방적인 지시 혹은 명령으로 분위기를 망치거나 커뮤니케이션이 단절된다.

③ 효과적인 대응책

- 리더는 회의의 목적을 분명히 한다.
- 일상 업무를 수행하면서 원활한 정보를 공유한다.
- 단순한 회의일지라도 사전에 공지한다.
- 의제가 없거나 모호하면 정기회의라도 개최하지 않는다.
- 회의를 개최하기 위한 의제를 개발하지 않는다.
- 회의를 구성원들을 관리하기 위한 도구로 보지 않는다.

회의 리더의 자기 중심적인 회의 극복하기

① 발생원인

- 회의를 구성원들의 업무파악 도구로 활용한다.
- 구성원들의 회의 준비가 부족하다.
- 참석자들에게 회의 준비시간을 주지 않아서이다.
- 회의를 리더만의 업무로 생각한다.
- 예견되지 않는 의제를 언급한다.
- 참석자들의 상황을 이해하기보다는 무시하고 리더의 독단적인 생각으로 회의를 진행한다.
- 늘 구성원들이 리더의 생각을 알고 준비할 것이라는 과잉기대 때문이다.

② 부작용 : 초래되는 비용

- 참석자들이 회의를 회피한다.
- 부정적인 마음을 갖고 회의장을 떠난다.
- 업무 파악 및 위임을 하지 못한다.
  - 구성원들의 동기저하
  - 리더의 업무과중
- 직원들의 불평이 발생한다.
- 구성원들의 조직과 업무에 대한 몰입도가 저하된다.

③ 효과적인 대응책

- 리더 스스로 자신의 회의 스타일을 진단하고 혁신한다.
- 구성원의 업무 파악을 위해 개별관리를 한다.
- 회의 리더십을 순환시킨다.
- 통지되지 않는 의제는 회의 테이블에 올리지 않는다.
- 참석자들이 의견을 준비하고 개진할 때까지 여유를 갖는다.
- 의제에 따라 참석자들에게 필요한 정보를 제공한다.
- 감정적인 표현을 하지 않는다.
- 참석자들을 공개적으로 비난하지 않는다.
- 참석자들도 리더의 회의 스타일을 파악하고 적절히 준비한다.
- 참석자들이 준비되지 않은 회의를 진행한다면 리더는 여유를 갖고 유연하게 회의를 진행한다.

침묵을 지키는 사람이 많은 회의 극복하기

① 발생원인

- 참석자들의 준비가 부족하다.
- 과거의 부정적인 경험 때문이다.
  - 의견무시
  - 비난, 불평, 공격하는 분위기
- 참석자가 소극적으로 참여한다.
- 부서 이기주의 때문이다.
- 부정적인 이미지를 주지 않기 위해 조직우상화와 집단사고에 빠진다.

② 부작용 : 초래되는 비용

- 문제를 해결하지 못한다.
- 다양한 의견, 아이디어의 개발이 어렵다.
- 리더의 일방적인 진행과 결론이 나올 우려가 있다.
- 편협한 회의 결론이 나올 수 있다.
- 정보공유가 되지 않는다.
- 원하지 않은 일을 떠맡게 된다.
- 최선이 아닌 차선 혹은 차차선의 의사결정이 된다.

③ 효과적인 대응책

- 참석자들에게 역할을 부여해 의견 준비를 시킨다.
  - 브리핑 혹은 프레젠테이션

  - 자료 준비
- 워밍업을 통해 자연스러운 대화를 시작한다.
- 다양한 의견개진방법을 활용한다.
  - 브레인스토밍
  - 브레인라이팅
  - 친화도법 등
- 때로는 리더가 없이 회의를 진행해 본다.
- 사전에 회의를 통지(최소 시간이라도)해 회의 준비를 하도록 한다.

회의 리더의 회의 만능주의 극복하기

① 발생원인

- 리더가 무조건 회의를 열고 본다.
- 리더가 구성원들과 개인접촉을 꺼린다.
- 직원들의 업무보다 리더의 관심이 더 중요하다.
- 회의 개최가 리더의 중요한 업무라는 선입견 때문이다.
- 다수의 아이디어가 항상 최선이라고 생각한다.
- 독자적인 결정을 내리지 못하는 리더의 성향 때문이다.

② 부작용 : 초래되는 비용

- 직원들의 업무를 방해한다.
- 늘 회의가 있기 때문에 준비하지 않고 참석해서 부작용이 발생한다.

- 시간지연
- 갈등발생
- 침묵
- 책임전가 등

■ 토의가 논쟁으로 비약될 우려가 있다.

■ 회의 불참이유를 찾아 잦은 회의불참 혹은 자리를 뜬다.

■ 직원들의 침묵에 리더의 부정적인 피드백으로 분위기를 망친다.

③ 효과적인 대응책

■ 회의 개최를 신중하게 검토한다.

- 5W1H의 질문을 한다.
- 어젠다를 작성한다.

■ 리더는 자신의 리더십 스타일을 바꾼다.
직원들 개별관리를 통해 사전에 업무를 파악한다.

■ 회의 성과와 비용을 분석한다.

■ 회의를 개최하는 것 외 더 나은 방법을 모색한다.

■ 가끔은 팀과 부서의 중요한 정보를 공유하거나 의사결정을 해야 하기 때문에 회의를 개최할 때는 그 상황을 충분히 알리고 회의를 진행한다.

독재형 회의 극복하기

① 발생원인

- 리더가 자신의 판단과 의견을 과신한다.
- 참석자들의 이견 처리에 미숙하다.
- 참석자들의 능력을 의심한다.
- 리더가 자신이 원하는 답만 찾는다.
- 참석자들에게 문제가 있다.
  - 소극적 참여
  - 의견개진을 하지 않음
- 비난, 비평하는 등의 습관이 있다.

② 부작용 : 초래되는 비용

- 회의결과 실행에 비용이 초래된다.
  - 설득
  - 소극적 실행 또는 저항 극복비용
- 리더에게 오는 정보, 커뮤니케이션이 불통된다.
- 다양한 시각으로 상황을 보지 못해 단편적인 시각으로 결정한다.
- 침묵을 동의로 생각하는 비용, 즉 저항비용이 발생한다.
- 리더가 원하는 의견만 나온다.
- 회의 기피현상이 발생한다.

③ 효과적인 대응책

- 리더는 회의를 점검한다.
  - 리더 자신의 진행 스타일
  - 참석자들의 준비
  - 참석자들의 침묵 원인 파악
  - 리더의 커뮤니케이션 스타일
- 회의진행방법을 바꾸어 본다.
  - 리더십 순환
  - 아이스브레이크하기
- 직원들을 보는 리더의 관점을 바꾼다.
- 참석자들의 의견을 모두 듣고 난 후 리더가 의견개진한다.
- 인정과 동의를 구분한다.

참석자가 회의에 기여하도록 이끌어라

회의시간을 지키지 않는 참석자

① 발생원인

- 습관이다.
- 회의의 중요성을 몰라서이다.
- 자신의 기여도를 인정받지 못한 경험 때문이다.
- 회의와 의제가 자신의 업무와 상관이 없어서이다.
- 늦어도 제재가 없고 다 알려 주기 때문이다.

- 분위기 때문이다.
- 진짜로 바쁜 일이 있어서이다.

② **부작용 : 초래되는 비용**

- 다른 참석자의 시간을 낭비한다.
- 회의시간이 길어진다.
  - 그동안 진행된 내용 설명과 반론
  - 새로운 의견
  - 집중도 저하
- 전염성이 있다.

③ **효과적인 대응책**

- 리더는 출입구를 관리한다.
- 정시에 시작한다.
- 긍정적인 강화를 한다.
- 회의 규칙으로 정하고 습관화시킨다.
- 그간의 진행사항은 회의가 끝나고 설명한다.
- 상습적인 지각자에게 역할(서기, 준비, 보고 · 브리핑 등)을 맡긴다.
- 충분한 시간을 두고 통지한다.
- 지각자가 반드시 필요한 참석자가 아니라면 문을 잠근다.
- 개별관리를 한다.
- 객관적인 사실을 언급, 비난하지 않는다.
- 지각자의 행동이 회의에 미친 영향을 강조한다.

- 분위기
- 성과
- 시간

■ 원인을 파악한다.

■ 리더의 기대와 지각자의 해결책을 논의한다.

■ 피드백을 한다.

● 준비가 부족하거나 준비 없이 참석하는 참석자

① 발생원인

■ 회의 통지서를 제대로 읽지 않았다.

■ 급하게 회의에 참석했다.

■ 회의에서의 자신의 역할과 가치를 잘 모른다.

■ 늘 그렇게 해왔다.

■ 의제에 대한 흥미와 관심이 없다.

- 업무와 관련이 없다.
- 전문성 부족

■ 회의 분위기 때문이다.

- 의견이 무시당한 경험
- 의견을 도둑맞은 경험

② 부작용 : 초래되는 비용

■ 회의 목적달성이 실패한다.

- 다양한 의견과 시각의 검토 불가능

- 창의적인 결론이 없음

■ 시간낭비를 초래한다.

■ 업무 흐름과 정보공유가 실패하거나 부족하다.

■ 리더의 독재적 진행이 나올 우려가 있다.

■ 참석자들 간의 책임전가, 비난 등으로 관계악화 우려가 있다.

③ 효과적인 대응책

■ 리더는 사전확인을 한다.

- 준비여부 : 서기, 보고, 브리핑
- 자료 혹은 정보제공

■ 참석자는 다른 동료의 도움을 구한다.

- 자료 준비, 발표 준비

■ 평소 아이디어를 잘 정리해 둔다.

■ 회의가 주는 기회와 가치를 알린다.

■ 참석자를 선별한다.

불평, 불만이 많은 참석자

① 발생원인

■ 회의에 대한 부정적인 선입견 때문이다.

■ 회의에 대한 부정적인 경험이 있다.

■ 회의 장소는 평소의 불만이나 요구사항을 토로하는 곳이다.

- 개인적인 대화 부족
- 개인적인 대화를 꺼리는 성격

- 개인적인 욕구가 있다.
  - 관심받기
  - 존재감 확인
- 가끔씩은 이러한 태도로 관심을 받는다.

② 부작용 : 초래되는 비용

- 참석자들 사이에 갈등이 발생한다.
  - 협력 저하
  - 부정적 관계
- 리더의 리더십에 상처를 입힌다.
- 다른 참석자들이 회의를 기피한다.
- 원만한 회의 진행을 방해한다.
- 전체적인 회의 분위기를 망친다.
- 전염성이 있다.

③ 효과적인 대응책

- 개별적인 접촉이나 코칭을 한다.
- 회의에서 중요한 역할을 맡긴다.
  - 진행
  - 프레젠테이션, 자료 준비
- 원인을 파악하고 적절한 조치를 취한다.
- 전염성을 예방한다.
- 적절한 대안이 없으면 회의에 배제시킨다.
- 피드백을 한다.

- 참석자의 행동을 그대로 묘사한다.
- 리더의 해석을 설명한다.
- 참석자의 행동이 미친 영향을 언급한다.
  - 참석자들 간의 관계
  - 회의 진행과 분위기

■ 왜 그러한 행동을 하는지 원인을 파악한다.

■ 리더가 원하는 바를 명확하게 알린다.

■ 대안을 묻고 해결책을 합의한다.

■ 사후 피드백을 한다.

대안이 없는 참석자

① 발생원인

■ 준비하지 않고 참석하였다.

■ 평소의 느낌만을 이야기한다.

■ 불평, 불만으로 받아들여진다.

■ 참석자의 발언 내용을 정리하지 않았다.

■ 문제제기만 하면 해결책은 리더가 알아서 제안하거나 다른 참석자들이 알아서 해결할 것이라고 기대한다.

② 부작용 : 초래되는 비용

■ 회의가 문제제기로만 끝난다.

■ 해결책이 없는 문제제기는 불평으로 받아들여진다.

■ 부서 혹은 팀 내의 숨겨진 문제만 터진다.

- 회의 목적을 달성할 수 없다.
- 몇몇 참석자들만이 회의를 좌우한다.
- 발언자를 부정적인 사고나 태도를 가진 사람으로 인식한다.

③ 효과적인 대응책

- 평소 의견에 대한 대안을 항상 질문함으로써 참석자들을 준비시킨다.
- 회의 규칙으로 정한다.
- 문제 제기만이 아닌 대안을 함께 발언한다.
- 발언자의 의견을 인정하고 수용하는 분위기를 만든다.
- 참석자의 의견에 부연하거나 추가 질문으로 의견을 심도 있게 유도한다.

다른 참석자의 발언을 경청하지 않는 참석자

① 발생원인

- 참석자들이 회의의 가치를 모른다.
  종합적인 개인의 능력을 검증받는 기회라는 것을 모른다.
- 다른 참석자의 의견에 가치를 두지 않는다.
- 회의에 집중하기보다는 사담에 더 흥미를 느낀다.
  - 회의 의제와 관련이 없어서이다.
  - 회의 목적에 흥미가 없어서이다.
- 리더의 방관과 습관 때문이다.
- 부정적이거나 매끄럽지 못한 개인적인 관계 때문이다.

- 경청의 기술이 부족하다.

② **부작용 : 초래되는 비용**

- 어수선한 회의 분위기를 초래한다.
- 참석자들 간의 관계가 악화된다.
- 회의시간이 길어진다.
- 의견에 대한 무시로 상호 무시하는 분위기가 만들어진다.
- 합의를 끌어내는 데 실패하거나 일방적으로 결정된다.
- 좋은 아이디어, 의견이 사라진다.
- 이견이 없거나 이견이 검토되지 않은 결정은 최선의 결정이 되지 않을 우려가 있다.

③ **효과적인 대응책**

- 경청을 회의 규칙으로 정한다.
- 경청의 기술을 사전에 훈련시킨다.
- 개인적인 피드백을 한다.
- 직접적인 개입을 한다.
- 사담을 나누면 의견이 있으면 발언을 해 달라고 한다.
- 습관적인 참석자일 경우에는 회의에서 역할을 맡긴다.
  - 서기
  - 준비자
  - 시간관리자
  - 발표자
- 발언자의 의견을 정리하고 개인적인 지명을 해 추가적인 의견

을 물어본다.

- 다른 발언자의 의견을 정리해 달라고 한다.
- 회의가 주는 기회, 가치를 인식시킨다.

자기 주장만 하는 참석자

① 발생원인

- 자신의 의견과 아이디어가 최선이라는 자만심 때문이다.
- 다른 사람의 의견에 대해 가치를 두지 않는다.
- 커뮤니케이션 기술이 부족하다.
  - 말하는 기술
  - 듣는 기술
- 자기 존재감을 확인
- 다른 참석자들이 자신의 의견을 잘 이해하지 못할 것이라는 선입견 때문이다.

② 부작용 : 초래되는 비용

- 회의 참석자들 사이에 갈등이 발생한다.
- 회의가 정상궤도를 이탈한다.
- 리더의 역할에 부정적 영향을 미친다.
- 다른 참석자들의 사기가 저하된다.
- 회의시간이 길어진다.
- 참석자 몇몇이 회의를 주도해서 비합리적인 결정이 내려지는 실수를 저지른다.

③ 효과적인 대응책

- 직접적인 피드백을 한다.
  - 다른 사람들의 의견도 중요하다고 하면서 개입한다.
  - 규칙을 강조한다.
- 회의를 시작할 때 발언방법과 시간을 규칙으로 정한다.
- 가치 있는 의견이라면 리더가 정리를 해 회의 의제로 만든다.
- 질문을 통해 주장의 강도를 약화시키거나 논리성을 강화한다.
  - 왜?
  - 그래서?
  - 어떻게?
  - 누가?
- 주장 내용과 회의 목적과의 연관성을 묻는다.

이렇게 하는 것이 효과적인 회의이다

회의 방해물을 제거하지 못하는 리더

① 발생원인

- 회의를 방해하는 요소들을 방치한다.
- 회의 방해요소 제거를 위한 개입에 부정적인 선입견이 있다.
- 회의 준비가 부족하다.
  - 어젠다 미발송 혹은 지연발송
  - 참석자들의 준비 부족 : 업무조정, 시간관리

- 회의를 방해하는 요소제거에 실패했다.
- 각 부서의 이기주의적 행동이 회의를 방해한다.

② 부작용 : 초래되는 비용

- 회의 진행을 제대로 할 수 없다.
- 다른 이유를 들어 회의실을 빠져나가는 참가자들이 생긴다.
- 회의 집중력이 떨어진다.
- 방해요인들이 지속적으로 발생한다.
- 회의 목표달성에 실패한다.
- 구성원들 간의 갈등이 발생할 가능성이 있다.
- 리더의 영향력이 감소한다.

③ 효과적인 대응책

- 리더는 회의 통지서를 사전에 발송한다.
- 회의 방해물을 제거한다.
  - 전화기
  - 시간관리와 업무조정
  - 방해 제거 : 사전 조율
- 정시에 어젠다에 충실한 진행을 한다.
- 리더십 혁신을 위해 방해물에 적극적인 개입을 한다.

회의시간이 지켜지지 않는 회의

① 발생원인

- 참가자들이 회의시간을 잊었다.
- 리더가 사전에 참석여부를 확인하지 못하였다.
- 리더가 준비되지 않은 회의, 정례회의라서 혹은 시간이 되었다고 회의를 진행한다.
- 부서, 팀의 문화이다.
- 회의는 회의다.

② 부작용 : 초래되는 비용

- 늘 이러한 일이 발생하면 제대로 회의를 할 수 없다.
- 급하게 모였기 때문에 준비하지 못하였거나 부족하고 따라서 회의시간이 오래 걸린다.
- 회의가 직원들의 동기를 떨어뜨린다.
- 회의의 중요성을 잃어버린다.
- 불참자가 늘어난다.

③ 효과적인 대응책

- 개별적으로 확인한다.
- 잘못된 회의문화를 혁신한다.
- 정례회의라도 특별한 의제나 목표가 없으면 개최하지 않는다.
- 회의는 일단 정시에 시작한다.
- 리더부터 회의시간에 대한 모범을 보인다.

퇴근시간에 하는 회의

① 발생원인

- 긴급한 사안 · 문제가 발생하였다.
- 회의와 업무를 구분하고 회의는 일과 후에 하는 것이라고 생각한다.
- 리더의 개인적인 우선순위(자신의 상황과 직원의 상황) 때문이다.
- 업무를 위해서는 개인적인 희생은 불가피하다고 생각한다.
- 잘못된 조직문화 때문이다.
- 리더의 지나친 권위주의와 개인주의 때문이다.

② 부작용 : 초래되는 비용

- 준비 없는 회의가 될 가능성이 높다.
- 직원들의 동기가 떨어진다.
- 몰입과 참여가 떨어진다.
- 직원들의 불평이 업무 성과에 영향을 미칠 수 있다.
- 중요한 사람의 참석이 불가능할 수도 있다.
- 회의에 불참하는 사람들이 발생하며, 이것이 습관이 될 수도 있다.
- 회의를 빨리 끝내려 침묵을 지키거나 합리적이지 않은 제안을 하거나 검토가 필요한 의제에 침묵으로 일관한다.
- 개진된 의견에 쉽게 동의한다.

③ 효과적인 대응책

- 리더는 직원들의 상황을 고려한다.
- 긴급한 사안이 아니면 어젠다를 작성해 제대로 회의를 진행한다.
- 구태의연한 습관에서 탈피한다.
- 회의는 업무의 연속이라는 사고에서 탈피한다.
- 공과 사를 구분한다.
- 불가피한 경우에는 회의 개최에 대한 상황을 알려 직원들의 동의를 구하고 준비할 시간을 준다.

정보를 제공하지 않는 리더

① 발생원인

- 리더가 정보를 독차지한다.
- 정보의 제공이 직원들에게는 별로 중요하지 않거나 도움이 되지 않는다고 생각한다.
- 리더 역시 정보를 모르거나 회의 의제와의 관련성에 대한 확신이 부족하다.
- 리더가 자신의 영향력을 정보를 통해 확인하고자 하는 욕심 때문이다.
- 구성원들의 관심을 끌려고 하는 욕심 때문이다.
- 직원들에게 정보는 가급적 제한하는 것이 좋다는 관료적 사고 때문이다.

② 부작용 : 초래되는 비용

- 회의에 대한 몰입이 떨어진다.
- 회의의 결론이 의미가 없어질 수 있다.
- 회의 결론의 실행에 소극적이 된다.
- 정보를 공유하지 않는 리더에 대한 감정이 부정적으로 바뀔 수 있다.
- 정보 부족으로 합리적이고 바람직한 회의결과를 얻지 못하는 경우가 발생한다.

③ 효과적인 대응책

- 리더는 정보공유에 열린 마음과 적극성을 가진다.
- 정확하지 않은 정보는 암시조차 하지 않는다.
- 직원들에게 필요한 정보를 알려 직원들이 유용하게 활용하게 한다.
- 리더가 정보독점 욕심을 버린다.
- 직원들의 업무와 조직생활에 관련된 정보는 적극 공유한다.

참석자의 발언과 아이디어를 비판하는 리더

① 발생원인

- 직원들의 아이디어나 의견에 관심이 없다.
- 경청하지 않는다.
- 직원들의 능력에 대한 불신과 리더 자신을 과신한다.
- 개인적으로 부정적인 관계이다.

- 리더가 자신이 원하는 의견, 아이디어만 찾는다.
- 리더 자신의 경력과 경험, 선입견으로 직원들의 의견을 판단한다.
- 직원들의 의견을 공격함으로써 영향력을 채우고자 한다.
- 리더 자신이 속으로 답을 내려 놓고 직원들의 의견을 평가한다.

② 부작용 : 초래되는 비용

- 직원들의 회의 몰입도가 현저하게 저하된다.
- 직원들은 새로운 아이디어를 말하는 데 주저하게 되고, 이는 또다시 리더의 강하고 독재적인 스타일을 자극한다.
- 직원들은 회의에 참석히는 것을 꺼리게 된다.
- 부서의 분위기가 수동적으로 바뀐다.
- 업무 몰입에도 영향을 미친다.

③ 효과적인 대응책

- 아이디어, 의견을 평가하기 전에 수용한다.
- 리더 자신의 한계를 인정한다.
- 직원들의 능력에 대해 신뢰한다.
- 리더의 리더십이 문제라면 회의 리더십을 순환시킨다.
- 리더는 회의에 개입하지 않고 결과만 보고받는다.
- 이견과 다양한 관점을 수용하는 유연성을 갖는다.

회의 참석을 좋아하도록 이끌어라

발언이 장황한 참석자

① 발생원인

- 자료 준비, 회의 준비를 너무 많이 했다.
- 논리적인 의견개진능력이 부족하다.
- 회의시간을 자신의 능력 자랑의 기회로 생각한다.
- 다른 사람의 의견에 가치를 두지 않는다.
- 한 번에 자신의 의견을 모두 말해야 한다. 그렇지 않으면 기회를 잃는다.
- 리더의 적절한 개입이 부족하거나 없다.

② 부작용 : 초래되는 비용

- 다른 참석자의 좋은 의견을 듣지 못한다.
- 다른 참석자들의 사기가 떨어진다.
- 한두 사람의 의견에 의해 회의결과가 좌우된다.
- 회의 어젠다를 무용지물로 만든다.
- 회의 의제 · 주제에서 벗어날 우려가 있다.
- 회의시간이 길어진다.

③ 효과적인 대응책

- 발언시간과 순서를 정한다.
- 한 번에 하나의 의견이나 아이디어를 말한다.

- 개인적인 피드백을 한다.
  - 다른 사람 의견의 중요성과 필요성을 강조한다.
  - 리더가 개입을 해 발언을 중단시킨다.
  - 의제를 강조하면서 의제에 부합하는 의견 발표를 유도한다.
- 논리적인 발언 요령을 훈련시킨다.
- 평소 발언이 장황한 참석자에게 역할을 주어 스스로 느끼도록 한다.
- 다양한 의견개진방법(브레인라이팅 등)을 활용한다.

자기 주장에 주관이 없는 참석자

① 발생원인

- 자신의 의견이나 아이디어가 없다.
- 다른 참석자 혹은 리더의 반대를 두려워한다.
- 회의 준비가 부족하다.
- 좋은 의견에 편승해 무임승차를 노린다.
- 조직 우상화에 빠져 있다.
- 군중심리에 빠져 있다.
  "내가 말하지 않아도 누군가가 말을 할 것이다."
- 자기 의견 주장보다는 회의 분위기가 중요하다.

② 부작용 : 초래되는 비용

- 결과에 대한 책임 회피 또는 실행의지가 약해진다.
- 다양한 시각과 관점으로 회의 의제를 다루지 못한다.

- 전염될 우려가 있다.
- 소수의 의견으로 회의가 결론이 난다.
- 집단사고가 발생할 우려가 있다.

③ 효과적인 대응책

- 개별적인 피드백으로 자신감을 갖도록 한다.
- 의견 발언방법을 다양하게 한다.
- 의견개진을 할 때는 긍정적으로 피드백을 해 준다.
- 훈련의 기회를 주거나 코칭을 해 준다.
- 다른 사람의 의견에 동조하려 할 때 적절한 질문으로 자신의 의견을 말하도록 한다.
- 가장 우선적으로 발표 혹은 의견개진을 하도록 한다.

자신의 의견을 말하지 않는 소심한 참석자

① 발생원인

- 선천적으로 소심한 성격이다.
- 자신의 의견에 대한 확신이 부족하다.
- 논리적인 발표에 대한 자신감이 부족하다.
- 과거에 의견이 무시당하거나 공격을 당한 경험이 있다.
- 회의 분위기 때문이다.
- 의제에 대한 지식 · 정보가 부족하다.
- 준비가 부족하다.
- 자신의 의견에 대한 다른 사람의 평가에 지나치게 신경을 쓴다.

② 부작용 : 초래되는 비용

- 다양하고 창의적인 아이디어 창출이 제약을 받는다.
- 자신의 의견을 소신 있게 발표하지 못한다.
- 예스맨적인 분위기가 된다.
- 중요한 검토사항 또는 정보를 놓칠 우려가 있다.
- 나중에 자신의 중요한 의견을 설득력 있게 개진하지 못한다.
- 개인적인 영향력이 줄어든다.
- 나중에 불평을 하거나 회의결과를 부정한다.

③ 효과적인 해결책

- 리더는 다양한 의견개진방법을 활용한다.
- 리더십을 순환시킨다.
- 워밍업을 해서 긴장감을 완화시킨다.
- 개인적인 접촉을 통해 자신감을 키워준다.
- 의견개진 시 긍정적이고 적극적인 동기부여를 한다.
- 이견을 수용하도록 하고 이견이 더 창의적인 해결책을 발굴할 수 있음을 알도록 한다.

회의에 관심이 없는 참석자

① 발생원인

- 의제에 대해 관심이 없다.
- 의제가 자신의 업무와 무관하다.
- 의제에 대해 부정적으로 생각한다.

- 참석이유를 모른다.
- 다른 사람의 의견에 흥미가 없다.
- 자신의 생각, 기대와는 다른 회의 분위기와 진행 때문이다.
- 참석 자체가 중요하다.

② 부작용 : 초래되는 비용

- 무관심한 참가자는 때로 자신의 존재감을 보여주기 위해 의제와는 다른 이야기를 해서 회의가 정상궤도에서 벗어나게 할 수 있다.
- 의제에 흥미가 없으므로 회의를 비판적인 시각으로 바라본다.
- 다른 참가자들이 이 참석자의 행동에 대해 오해할 수 있다.
- 조직으로부터 스스로를 왕따시키는 원인이 된다.

③ 효과적인 대응책

- 리더는 참석자 선정에 신중을 기한다.
- 회의 후 개별적인 미팅을 통해 원인을 파악한다.
- 회의에 기여하는 방법을 찾는다.
- 회의에 중요한 역할을 부여한다.
- 일단 회의에 참석하였다면 회의 진행에 방해꾼이 되지 않도록 한다.
- 때로는 회의에서 배제시킨다.

다른 사람의 의견에 반대만 하는 참석자

① 발생원인

- 토론방법과 참여방법을 모르거나 서툴다.
- 다른 사람의 의견에 가치를 두지 않는다.
- 서로 간의 감정적인 갈등이 있을 수 있다.
- 양보 혹은 동의를 하면 지는 것으로 받아들인다.
- 커뮤니케이션이 불통하고 기술이 부족하다.
- 리더의 적절한 개입이 없다.
- 자신의 의견만이 중요하고 가치 있다고 생각한다.

② 부작용 : 초래되는 비용

- 회의 분위기가 엉망이 된다.
- 서로의 의견을 경청하지 않음으로써 갈등이 커진다.
- 다른 참석자들까지도 영향을 받고 편으로 갈라질 우려가 있다.
- 너무 방치하면 리더의 영향력에 손해를 가져온다.
- 문제에 대한 올바른 해결책 결정이 실패한다.

③ 효과적인 대응책

- 리더는 의견에 대해서 혹은 반대의견에 대해서 이유와 근거를 요청한다.
- 다른 사람의 의견에 의문이 있으면 질문을 통해 보완하도록 한다.
- 토론방법과 커뮤니케이션 스킬을 훈련시킨다.

- 반대 혹은 갈등이 심하면 휴식시간을 갖는다.
- 민감한 의제인 경우에는 사전조율을 한다.
- 이견에 대해 부정적인 표현보다는 시너지를 위한 계기로 삼도록 퍼실리테이팅을 한다.

성공하는 회의를 만들어라

회의록을 남기지 않는 회의

① 발생원인

- 회의록에 대한 중요성을 모른다.
- 사전에 회의록 작성을 책임지는 역할분담이 없었다.
- 참석자 모두가 잘 메모할 것이라고 생각한다.
- 회의록에 대한 활용법이 없다.
- 회의 전체에 대한 책임감이 없다.
- 습관이다.

② 부작용 : 초래되는 비용

- 중요한 업무의 진행에 지장을 받는다.
- 회의결과에 대한 책임을 서로 떠넘기는 경우가 생긴다.
- 회의결과에 따른 책임소재가 명확하지 않아 결국 성과가 없는 회의가 될 수 있다.
- 중복된 내용의 회의가 진행된다.

③ 효과적인 대응책

- 회의록에 대한 규칙을 만든다.
- 회의록을 작성하는 것을 중요한 회의문화로 만든다.
- 리더는 회의 시 회의록을 작성하는 서기를 임명한다.
- 리더는 회의 중간에 회의록을 확인한다.
- 참석자들 역시 회의 내용을 기록하는 습관을 갖는다. 이를 통해 회의록을 보완한다.
- 회의를 마무리할 때 회의록 중심으로 마무리한다.

책임소재가 불명확한 회의

① 발생원인

- 회의결과에 대해 참석자가 자신이 해야 할 업무를 스스로 알아서 기록할 것이라고 안일하게 생각한다.
- 회의를 위한 회의이다.
- 회의 마무리를 제대로 하지 못한다.
- 회의 목표와 의제에 관련이 없는 참석자가 너무 많이 참석을 한다.
- 리더의 명확한 지시 혹은 책임 부여가 없고, 따라서 내가 하지 않더라도 누군가는 그 책임을 질 것이라고 안이하게 생각한다.

② 부작용 : 초래되는 비용

- 회의 결론의 실행이 안 된다.

- 중요한 업무추진에 지장이 생긴다.
- 서로 책임을 전가하는 일이 생긴다.
- 회의에 대한 중요성을 낮게 평가한다.
- 회의를 반복해야 하는 비용이 발생한다.

③ 효과적인 대응책

- 리더는 회의결과를 요약하고 책임자를 결정한다.
- 책임자에게 구체적인 추진계획을 세워 보고를 요청한다.
- 회의록에 책임소재, 실행 계획을 명시해 배부한다.
- 가급적 회의시간에 결과 실행에 대한 피드백계획을 세운다.
- 회의 후라도 리더는 회의결과를 실행할 책임자를 선정하고 통지를 한다.
- 불참자가 책임질 업무가 있으면 개별적으로 통지하거나 관리한다.

회의에 대한 부정적인 생각을 남기는 회의

① 발생원인

- 회의의 목적을 모르고 참석하였다.
- 자신의 업무와 관련이 없다.
- 부서 이기주의 혹은 구성원 간의 갈등 때문이다.
- 의견개진의 기회를 갖지 못하였거나 의견이 무시당했다.
- 다른 참석자의 상황을 고려하지 않은 의견 혹은 반론으로 논쟁이 초래되었다.

- 회의 진행이 적합하지 않다.
- 문제해결은 못하고 의견대립으로 교착상태에 빠져 있다.

② 부작용 : 초래되는 비용

- 회사 내 갈등이 발생하게 된다.
- 부서 간 협력이 이루어지지 않는다.
- 부서 간의 이기주의로 인해 책임을 지지 않고 떠넘기려 한다.
- 회의에 대해 부정적인 시각을 갖게 된다.
- 중요하고 급한 문제가 발생하였을 때 해결에 어려움을 겪을 수 있다.
- 리더의 리더십에 상처를 받는다.

③ 효과적인 대응책

- 커뮤니케이션기술을 개발한다.
    - 토론하는 능력
    - 의견개진능력
    - 경청하는 기술
- 이견과 새로운 시각을 존중하는 문화를 정착시킨다.
- 반론은 의견에 대해서만 한다.
- 유연한 회의 진행기술로 회의를 효과적으로 이끈다.
- 비난, 의견에 대한 반론방법 등에 대해 규칙으로 정하고 준수하도록 이끈다.
- 회의 오프닝을 할 때 회의 목적과 가치를 분명히 알린다.
- 참석자의 의견개진이 중요하다는 것을 강조한다.

규칙 없이 진행되는 회의

① 발생원인

- 회의 규칙의 필요성을 모른다.
- 규칙은 참석자가 알아서 지키는 것으로 애초에 회의 규칙 없이 회의를 진행한다.
- 토론, 이견 대처 등에 대해서 리더 혹은 참석자들이 규칙을 정하기를 싫어한다.
- 회의 규칙에 대한 부정적인 시각 때문이다.
- 사전에 규칙을 정하고 회의를 한 적이 없다.
- 참석자들이 회의 규칙을 자신들의 통제수단으로 본다.
- 회의 규칙을 정해도 지켜지지 않는다.
- 회의 규칙을 어기는 참석자에 대한 제재가 없고 리더 역시 규칙을 지키지 않는다.

② 부작용 : 초래되는 비용

- 규칙이 없어 참석자들이 자기 마음대로 회의에 참여한다.
  - 지각
  - 발언과 다른 참석자의 의견에 반론 혹은 공격
  - 이탈과 사담
  - 휴대폰 통화 혹은 메시지 주고받기 등
- 리더가 회의를 정상화시킬 수 있는 방법이 권력을 사용하는 것 외에는 없다.
- 갑자기 리더가 규칙을 만들면 거부하거나 잘 지키려 하지 않

는다.

- 회의 분위기를 깰 우려가 있다.
- 회의를 정상화시키는 기준이 없어 문제발생 시 대처하지 못한다.
- 몇몇이 회의를 주도하게 된다.
- 회의 관리를 위해 리더의 독단적인 진행이 우려된다.

③ 효과적인 대응책

- 리더는 회의 규칙을 사전에 정해 공지하거나 회의 전 참석자들과 규칙을 정한다.
- 회의 규칙이 없는 상태에서는 회의를 진행하지 않는다.
- 급작스럽게 회의 규칙을 바꾸거나 추가하지 않는다.
- 참석자들은 회의 규칙을 성실하게 따른다.
- 회의 목적과 중요성, 진행방법에 맞는 규칙을 정한다.
- 리더가 규칙에 대한 모범을 보인다.
- 참석자 회의 규칙 준수를 위해 상호 간 지지와 지원을 한다.

Tip 회의 사례와 해결책

〈불참자가 많은 회의〉

- 리더 : 모두 참석하셨나요?
- 김 대리 : 박 과장이 아직 참석하지 않으셨는데요!
- 리더 : 왜?
- 김 대리 : 외부에서 아직 돌아오시지 않으셨습니다! 그리고 차 대리도 급한 일로 외출 중이고요. 이 대리도 자료준비를 하느라 바쁘고….
- 리더 : 사전에 이야기를 했는데 다들 어떻게 된 거야! 왜들 시간을 지키지 않아! 자! 그들이 없더라도 회의를 시작하지. 나중에 결과를 알려 주면 되니까.
- 김 대리 : 저도 고객과 통화를 할 일이 있어서 잠시 후에 참석하겠습니다.
- 리더 : !!!

■ 발생원인

- 회의시간이 잘못되었다.

리더가 진행하려는 회의시간이 다른 직원들이 업무를 처리해야 하는 시간과 중복되면 직원들은 회의 참석에 부담을 느낀다. 또 진행 중인 업무 때문에 회의에 참석하고 싶어도 어려울 수 있다. 회의는 가급적 직원들이 업무에 집중하는 시간을 피하는 것이 좋다.

- 참석자들이 회의 참석을 꺼린다.

회의에 참석하는 것이 직원들에게 유쾌하고 유익한 경험이 되지 않는다면 직원들은 가급적 회의 참석을 꺼리고 불참의 이유를 찾는다. 이는 리더의 회의 진행 스타일과 과거의 회의 경험에서 비롯된다.

- 너무 급하게 회의를 소집했다.

급하게 소집된 회의는 필요한 직원들의 참석이 어려울 수 있다. 외근을 나간 직원이 있을 수 있고, 다른 중요한 업무로 참석이 어렵거나 불가능할 수 있다. 리더는 사전에 직원들에게 회의 개최 통지를 하였다고 하지만 직원들에게는 충분한 여유시간이 없을 수 있다.

- 참석자들이 없어도 리더는 자신의 생각대로 회의를 진행하고자 한다.

이는 회의가 자신의 업무에 들어가 있기 때문이다. 리더 자신만 알고 있고 자신이 원하는 결과만 도출되면 된다는 생각을 갖고 있다. 나중에 관련 직원에게 통지를 해 회의결과만 알려 주면 된다고 생각한다.

■ **부작용**

- 회의 목적달성의 실패
- 나머지 사람들의 회의 몰입도 저하
- 리더의 감정격화 우려
- 필요한 정보의 부족 또는 부재로 잘못된 의사결정 우려
- 불참자들의 회의결과에 대한 책임 회피
- 시간낭비
- 비생산적인 회의

조직에서는 예상하지 않은 다양한 업무와 문제가 발생한다. 리더가 회의를 소집해서 다른 직원들과 토의를 해야 하는 긴급한 사안일 경우 필요한 참석자의 참석이 불가능하다면 일시적으로 연기를 하는 수밖에 없다. 중요한 직원의 참석이 어려운데 회의를 진행해서 어떤 결정에 이르더라도 중요한 직원이 동의하지 않을 경우 회의를 다시 진행해야 하는 이중의 부담이 발생한다.

■ **대책**

- 충분한 시간을 고려해서 회의 개최를 통보한다.

리더는 충분한 시간적 여유를 두고 회의 개최 통지를 한다. 바람직한 회의 개최 통지는 늦어도 2일 전에는 완료되어야 한다. 이러한 조치를 취했음에도 직원들의 참석률이 저조하다면 리더는 그 원인을 파악해서 대응하여야 한다.

- 참석자들이 반드시 참석해야 한다는 것을 강조한다.

회의 참석이 부서의 목표달성과 개인의 성과향상과 발전에 도움이 되면 직원들은 기꺼이 회의에 참석할 것이다. 그리고 리더는 중요한 회의이고 참석이 반드시 필요한 직원이 있을 경우 그 직원에게 회의의 중요성과 그 직원의 참석 필요성과 가치를 인식시켜서 다른 업무가 지장을 받지 않는 범위에서 조정하도록 한다. 필요하다면 회의 전에 개인적인 확인을 하도록 한다.

- 회의 개최를 사전에 충분한 시간을 두고 통지했음에도 불구하고 참석자들

이 불참한 경우 회의결과에 대해서는 반대 또는 불평을 토로하지 않고 동의를 하고 몰입을 하는 부서 회의문화를 정착시킨다.

- 회의의 결과는 내용에 따라 다소 다르지만 실행이 되어야 한다.

이를 위해서 리더는 불참자를 개인적으로 불러 회의의 결과와 책임지고 수행할 업무를 명확하게 알린다. 만일 그 직원이 결과에 대해 불평하거나 결과와는 다른 의견을 개진한다면 그 타당성을 기준으로 판단을 해 리더가 재검토 또는 결과의 실행을 결정한다. 그리고 그 직원에게는 중요한 의견은 회의에 참석해 의견을 개진하고 함께 검토하는 것이 필요하다고 설득시킨다.

회의결과의 실행을 보장하는 것은 회의에 참석을 해 자신의 의견을 이야기하고 중요한 사항들을 충분히 고려한 후에 가능해진다. 자신이 참석하지 않은 회의의 결정에 대해 대부분은 적극적인 몰입을 꺼리게 된다. 게다가 지신이 가진 의견과는 다른 방향의 결정이라면 더욱 그러할 것이다. 따라서 리더는 회의 의제를 고려해서 무리하게 회의를 진행하지 말고 유연성을 갖는 것이 중요하다.

- 불참자들이 참석하지 않은 원인을 파악하고 조언하거나 제재를 한다.

리더는 회의에 참석하지 않은 직원들을 개별 관리해야 한다. 회의를 마친 후에라도 "왜 참석하지 않은 것인가?"를 질문해서 직원들이 가진 회의에 대한 태도를 파악하고 대응해야 한다. 스스로도 피드백을 통해 회의문화와 회의를 이끄는 기술을 개선하는 노력을 한다.

- 불참자들이 책임질 회의결과에 대해 자세히 설명하고 책임을 수행하도록 하며, 다음에는 회의 참석을 꼭 하도록 코칭한다.

중요하고 급한 회의라서 꼭 필요한 직원이 참석하지 않은 상태에서 회의가 진행되었고 결론이 났다면 리더는 참석하지 못한 직원에게 회의 내용과 결과를 피드백하고, 그 직원이 가진 생각과 의견을 고려하여서 결정된 내용의 실행을 요구하여야 한다. 불참한 직원은 충분히 자신의 의견을 이야기하고 나중이지만 회의의 결과를 통보받고 자신의 의견을 첨부해서 보완할 수 있다면 실행에 큰 반대 또는 거부를 하지 않을 것이다. 그러나 이러한 일이 너무 빈번해지면 다른 직원들과 부서에 부정적인 영향을 미칠 수 있으므로 리더는 다음 회의에는 꼭 참석을 하도록 피드백을 주는 것을 소홀히 해서는 안 된다.

- 불참자들이 많으며, 특히 꼭 필요한 사람의 참석이 어려우면 회의 개최를 조정한다.

회의의 성과는 회의를 진행하였는가에 달려 있는 것이 아니다. 회의의 목적을 달성하였는지가 중요하다. 부득이한 상황의 발생(긴급한 문제, 고객의 요청 등)으로 회의에 반드시 참석을 하여야 하는 직원이 부재 중인 경우 리더는 상황을 잘 판단해—나중에 그 직원의 의견을 수렴해도 되는지, 나중에 그 직원에게 회의결과를 알려 줘도 괜찮은지, 만일 이 경우 회의결과의 변경이 다른 회의 참석자들의 반발을 유도하지는 않고 동의를 할 것인지 등—회의 개최 여부를 결정하여야 한다. 그래도 즉시 의사결정이나 문제해결을 하여야 한다면 회의를 진행해 의견 또는 아이디어를 모으고 중요한 직원과의 커뮤니케이션 노력을 한다.

출처 : 노진경, 유능한 리더의 회의운영 노하우, 이담북스, 2010 수정보완

CHAPTER 10

회사를 살리는 회의 진행 도구와 진행기술들

CHAPTER 10

회사를 살리는 회의 진행 도구와 진행기술들

토론 진행

토론이란 정해진 규칙과 절차에 따라 긍정(찬성)과 부정(반대)으로 대응하는 두 사람 혹은 팀 간에 논제에 대해서 논거에 의한 주장과 검증을 거듭하여 의논을 되풀이함으로써 이성적 판단을 내리는 과정으로 회의 리더는 회의에서 건전하고 생산적인 토론이 진행되도록 이끌 수 있어야 한다.

① 토론의 원칙

토론을 할 때는 상호 간 인격을 존중해 주는 상호 호혜성의 원칙을 지켜야 하고, 정직하고 정확한 표현을 해야 하며, 공동의 목표를 가져야 한다.

- 합리성
- 유연성
- 역동성

- 듣기원칙
- 설득원칙

② 토론의 진행

- 토론 개시를 알린다. : 토론의 주제를 소개한다.
- 토론 주제 명확화를 위해 주제를 재진술하거나 설명하고 주제로 선정한 이유를 제시한다.
- 참석을 관리한다.
  - 질문을 통해 주장의 내용을 풍부하게 한다. "왜 그렇습니까? 다른 생각은? 근거는" 등의 질문을 활용하면 좋다.
  - 공평성을 유지해야 한다. 발언빈도, 발언시간 등
- 토론의 방향을 유지한다.
  - 주장과 논의가 주제에서 벗어나지 않았는가?
  - 시간은? 발언빈도는?
  - 생산적인 방향으로 진행되고 있는가?
  - 긴 주장은 간략하게 요약해 준다.
- 토론을 종결한다.
  - 참석자에게 감사를 표한다.
  - 의견을 정리하고 요약해 준다.

③ 토론 사회자의 역할

- 개회발언을 한다.
- 규칙을 정하고 합의한다.
- 참여기회를 균등하게 부여한다.

- 창의적인 사고를 자극한다.
- 비판적 사고를 자극한다.
- 집단사고를 방지한다.
- 회의 개선을 위해 노력한다.
- 그룹의 발전, 성장에 집중한다.
- 개인의 성장을 지원한다.
- 신뢰를 구축하고 유지한다.
- 팀워크와 협력 촉진 : '나' '너'가 아닌 '우리'를 말한다.
- 사회자의 주관적인 의견 또는 선입견 개입을 방지한다.

④ 토론 사회자의 개입하기

- 과잉일반화가 나타날 때(과잉일반화 : 하나 또는 몇 가지 사례가 참이기 때문에 동일 유형의 모든 사례가 참이다) 다음과 같이 개입한다.
  - 일반화가 근거로 삼은 사례의 종류는?
  - 그 사례가 대표한다고 가정되는 현상에서 일반적인가?
  - 제공되는 사례나 샘플이 어떤 식으로든 편견에 치우치지 않았는가?
- 토론 참가자가 상호 간 인신공격을 할 때 개입한다.
- 부적절한 인과관계를 암시할 때 개입한다.
- 토론이 흑백논리로 빠질 때 개입한다.
- 잘못된 유추를 사용할 때 개입한다.
  - 비교되는 두 가지가 무엇인가?
  - 그것들이 어떻게 유사한가?

- 그 두 가지가 어떻게 다른가?
- 비교가 어떤 측면에서 부정확한가?
- 이 유추가 결론을 보증하는가?

⑤ 토론 참여자의 준비

- 주장을 할 때는 구체적인 사례를 제시한다.
- 내용과 사람을 구분한다.
- 상대의 감정을 자극하는 말을 하지 않도록 한다.
- 서로의 차이를 인정한다.
- 선택에 주의한다. 반론을 하거나 의견개진 시 연결 단어로 다음의 표현들을 사용하면 좋다.
  - "그리고 …"
  - "내 생각에는 …"
  - "좋은 의견입니다. 나는 …"
  - "고려할 요소를 잘 …"
  - "또 다른 것으로는 …"
  - "저의 표현이 불분명했군요. 제가 말씀드리고자 하는 것은 …"
- 상대의 주장을 경청한다. 자신이 주장할 것을 생각하느라 상대의 주장을 듣지 못하는 실수를 해서는 안 된다.
- 비언어적 메시지를 중시하고 고려한다.
- 상대의 주장에 토를 달지 말고, 자신의 주장만 설득력 있게 제시한다.
- 달성해야 하는 목표에 집중한다.

- 토론 시 다른 사람의 의견에 대해 다음의 표현을 하지 않는다.
  - "당신은 문제를 잘못 파악하고 계십니다."
  - "당신은 이것을 이렇게 이해해야 합니다."
  - "이것을 잘못 이해하셨군요."
  - "그렇지만 …"
  - "그러나 …"

보고방법

① 일반적인 보고

- 오프닝을 하라.
- 중요 항목들을 분류하고 구분해 발표하라.
- 각 항에 따른 세부사항을 제시하라.
- 흥미를 갖도록 예시나 일화를 덧붙여라.
- 강한 진술과 함께 마무리하라.
  - 다음 조치를 추천하라.
  - 보고 내용을 회의에서 활용할 수 있는 방법을 제안하라.

② 정보공유 보고

- 정보를 중요도에 따라 몇 가지 목록으로 만들어라.
- 그 정보를 설명하라.
- 암호나 어려운 용어를 정리하라.
- 그 정보를 회의 주제 또는 참석자들의 관심과 연결하라.

- 활용방법
- 가치

■ 회의 목적에 대하여 정보의 중요성을 강조하라.

③ 결과보고

■ 주제의 윤곽을 명확히 하라.

■ 서너 가지의 토론 분야를 목록으로 만들어라.

■ 각 분야에 속한 안건들을 목록으로 만들어라.

■ 그 안건들에 우선순위를 매겨라.

■ 각 안건에 대하여 취해진 조치와 성과를 기술하라.

■ 앞으로 취해야 할 조치들을 제안하라.

④ 대안을 추천할 때

■ 결정되어야 할 바를 진술하라.

■ 모든 절대 필수사항과 필요사항으로 목록을 구분해 만들어라.

■ 필요사항의 중요성을 평가하라.

■ 대안들의 목록을 만들고 소개하라.

■ '절대필수'의 기준을 충족시키지 않는 대안들을 제거하라.

■ 그들이 필수사항들을 얼마나 많이 만족시키는지를 알기 위해 대안을 비교하라.

■ 각 대안의 긍정적 혹은 부정적 결과들을 목록으로 만들어라.

■ 하나의 대안을 권하고 그것을 수행할 조치들을 제시하라.

⑤ 전략제안

- 목적을 진술한다.
- 현재 상황을 제시한다.
- 원하는 성과를 밝힌다.
- 가능한 전략을 제시한다.
- 각각의 이점과 약점을 진술한다.
- 하나 이상의 전략과 그것을 실행하기 위한 다음 할 일을 추천한다.

⑥ 잠재적 문제 확인

- 목적을 진술한다.
- 목적달성의 방해물을 예상하고 정리한다.
- 문제점과 방해물들의 영향을 확인한다.
- 예방조치, 가상의 조치를 진술한다.
- 실행계획을 수립하고 확정한다.

⑦ 아이디어 제안 및 설득

- 목적 또는 아이디어와 실행의 결과를 진술한다.
- 결과, 목적달성의 필요성을 인정한다.
- 근거, 사실들을 제시한다.
- 필요한 조치와 이익을 강조한다.
- 다음단계 요구 및 의사결정을 촉구한다.

⑧ 기술 소개

- 기술을 소개한다.
- 기술의 도입 · 적용 필요성과 배경을 이야기한다.
- 기술의 이점을 강조한다.
- 사례, 자료를 제시하고 실습한다.
- 마무리한다.
- 다음단계(기술 활용을 위한)를 제시한다.

⑨ 문제의 확인

- 실제로 일어나고 있는 것과 일어나기를 바라는 바와의 차이를 확인한다.
- 동일한 어떤 일이 일어나고 있는가를 진술한다.
- 문제의 발생 시점과 영향을 확인한다.
- 근본적인 문제점을 확인한다.
- 가능한 해결책를 제시한다.
- 다음단계를 제시한다.

다양한 회의 준비와 진행과 사회 보는 방법

① 강연회, 컨퍼런스, 세미나, 강연

A. 준비

- 회의 주제를 파악한다.
- 발표자를 파악한다.

- 회의시간을 파악한다.
- 가능한 토의 형식을 미리 검토하여 주제 발표 후 적극적인 토의가 이루어지도록 한다.

B. 진행자 역할

- 발표자를 소개한다.
  - 발표자 이름을 정확하게 소개한다.
  - 간단한 소개를 한다. 발표자를 지나치게 칭찬하거나 긴 소개를 하지 않는다.
  - 발표자가 발표할 내용을 미리 언급하지 않는다. 필요하다면 중요성만 강조한다.
- 토의시간
  - 발표자에게 발표에 대해 감사를 표하고, 발표자가 숨을 돌리고 청중이 질문을 준비할 수 있는 짧은 시간을 갖는다. 질문 순서나 질문 요령을 이야기하면서 시간여유를 갖는 것이 좋다.
  - 질문자 수를 파악한다.
  - 질문에 대해 발표자가 답을 하도록 한다.
- 종료
  - 발표자에게 감사인사를 한다.
  - 발표내용의 가치를 간단하게 언급한다.
  - 질문자에게도 감사를 표한다.
  - 청중에서도 감사한다.

C. 발표자 소개방법

- 인사 및 자기 소개를 한다.
- 발표주제를 소개한다.
- 발표 내용의 가치와 중요성, 필요성을 소개한다.
- 기대결과 : 청중들이 얻어갈 것을 소개한다.
- 요청사항 : 발표 중 청중의 태도 등을 요청한다.
- 강사 · 연사를 소개한다.
  - 이름
  - 자격
  - 박수를 요청한다.

② 심포지엄 : 토론, 좌담회

몇몇의 강사가 한 가지 문제에 대해 각각의 견해나 의견을 강연 또는 강의하는 형식으로 진행하는 회의이다.

A. 진행 요령

- 시간과 주제를 통제한다.
- 한 사람이 20분 정도 발표한다.
- 한 시간 이내로 한다.

B. 장점

- 한 문제에 대해 다양하고 다각적인 접근방법을 들을 수 있다.
- 비교적 현실적인 발제방법이며 쉽게 조절할 수 있다.

■ 연속적인 발제를 통해 생각을 조직적으로, 그리고 비교적 완전하게 표현할 수 있다.

C. 단점

■ 전체 청중이 참가하지 못하고 의견을 말할 기회를 갖지 못한다.

■ 여러 강사가 중복된 이야기를 할 경우 지루함을 느낄 수 있다.

D. 주의사항

■ 주제선정과 주제를 내용별로 나누는 데 어려움이 있다.

■ 중복과 반복에 주의하고 시간배정을 정확하게 하라.

■ 청중의 관심유도에 노력하라.

E. 사회자 진행 요령

■ 인사 및 자기 소개, 사회자 소개

■ 주제, 발표의 주제

■ 주제의 가치 또는 필요성

■ 진행방법

- 주제의 구성과 각 주제 발표자
- 발표자를 한꺼번에 소개
  - 각 발표자 주제
  - 발표자
- 주제에 따라 발표자 순차적 소개
  - 주제

– 발표자

F. 발표 후 토론

■ 토론 이끄는 방법

G. 질의응답

■ 질문요청

- 한 명씩 또는 메모지로 받기 또는 질문을 모두 받고 메모
- 질문에 맞는 전문가의 대답

H. 마무리

③ 패널식 토의

청중을 앞에 두고 미리 몇 명의 강연자 · 전문가들을 패널 멤버로 정한 후 주어진 의제에 대해 토의하는 형식으로 청중도 참여가 능하다.

A. 특징

■ 패널 멤버는 3~6명으로 한다.

■ 사회자가 연설을 해서는 안 된다.

■ 자유 토론 형식이다.

B. 장점

■ 참가자들 사이에 최대한의 상호작용과 자극을 가능하게 해

준다.

■ 주제에 대한 활발하고 적극적인 발제, 의견의 차이, 경쟁 등은 문제에 대해 청중의 관심을 증폭시키며 청중들도 감정적으로 토의에 참여하게 된다.

C. 단점

■ 사회자의 능력에 따라 문제를 정확하게 파악하지 못하거나 화제가 너무 오래 이어질 수 있다.
■ 특정인이 말을 독점할 수 있다.
■ 논의하고자 하는 내용에서 벗어날 수 있다.
■ 결론 없는 토의가 되기 쉽다.
■ 패널 토의 참가자들이 질문과 지시를 무시할 우려가 있어 사회자가 통제를 하지 못할 수 있다.

D. 주의사항

■ 신중하게 패널을 선정하라.
■ 충분한 시간을 허용하라.
■ 집단의 흥미가 고조되었을 때 끝마쳐라.

E. 진행방법

■ 인사 : 사회자 소개, 참석 감사인사 등
■ 주제 선정배경
■ 바라는 결과
■ 패널 소개

- 이름
- 전문분야

■ 유의사항
- 시간
- 순서
- 경청

■ 진행
- 청중의 의견 유도 : 질문 등

■ 마무리
- 감사 : 청중과 패널리스트
- 요약

④ 포럼

제시된 주제에 대해 상반된 견해를 가진 동일분야의 전문가들이 사회자의 주도하에 청중 앞에서 벌이는 공개 토론회로 청중이 자유롭게 질의가능하고 사회자가 의견을 종합한다.

A. 진행 요령

■ 2~3명의 문제 관련 전문가가 참석

■ 전문가들의 주제에 따른 의견표명

■ 질문과 토의

B. 장점

■ 회의 중 아무라도 자신의 의사를 말할 수 있다.

C. 단점

■ 자기 주장에 빠질 우려가 있다.

■ 지식수준이 일정하지 않을 경우 흥미를 잃기 쉽고 일방적인 진행이 우려된다.

D. 주의사항

■ 질의하는 사람이 주제에서 벗어나서는 안 된다.

■ 포럼을 반복할 경우 초청 전문가를 다양화하라.

E. 진행방법

■ 인사 : 사회자 소개, 참석 감사인사 등

■ 포럼 주최의 목적

■ 전문가 소개

- 이름
- 자격
- 역할 : 찬성 혹은 반대

■ 유의사항

- 의견개진 요령 : 순서, 시간 등
- 청중의 역할 : 질문, 의견개진방법

■ 진행

- 중간중간 의견 정리

■ 마무리

- 감사
- 추후일정 등

회의 평가

항목별로 해당 숫자에 동그라미 표시를 한다. 1이 가장 낮은 점수이다.

회의 목적 또는 목표	
1. 이 회의가 필요했는가?	1 2 3 4 5 6
2. 회의 목표가 분명했는가?	1 2 3 4 5 6
3. 목표를 달성했는가?	1 2 3 4 5 6
준비	
4. 공지가 충분히 되었는가?	1 2 3 4 5 6
5. 회의 주관자의 자료 준비는 적절했는가?	1 2 3 4 5 6
6. 시설과 장비는 제시간에 준비되었는가?	1 2 3 4 5 6
7. 기타 필요 자료는 적절했는가?	1 2 3 4 5 6
8. 장소는 편안했는가?	1 2 3 4 5 6
9. 시설은 적절했는가?	1 2 3 4 5 6
10. 필요한 모든 정보를 받았는가?	1 2 3 4 5 6
11. 필요한 모든 서류를 받았는가?	1 2 3 4 5 6
어젠다	
12. 어젠다는 적절한 시간에 받았는가?	1 2 3 4 5 6
13. 어젠다는 충분히 구체적이었는가?	1 2 3 4 5 6
14. 어젠다에 따라 회의가 진행되었는가?	1 2 3 4 5 6
참석자	
15. 적절한 사람이 참석했는가?	1 2 3 4 5 6
16. 참석자의 수는 적절했는가?	1 2 3 4 5 6
17. 참석자 선정은 적절했는가?	1 2 3 4 5 6
토의수준	
18. 주제에 대한 토의는 적절했는가?	1 2 3 4 5 6
19. 모든 사람들의 참여가 적극적이었는가?	1 2 3 4 5 6
20. 모든 안건을 토의했는가?	1 2 3 4 5 6
21. 각 안건별로 시간이 충분했는가?	1 2 3 4 5 6
22. 참석자들이 토의 준비를 하고 왔는가?	1 2 3 4 5 6

문제(회의 방해물) 처리

23. 회의 주관자가 적절하게 통제했는가?	1 2 3 4 5 6
24. 모든 문제를 적절하게 해결했는가?	1 2 3 4 5 6

의사결정

25. 회의에서 결정이 내려졌는가?	1 2 3 4 5 6
26. 결정사항은 회의 목적달성에 도움이 되었는가?	1 2 3 4 5 6
27. 의사결정에 필요한 시간이 충분했는가?	1 2 3 4 5 6
28. 의사결정에 필요한 정보가 제공되었는가?	1 2 3 4 5 6
29. 의사결정과정이 만족스러웠는가?	1 2 3 4 5 6

시간 엄수

30. 회의가 제시간에 시작되었는가?	1 2 3 4 5 6
31. 모든 참석자가 제시간에 왔는가?	1 2 3 4 5 6
32. 회의가 제시간에 끝났는가?	1 2 3 4 5 6
33. 회의에 배정된 시간이 적절했는가?	1 2 3 4 5 6
34. 편리한 시간에 회의가 열렸는가?	1 2 3 4 5 6
35. 안건별로 배정된 시간이 적절했는가?	1 2 3 4 5 6

회의록 및 실행사항 배정

36. 회의록을 작성했는가?	1 2 3 4 5 6
37. 회의록을 즉시 배포했는가?	1 2 3 4 5 6
38. 회의에서 나온 실행사항이 명확했는가?	1 2 3 4 5 6
39. 향후 실행사항은 결정을 근거로 배정했는가?	1 2 3 4 5 6
40. 실행사항 계획은 회의 목적달성에 도움이 되는가?	1 2 3 4 5 6
41. 모든 참석자가 다음 할 일을 분명히 알고 있는가?	1 2 3 4 5 6
42. 적절한 사후관리 시스템이 있는가?	1 2 3 4 5 6

보충 자료

43. 보충 자료는 회의 진행에 도움이 되었는가?	1 2 3 4 5 6
44. 보충 자료는 참석자를 산만하게 하지 않으면서 쉽게 이해되었는가?	1 2 3 4 5 6
45. 보충 자료를 적당한 시기에 배포했는가?	1 2 3 4 5 6

시청각 자료

46. 시청각 자료는 발표에 도움이 되었는가?	1 2 3 4 5 6
47. 시청각 자료가 너무 많았는가?	1 2 3 4 5 6
48. 시청각 자료가 너무 적었는가?	1 2 3 4 5 6

출처 : R. Burns, *Making Meetings Happen,* Allen & Unwin, 2000 편역

APPENDIX

부록 : 조직의 회의문화 혁신 교육훈련 프로그램

회사를 살리는 회의! 회사를 죽이는 회의!

회사를 살리는 회의문화를 구축하라

– 리더, 참석자의 회의 생산성을 올려라! –

도입 왜 회의문화를 혁신해야 하는가?

회사를 살리는 회의! 회사를 죽이는 회의!
회의문화를 혁신하라–LAS시스템

- 회의는 조직의 소통문화의 상징
- 회의는 조직의 신뢰수준(부서 간, 팀 간, 개인 간, 리더와 조직구성원 간)을 보여주는 상징
- 회의는 리더, 회의 진행자에게는
  소통능력, 경험의 가치, 문제해결, 의사결정, 신뢰, 갈등관리, 경청, 동기부여 등 리더십을 확인할 수 있는 시간, 공간, 자리
- 회의는 참석자, 조직원들에게는
  업무전문성, 통찰력, 정보수집능력, 소통능력과 설득력, 갈등해소, 인간성 등을 공식적으로 발휘할 수 있는 기회이자 시간, 공간
- 회의장에서 불완전한 소통은 동기저하, 갈등야기, 불안한 의사결정, 리더십 실패, 불완전한 문제해결을 초래 → 조직의 시간, 물리적 · 경제적 비용발생, 이탈비용을 초래
  이 비용은 어떤 것으로도 만회할 수 없는 것이다.
- 회의문화(소통, 의사결정 등) 혁신과 회의 시스템 구축 요구, 리더, 참석자 모두의 혁신이 필수

▶ 회의 효율성, 회의 효과성, 회의 탄력성은 조직성장과 발전의 핵심이다.

도입 - 회의, 무엇이 문제인가?

회사를 살리는 회의! 회사를 죽이는 회의!
회의문화를 혁신하라-LAS시스템

회의 비생산적이고 회사를 죽이는 회의 문제의 원인

회의 진행자, 리더 ↔ 낮은 회의성과 ↔ 회의 참석자

- 회의 가치인식 부족
- 회의 진행 준비 소홀
- 회의 진행스킬 부족
- 회의 리더십 부족
- 회의 소통력 부족
- 회의 몰입 유도스킬 부족

권위 중심의 회의

- 회의 가치인식 부족
- 회의 참석 준비 부족
- 회의에 대한 부정적 사고
- 회의 소통 부족
- 회의 팔로어십 부족
- 의견개진과 토론스킬 부족

회의 회피성향

도입 - 회사를 살리는 회의?

회사를 살리는 회의! 회사를 죽이는 회의!
회의문화를 혁신하라-LAS시스템

회의 혁신을 위한 주체들의 역할

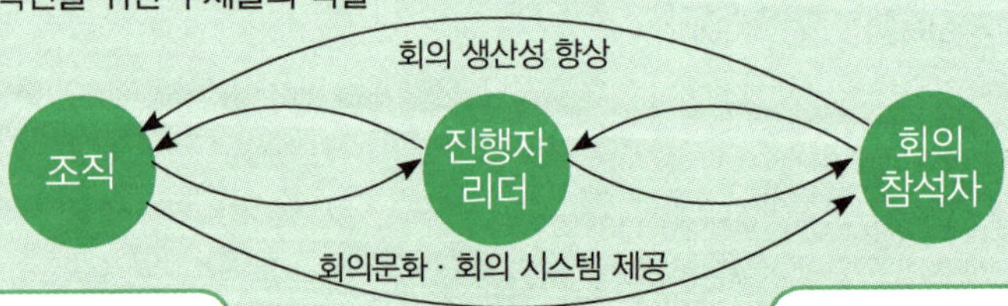

회의문화 혁신
회의 시스템 개발
회의 역량강화

회의 리더십 개발
회의 소통력 강화
회의 진행기법 개발
회의 장애물 제거
다양한 회의 이끌기
회의 조직하기

회의 가치인식
회의가 주는 기회 활용
회의 소통력 개발
참여방법, 토론방법
회의 역할수행

의사결정회의 **문제해결회의** **이해조정회의** **정보공유회의 등**

▶ 3요소가 동시에 혁신하고 변화해야 한다.

회의 리더 - 회의 리더십을 강화하라

회사를 살리는 회의! 회사를 죽이는 회의!
회의문화를 혁신하라-LAS시스템

주제	세부 내용	시간
회의 준비하기	• 회의 가치와 회의가 주는 기회 • 회의 시스템의 이해 • 회의 준비하기 – 회의 전 질문 – 회의 어젠다 작성해 보기 – 회의 시나리오 작성 – 회의 개최 결정과 회의 통지서 발송	3
회의 이끌기	• 회의 리더십 발휘 • 참여 유도하기 • 퍼실리테이팅과 장애물 극복 • 다양한 회의 상황에 대응하기 • 회의 참석을 좋아하게 만들기	3
회의 마무리하기	• 회의 마무리 • 회의록 활용 • 회의결과의 실천과 피드백	2
목적에 따른 회의 이끌기	• 의사결정회의 • 문제해결회의 • 이해조정회의 등 8가지의 회의진행방법	각 1시간

▶ 지식전달보다는 실전을 위한 실습 중심

회의참석자 - 회의가 주는 기회를 잡아라

회사를 살리는 회의! 회사를 죽이는 회의!
회의문화를 혁신하라-LAS시스템

주제	세부 내용	시간
회의 참석 준비하기	• 회의가 주는 가치와 기회 • 회의 참석 좋아하기 • 회의에서 다양한 역할이해와 수행방법	1
의견개진하기	• 의견개진하는 방법 • 타인의 의견을 경청하는 방법 • 갈등해결 • 토론방법	2
회의 종류와 최고의 참석자 되기	• 의사결정회의 참여하기 • 문제해결회의 참여하기 • 이해조정회의 참여하기 등 8가지의 회의 참여요령	2

▶ 지식전달보다는 실전을 위한 실습 중심

회의 시스템 구축을 위한 LAS시스템

회사를 살리는 회의! 회사를 죽이는 회의!
회의문화를 혁신하라–LAS시스템

• 회의 혁신 프로그램 : Learning–Action–Skill up

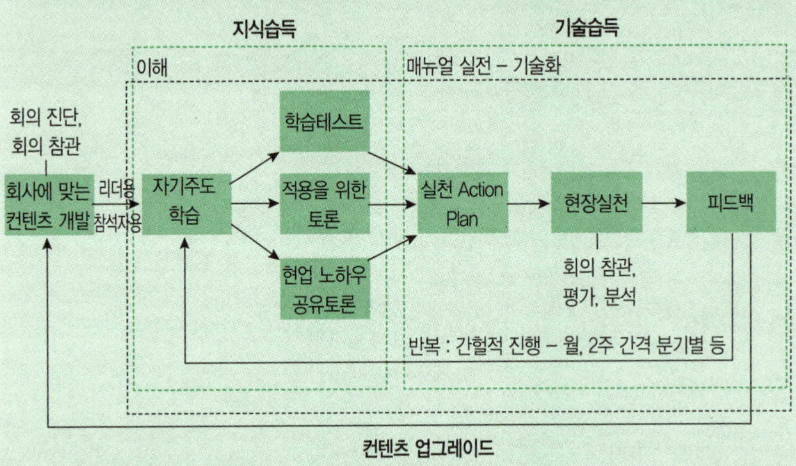

▶ 교육(지식습득)과 훈련(업무스킬)의 병행을 통해 업무수행과 성과향상

| 저자 소개 |

송균석

현) 건국대학교 경영학과 교수
글로벌 경영학회 부회장
한국상품학회 부회장
한일경상학회 부회장

저서) 지식경영의 시대(역서)
NON 호모 이코노미쿠스
B2C 영업 블루오션 시리즈

노진경

현) 한국생산성본부 지도교수
한국표준협회 경영전문위원
한국HRD교육센터 교수
조세일보 세일즈칼럼리니트
한국강소기업협회 전문위원

저서) 영업협상, 영업사원이 묻고 영업마스타가 답하다
B2C, B2B 영업시리즈, 영업달인의 비밀노트
유능한 회의리더의 회의운영 노하우 등 다수

회사를 살리는 회의

2019년 12월 20일 1판 1쇄 인쇄
2019년 12월 25일 1판 1쇄 발행

저 자 | 송균석 · 노진경
발행인 | 이수영
발행처 | 도서출판 청람
서울시 마포구 독막로 288(대흥동, 세양상가 109호)
전 화 | 02)3272-2601(대)~2
팩 스 | 02)3272~2603
이메일 | crbooks@daum.net
홈페이지 | http://www.crbooks.co.kr
등 록 | 2000년 8월 26일 제6-0509호

ISBN 978-89-5972-732-2 93320 [정가 15,000원]